Probleme der Einheit 6

Konsolidierung des Binnenmarktes in den neuen Ländern
Hrsg. von Christof Rühl

Zu den Autoren:

Prof. Dr. Phillip Arestis, Head of Department of Applied Economics, Polytechnic of East London, Großbritannien

Dr. Berend Diekmann, Referat Grundsatzfragen der Strukturpolitik des Bundesministeriums für Wirtschaft, Bonn

Jürgen Kühl, Wissenschaftlicher Direktor, Institut für Arbeitsmarkt und Berufsforschung der Bundesanstalt für Arbeit, Nürnberg

Prof. Dr. Dirk Manegold, Institut für landwirtschaftliche Marktforschung der Bundesforschungsanstalt für Landwirtschaft, Braunschweig

Jörg Lausch, Leiter des Referats Verkehrspolitik beim Hauptvorstand der ÖTV, Stuttgart

Prof. Dr. Renate Ohr, Institut für Volkswirtschaftslehre, Universität Hohenheim

Dr. Hans-Werner Prahl, Institut für Soziologie, Universität Kiel

Christof Rühl, Institut für Volkswirtschaftslehre, Universität Hohenheim, z.Zt. Dep. of Economics, University of California, Los Angeles

Dr. Ulrich Schempp, Institut für Volkswirtschaftslehre, Universität Hohenheim

Prof. Dr. Heinz-Peter Spahn, Fakultät für Sozialwissenschaften, Universität der Bundeswehr, München

Igor Uszczapowski, Bereich neue Bundesländer, Dresdner Bank AG, Frankfurt

Dr. Dieter Vesper, Abteilung öffentliche Finanzen, Deutsches Institut für Wirtschaftsforschung (DIW), Berlin

Probleme der Einheit

Band 6

Konsolidierung des Binnenmarktes in den neuen Ländern - Strukturpolitik und westeuropäische Integration

Die ökonomische und institutionelle Integration der neuen Länder - 2

Herausgegeben von Christof Rühl

Metropolis-Verlag
Marburg 1992

CIP-Titelaufnahme der Deutschen Bibliothek

Probleme der Einheit. - Marburg : Metropolis-Verl.
Bd. 6. Konsolidierung des Binnenmarktes in den neuen Ländern - Strukturpolitik und westeuropäische Integration / hrsg. von Christof Rühl.
2. Die ökonomische und institutionelle Integration der neuen Länder. - 1992
ISBN 3-926570-41-5
NE: Rühl, Christof [Hrsg.]

Metropolis-Verlag für Ökonomie, Gesellschaft und Politik GmbH
Postfach 1748, D-3550 Marburg

Druck: Difo-Druck, Bamberg
Umschlagsentwurf: Marbuch-Verlag, Marburg

ISBN 3-926570-41-5

Inhalt

Christof Rühl
Einleitung 7

Dieter Vesper
Probleme der Finanzierung öffentlicher Aufgaben in den neuen Ländern 15

Jürgen Kühl
Arbeitsmarktpolitik zwischen Arbeitgeber- und Arbeitnehmerverbänden 35

Berend Diekmann
Umsetzungsprobleme marktwirtschaftlicher Umweltpolitik in den neuen Ländern am Beispiel Altlasten 51

Igor Uszczapowski
Der Aufbau von Kredit- und Kapitalmärkten in Ostdeutschland 61

Jörg Lausch
Anmerkungen zu den Entwicklungs-Perspektiven von Güterverkehrs-Unternehmen in den neuen Ländern........................ 69

Dirk Manegold
Die Integration der ostdeutschen Landwirtschaft in den europäischen Markt 81

Ulrich Schempp
Optionen kurzfristiger Stabilisierungspolitik in den neuen Ländern 101

Heinz-Peter Spahn
Geldmengenpolitik in der Bundesrepublik. Theoretische Grundlagen, empirische Erfahrungen und neue Probleme 119

Renate Ohr
Außenwirtschaftliche Konsequenzen der Wiedervereinigung 141

Phillip Arestis
Der Einfluß der deutschen Vereinigung auf das europäische Währungssystem 161

Hans-Werner Prahl
Die deutsche Einigung aus sozialhistorischer Sicht 179

Einleitung

Der hier vorliegende zweite Band zum Thema "Institutionelle Reorganisation in den neuen Ländern" knüpft dort an, wo der erste aufhörte: Er thematisiert die makroökonomischen und außenwirtschaftlichen Konsequenzen der deutschen Vereinigung. Ziel des Bandes ist wiederum, den Interessenten durch die Beiträge einer ausgewählten Gruppe von Autoren, die entweder durch eigene, praktische Tätigkeit oder aber durch ihr Forschungsgebiet dazu besonders geeignet erscheinen, einen geordneten Überblick über die Gesamtentwicklung zu verschaffen; es liegt nahe, daß das umrissene Themenspektrum exemplarisch behandelt werden muß, soll dieser Charakter nicht verlorengehen.

In diesem Sinne lassen sich vier Schwerpunkte ausmachen, die den folgenden Band charakterisieren. Zunächst wird die im ersten Band (anhand der Debatte diverser kommunaler Aufgaben) immer wieder aufschimmernde Diskussion um die *Finanzierung der öffentlichen Aufgaben* in den neuen Bundesländern explizit aufgenommen. Dieses Problem reicht weit über Fragen nach dem Finanzbedarf und den Finanzierungsquellen der neuen Länder hinaus, die derzeit die Diskussion beherrschen und die im ersten Beitrag ausführlich zur Sprache kommen. Das lange Warten auf den Aufschwung kann dem Thema in nicht allzu ferner Zukunft durchaus jene Art der Popularität verschaffen, die von niemandem gewünscht wird: Die notwendige, bislang aber fast ausschließlich kreditfinanzierte Alimentierung der neuen Bundesländer zieht sich dementsprechend durch die meisten der hier geführten Diskussionen makroökonomischer Fragestellungen, und dies nicht zu Unrecht: Sie wirft lange Schatten - bis hin zu den Konsequenzen, die ein möglicher Verlust der Währungsstabilität für die geplante Einführung der europäischen Binnenwährung hätte.

Ein zweiter Schwerpunkt dieses Bandes widmet sich der Notwendigkeit der *Transformation von Institutionen* auf nationaler Ebene sowie - auch Märkte sind Institutionen - der Schwierigkeit, neue Märkte zu schaffen, wo die Abschaffung einer zentralistischen und antiquierten Produktions- und Verteilungsstruktur zunächst nichts als ein Vakuum hinterließ. Die Existenz eines Netzwerkes von Verbänden, Vereinen, Zuständigkeiten und die

Existenz von Märkten sind zwei Beispiele für den simplen Tatbestand, daß die 'unsichtbare Hand' oder eben schlicht der Zusammenbruch vormals bestehender Organisationsformen keine hinreichende Bedingung dafür sind, die Umgestaltung eines zentralstaatlich gelenkten Wirtschaftsraumes in Richtung 'freie Marktwirtschaft' zu induzieren oder gar zu bewerkstelligen. Es sind indirekt auch Beispiele für die gigantische Aufgabe, vor der jene Länder stehen, die diese Umgestaltung ohne die Hilfe eines reichen großen Bruders zu bewerkstelligen haben.

Dies wird noch deutlicher, sobald man sich mit den *Optionen und der Notwendigkeit staatlicher Stabilisierungspolitik* beschäftigt. Seit der Gründung der Bundesrepublik war interventionistisch angelegte Wirtschaftspolitik eines der Bestandteile des Konzeptes 'soziale Marktwirtschaft'. Wie in anderen OECD-Ländern auch, erhielt diese Form der Intervention in den späten sechziger Jahren (leicht verspätet) quasi offiziell ein präziseres Instrumentarium und eine genauere Zielsetzung: Die Institutionalisierung und gesetzlich legitimierte Übernahme dessen, was seitdem im wesentlichen unter dem schönen Namen 'Globalsteuerung' firmiert, betraf in erster Linie das dann damals bereits traditionelle Konzept antizyklischer Geld- und Fiskalpolitik.

Keynesianisch motivierte Wirtschaftspolitik kam, um es milde auszudrücken, etwas aus der Mode in den letzten Jahren; es ist andererseits aber kein Geheimnis, daß sich faktisch die Politik der Bundesrepublik über die letzte Dekade kaum verändert hat - Anpassung an geänderte Rahmendaten fand statt, aber keine grundsätzliche Umorientierung, vergleichbar etwa der Entwicklung in England oder Amerika. Nun scheint aktive Wirtschaftspolitik ganz offiziell wieder gefragt zu sein: noch ein Indiz für die normative Kraft des Umbruchs, der in diesem Band Rechnung zu tragen war.

Der vierte Schwerpunkt schließlich befaßt sich mit der bereits angedeuteten Notwendigkeit, die Konsequenzen der Wiedervereinigung für die *internationale Position der Bundesrepublik* zu berücksichtigen. Er schlägt den Bogen zum Ausgangspunkt der Finanzierung der Einheit. 'International' bezieht sich in diesem Zusammenhang vor allem auf die Währungs- und Außenhandelsbeziehungen mit Westeuropa: Es ist zu früh und die Situation in Osteuropa ist zu unsicher, um fundierte Aussagen über die Entwicklung der Außenhandelsbeziehungen zu den Staaten des ehemaligen COMECON machen zu können. Auf der anderen Seite scheint jede Veränderung der Außenhandelsposition der Bundesrepublik im Moment vor allem unter einem Aspekt von Interesse: der Rolle, die daraus für das Projekt eines (zumindest wirtschaftlich) vereinten Westeuropas folgen könnte.

Aus diesem Grunde erfolgte die vorliegende Konzentration auf das Naheliegende.

Was zu den Beiträgen im einzelnen führt. *Dieter Vesper*, Abteilung öffentliche Finanzen des Deutschen Instituts für Wirtschaftsforschung in Berlin, widmet sich im Eingangsbeitrag den Problemen, die durch den zunächst erheblich unterschätzten Finanzbedarf der neuen Länder und den daraufhin eingeschlagenen Weg der Kreditfinanzierung der Transfers zur Finanzierung der dort notwendigen öffentlichen Ausgaben entstanden. Der Beitrag macht deutlich, warum eine solche Strategie den traditionellen Rahmen, etwa des Länderfinanzausgleichs, sprengen muß und in welchem Ausmaß die Verteilung der realen Kosten revisionsbedürftig erscheint. Auch der folgende Beitrag von *Jürgen Kühl*, wissenschaftlicher Direktor am Institut für Arbeitsmarkt und Berufsforschung der Bundesanstalt für Arbeit, befaßt sich in gewisser Weise mit einer Situation, in der traditionelle Rollen abgestreift werden müssen, da die (dringend geforderte) Lösung nur konsensorientiert erreichbar ist: Der Rolle zweier sich traditionell befehdender Organisationen, der Arbeitgeber- und der Arbeitnehmerverbände bei dem Versuch, vor dem Hintergrund ihres angestammten institutionellen Umfeldes - des hochgradig organisierten westdeutschen Arbeitsmarktes - tradierte arbeitsmarktpolitische Instrumente nutzbar zu machen, um der drohenden 'Beschäftigungskatastrophe' Herr zu werden. Wiederum wird es kaum ausreichen, so das Ergebnis, ein einmal vorhandenes Instrumentarium vollkommen auszuschöpfen; wiederum sind neue Wege gefragt; und wiederum ist Erfolg ein kostspieliges Unterfangen. Als nächstes diskutiert *Berend Diekmann*, Referat Grundsatzfragen der Strukturpolitik des Bundeswirtschaftsministeriums, einen Bereich der Umweltpolitik, dem demonstrativer Charakter sowohl im Spannungsfeld zwischen Ökologie und der geforderten beschleunigten Wiederbelebung der industriellen Produktion als auch unter rechtlichen Gesichtspunkten zukommt. Die für die nächste Zukunft eher pessimistische Schlußfolgerung unter Hinweis auf die Unmöglichkeit, unter den derzeitigen Bedingungen Flickschusterei und Stückwerk republikweit in ein kohärentes Ganzes zu verwandeln, läßt sich für den Bereich der Umweltpolitik leider wohl verallgemeinern.

Die nächsten drei Beiträge befassen sich mit verschiedenen Aspekten der Institutionalisierung bzw. der Reorganisation von Märkten. *Igor Uszczapowski*, Bereich neue Bundesländer der Dresdner Bank, widmet sich dem Aufbau von Kredit- und Kapitalmärkten in Ostdeutschland. Dies ist zweifellos einer jener Bereiche, in denen der komparative Vorteil der ehemaligen DDR im Vergleich zu anderen, ehemals sozialistischen Staaten durch die Existenz der hochentwickelten Kredit- und Kapitalmärkte in der (alten) Bundesrepublik mit am größten ist. Entsprechend optimistisch wird die Einführung und werden auch die Zukunftsperspektiven der Ausweitung des westdeutschen Bankensystems gesehen, deren (zum größten Teil technische) Schwierigkeiten in der Tat eher der Übernahme eines neuen Marktsegments entsprechen als der problematischen Neugestaltung eines bis dahin unbekannten Sektors der Volkswirtschaft (wie dies in anderen Ländern der Fall ist). *Jörg Lausch*, Leiter des Referats Verkehrspolitik beim Hauptvorstand der ÖTV, diskutiert am Beispiel des privatwirtschaftlich organisierten Güterverkehrssektors die Schwierigkeiten in Bereichen, in denen mehr als eine solche Marktausweitung gefragt ist und in denen zudem grundsätzliche Entscheidungen anlagen, schon bevor die Integration der neuen Länder auf der Tagesordnung stand: Jeder weiß, wie wichtig ein funktionierender Verkehrssektor ist, aber in welcher Form dieser organisiert werden soll, wird lange sichtbare Konsequenzen haben. Die Frage, ob die momentan scheinbar einfachste Lösung, das Vertrauen auf die Marktkräfte, mittel- und langfristig auch die erfolgversprechendste Lösung ist oder ob nicht in der Formulierung klarer verkehrspolitischer Rahmenbedingungen (in einem ohnehin hochregulierten Markt) durch die Integration der neuen Länder allen Beteiligten auch eine Chance geboten wird, Fehlentwicklungen in den alten Bundesländern umfassender aufzugreifen, als dies sonst jemals der Fall gewesen wäre, wird tendenziell zugunsten der letztgenannten Alternative beantwortet. Unter den bislang mit der Reform sozialistischer Staaten gemachten Erfahrungen - angesprochen sind allerdings Reformen bestehender Systeme, keine grundlegenden Umwälzungen - war es zumeist der Bereich landwirtschaftlicher Produktion, in dem Dezentralisierung, Privatisierung und ähnliche Maßnahmen den schnellsten und sichtbarsten Erfolg verzeichneten. Im Fall der neuen Länder gibt es neben den Nachteilen eines ineffizient organisierten Genossenschaftssystems zudem den unstrittigen Vorteil angemessener Betriebsgrößen. Dies ist wichtig angesichts der mit der deutschen Vereinigung erfolgenden Integration dieses Sektors in die Europäische Gemeinschaft (und den Dschungel ihrer agrarpolitischen Verordnungen). *Dirk Manegold*, Institut für landwirtschaftliche Marktforschung der Bundesforschungsanstalt für Landwirtschaft, greift die Frage nach den Perspektiven dieser Integration auf; man könnte das Fazit seiner detaillierten Untersuchung treffend mit dem Wort vom 'verhaltenen Optimismus' umschreiben. Insgesamt zeigen die genannten Beiträge, wie sehr trotz gemeinsamer Charakteristika jeder Versuch der institutionellen Reform, auch die Gründung neuer oder die Ausweitung bestehender Märkte in einer Welt, in der diese Märkte alle mehr oder weniger streng reguliert sind, als Einzelfälle zu behandeln ist.

Es folgen zwei Beiträge, die sich direkt mit wirtschaftspolitischen Fragen auseinandersetzen. *Ulrich Schempp*, Institut für Volkswirtschaftslehre der Universität Hohenheim, diskutiert einige der stabilisierungspolitischen Optionen nach der Währungsunion. Dabei kann es der Sache nach nicht nur um die Erörterung der hinreichend bekannten fiskalpolitischen Instrumente gehen: Im Falle der neuen Bundesländer stellt die Rolle der Lohnpolitik zunächst einmal alle anderen makroökonomischen Fragen in den Schatten. Die Zwickmühle zwischen der politischen und der sozial motivierten Anpassung der 'Ost'-Löhne an das Westniveau einerseits und den durch die Produktivitätsentwicklung ökonomisch zu rechtfertigenden Lohnsteigerungsraten andererseits verweist auf die Notwendigkeit, auch unter einer Mehrzahl von Ökonomen eher unpopuläre Maßnahmen zu diskutieren, wie zum Beispiel verschiedene Möglichkeiten der Lohnsubventionierung. Die Frage ist dann, wie die unangenehmen Konsequenzen dauerhafter Subventionen vermieden werden können, d.h. wie Anreizkompatibilität und zeitliche Begrenzung sichergestellt werden können. *Heinz-Peter Spahn*, Fakultät für Sozialwissenschaften der Universität der Bundeswehr, München, widmet sich gezielt dem wirtschaftspolitischen Instrumentarium, das durch die deutsche Vereinigung am unmittelbarsten auf die Bewährungsprobe gestellt wurde: der Geldpolitik der Deutschen Bundesbank. Es gibt, so der Tenor dieses Aufsatzes, aus historischer Perspektive und unter den gegenwärtigen lohn- und budgetpolitischen Rahmenbedingungen keine Alternative zu einer an der Aufrechterhaltung der Währungsstabilität orientierten Politik der Geldmengensteuerung der Bundesbank.

Die folgenden zwei Beiträge beschäftigen sich unmittelbar mit den außenwirtschaftlichen Konsequenzen der Wiedervereinigung. *Renate Ohr*, Institut für Volkswirtschaftslehre der Universität Hohenheim, geht im Rahmen dieser Diskussion genauer auf eine bereits in vorherigen Beiträgen angesprochene Gefahr ein: den Verlust an internationaler Wettbewerbsfähigkeit, der für eine so stark exportorientierte Volkswirtschaft wie diejenige der Bundesrepublik mit der Integration einer auf den Weltmärkten nur sehr bedingt konkurrenzfähigen Ökonomie wie derjenigen der ehemaligen DDR verbunden ist. Die Gefahr der Instabilität wird noch verstärkt durch die potentiell mit der Finanzierung der Transformation dieses Wirtschaftsraumes verbundenen Kapitalströme (nicht so sehr dem Mißverhältnis zwischen Strom- und Bestandsgrößen, das im Falle anderer Staaten eine so entscheidende Rolle spielt) und deren Auswirkungen auf die Wechselkursentwicklung: Eine Aufwertung der DM hat bekanntlich nicht nur die angenehmen Folgen einer Verbilligung von größtenteils in Dollar gehandelten Rohstoffen, sondern auch negative Auswirkungen auf den Export. *Phillip Arestis* vom Polytechnic of East London greift die angesprochenen

Gedanken auf und untersucht die Auswirkungen der deutschen Vereinigung auf das europäische Währungssystem. Er kommt zu dem Schluß, daß mit der Finanzierung des deutschen Einigungsprozesses ein Verlust der vorherrschenden Rolle der deutschen Mark im europäischen Währungsraum einhergehen wird; wie dies zu bewerten ist, hängt letztendlich vom Grad der Autonomie ab, der den noch zu schaffenden Institutionen zur Koordination einer gesamteuropäischen Geld- und Währungspolitik zugestanden wird. Der Band wird abgeschlossen durch einen Beitrag von *Hans-Werner Prahl*, Institut für Soziologie der Universität Kiel, der den Prozeß der deutschen Vereinigung aus der Perspektive des Sozialwissenschaftlers mit zumindest vordergründig vergleichbaren Ereignissen in der deutschen Geschichte, vor allem der Reichsgründung 1871, kontrastiert. Beide, so seine These, lassen sich als Modernisierungsschübe verstehen - was noch nichts darüber aussagt, wie positiv oder wünschenswert die heutige Entwicklung zu beurteilen ist und dereinst beurteilt werden wird.

Inzwischen hat sich der Glaube, die Aufgabe des zentralstaatlichen Produktions- und Verteilungsapparates sei gleichbedeutend mit der Einführung einer 'freien' oder gar 'sozialen' Marktwirtschaft als weitverbreiteter Irrtum erwiesen. Im Falle der neuen Länder erwies sich dieser Irrtum, so er denn je herrschende Meinung war, als weit weniger kostspielig als im Falle aller anderen ehemals sozialistische Staaten: Es steht ein weites Instrumentarium im großen und ganzen bewährter Institutionen zur Verfügung, das von funktionierenden Märkten über ein (oft beklagtes) Netz von Verbänden bis hin zu politischen Strukturen reicht, die, über alle Auseinandersetzungen hinweg, in der Vergangenheit eine hochgradig konsistente Wirtschaftspolitik hervorbrachten. So gesehen ist die ehemalige DDR privilegiert wie kein anderes vergleichbares Land und sollte, 'Anschluß'rethorik zweier Seiten zum Trotz, eher in der Lage sein, eine radikale Umgestaltung erfolgreich zu vollziehen als jedes andere Land. Sie ist aber auch ein nützliches und zudem ein sehr irritierendes Beispiel: Wenn dies die Beste aller Welten ist, wie sehen dann die anderen aus?

Es läßt sich sicher nicht behaupten, daß die Schwierigkeiten dabei, bestehende Institutionen abzulösen, von allen Beteiligten richtig vorhergesehen wurden. Die offenkundige Hartnäckigkeit, mit der sich zuweilen als 'typisch östlich' kenntliche Verhaltens- und Organisationsmuster (willentlich oder unwillentlich) dem Zugriff anderer (wohl 'typisch westlicher') Verhaltens- und Organisationsmuster entziehen (der Dresdner Supermarktangestellte den High-tech-geschulten Arbeitsmoralvorstellungen seines westdeutschen Filialleiters zum Beispiel), ist dabei, obwohl so häufig im Blickpunkt des veröffentlichten Interesses, weniger bedeutend als das Problem, für das sie als Indiz steht: die Schwierigkeiten, die es bedeutet, marktwirtschaftliche Grundstrukturen zu etablieren, die im Westen so alltäglich sind, daß sie überhaupt nur noch Beachtung finden, wenn sie *nicht* funktionieren.

Natürlich ist dies eine Situation, die mit dem Übergang und der Veränderung von Institutionen zu tun hat, die nicht vom Himmel fallen. Es ist aber auch eine Situation, in der die Schwierigkeiten, die die beiden relativ wohlbestallten Deutschlands miteinander haben, wegen der privilegierten Rahmenbedingungen, unter denen sie stattfinden, nur sehr eingeschränkt als Beispiele taugen.

Es sei daher abschließend erlaubt, der Hoffnung Ausdruck zu geben, daß gerade die sichtbaren Schwierigkeiten dieses einseitigen 'Reorganisationsprozesses' dabei helfen werden, die Notwendigkeiten nicht aus den Augen zu verlieren. Notwendigkeiten, die für ein relativ gesehen sehr wohlhabendes Land darin liegen, den Umgestaltungsprozeß in Osteuropa insgesamt zu unterstützen, wo immer dies möglich ist - und nicht darin, sich unter Klagen über die eigenen, im Vergleich geringen Kosten abzuschotten von jenen Ländern, deren ökonomischer Erfolg, bescheidener gemessen, schwieriger zu erreichen und doch langfristig wichtiger für die Wahrung des eigenen Lebensstandards sein wird als die Frage nach dem Preis der Einheit.

Los Angeles — Christof Rühl

Probleme der Finanzierung öffentlicher Aufgaben in den neuen Ländern

von Dieter Vesper

1. Die Problemlage

Die ostdeutsche Wirtschaft befindet sich in einer schweren Anpassungskrise, nachdem die abrupte Einführung der Marktwirtschaft und der D-Mark einen 'Wettbewerbsschock' ausgelöst und die Betriebe zu drastischen Produktionseinschränkungen gezwungen hatte. Den Einbrüchen beim Inlandsabsatz folgte der Zusammenbruch der Exportmärkte in Mittel- und Osteuropa. Davon profitierte die westdeutsche Wirtschaft, die ein Rekordwachstum verbuchte. Die ostdeutsche Nachfrage wurde in zunehmendem Maße aus den öffentlichen Haushalten Westdeutschlands finanziert. Diese Transfers - vor allem Mittel aus dem Fonds 'Deutsche Einheit' und dem 'Gemeinschaftswerk Aufschwung Ost' sowie Zahlungen der Bundesanstalt für Arbeit - stabilisieren die Einkommensentwicklung in den neuen Bundesländern, während sich die Möglichkeiten der primären Einkommenserzielung rapide verschlechtern.

Problematisch ist auf längere Sicht die Verwendung dieser Finanzströme. Je länger die Anpassungskrise dauert, um so mehr Mittel müssen für konsumtive Zwecke ausgegeben werden und um so weniger Mittel stehen für den Ausbau der Infrastruktur zur Verfügung. Ein zügiger Ausbau der öffentlichen Infrastruktur ist aber unabdingbare Voraussetzung für das Ingangsetzen eines Wachstums- und Erneuerungsprozesses in Ostdeutschland (vgl. Vesper/Zwiener 1991, S. 91ff.). Zudem erhöhen Infrastrukturausgaben aufgrund ihres Vorleistungscharakters nicht nur das Wachstumspotential der Unternehmen oder die Lebensqualität der Menschen, sondern sie ziehen selbst unmittelbare Produktions- und Beschäftigungseffekte nach sich. Der Bedarf an Infrastrukturinvestitionen in den neuen Bundesländern ist gewaltig. Allein zur Lösung der dringlichsten Umweltprobleme - Abwasserbeseitigung, Verbesserung der Trinkwasserqualität, Verringerung der Luftbelastung - sind jährlich zweistellige Milliardenbeträge erforderlich; hinzu kommen riesige Aufwendungen für den Verkehrssektor oder für die Stadtentwicklung.

Dieser Bedarf steht in eklatantem Gegensatz zur Steuerkraft der neuen Bundesländer und ihrer Gemeinden. Ihre Steuereinnahmen dürften 1991 nur knapp 30% des Aufkommens der alten Bundesländern betragen. Zwar werden sich die Unterschiede auf mittlere Sicht verringern, aber dennoch augenfällig bleiben. Eine Kompensation durch den Fonds 'Deutsche Einheit' findet nur bedingt statt, denn die Auszahlungen erfolgen degressiv, und schon 1994 wird der Fonds ausgeschöpft sein. Die Finanzen der neuen Bundesländer und ihrer Gemeinden müssen daher so bald wie möglich auf eine feste Grundlage gestellt werden.

2. Öffentliche Finanzen in Ostdeutschland

Eine Schätzung der Ausgaben und Einnahmen der neuen Bundesländer und ihrer Gemeinden ist mit großer Unsicherheit behaftet. Dies ist einmal auf die schmale gesamtwirtschaftliche Informationsbasis zurückzuführen, hängt aber auch damit zusammen, daß die staatlichen Institutionen und ihre Aufgaben in Ostdeutschland derzeit einem radikalen Wandel unterworfen sind. Dieser Wandel kann nur bedingt im Rahmen der geläufigen Haushaltssystematik quantitativ erfaßt werden. Von offizieller Seite sind bisher noch keine Berechnungen über den Finanzbedarf oder über eine 'angemessene', d.h. ökonomisch notwendige und finanzwirtschaftlich vertretbare Finanzausstattung der neuen Länder und Gemeinden vorgelegt worden. Das DIW hat im Rahmen seiner laufenden Berichterstattung mehrfach solche Schätzungen vorgenommen (vgl. z.B. Arbeitskreis Konjunktur im DIW 1991a, Vesper/Zwiener 1991). Die hier vorgelegte Projektion basiert auf dem Informationsstand zur Jahresmitte 1991 (vgl. auch Arbeitskreis Konjunktur im DIW 1991b).

2.1. Einnahmen

Grundlage jeder Projektion der öffentlichen Finanzen ist die voraussichtliche Entwicklung des Steueraufkommens. Der Arbeitskreis 'Steuerschätzungen' hatte im Mai 1991 die Steuereinnahmen für die Jahre 1991 bis 1995 vorausgeschätzt. Diese Schätzung beruhte auf der Vorstellung, daß es in den neuen Bundesländern schon bald zu einer nachhaltigen Verbesserung der Wirtschaftslage kommt. Danach können alte und neue Bundesländer und ihre Gemeinden folgende Steuereinnahmen erwarten (DM je Einwohner):

Tabelle 1:

	1991	**1992**	**1993**	**1994**	**1995**
Länder					
Gebiet A[1] [2]	3 320	3 560	3 780	4 050	4 340
Gebiet B[3] [4]	930	1 150	1 330	1 550	1 760
Gemeinden					
Gebiet A[1]	1 290	1 360	1 440	1 530	1 630
Gebiet B[3]	400	560	680	820	980

1) Gebietsstand der Bundesrepublik vor dem 3.10.1990. - 2) Einschließlich Ergänzungszuweisungen. - 3) Neue Bundesländer sowie das frühere Berlin (Ost). - 4) Nach Aufteilung des Länderanteils an der Umsatzsteuer in einen Ost- und in einen West-Anteil nach Einwohnern und *nach* Verteilung von 20% der Steuereinnahmen der neuen Bundesländer an ihre Gemeinden.

Quellen: Bundesministerium der Finanzen, DIW.

Die Aufkommensunterschiede zwischen West- und Ostdeutschland sind vor allem Reflex der sehr hohen Arbeitslosigkeit und der niedrigeren Einkommen; auch ist in den nächsten Jahren mit nur geringen Unternehmenserträgen zu rechnen. Zwar werden die Steuereinnahmen in den neuen Ländern wohl sehr viel schneller als in Westdeutschland steigen, doch vermutlich werden die Unterschiede auch 1995 noch sehr groß sein. Während 1991 das Aufkommen in den neuen Ländern und Gemeinden nur knapp 30% der Steuereinnahmen im alten Bundesgebiet betragen dürfte, werden es 1995 voraussichtlich 45% sein. Hierin enthalten sind die Einnahmen aus dem vollen Anteil an der Umsatzsteuer (300 DM je Einwohner); durch den Beschluß vom 8. März 1991 wurden die neuen Länder in vollem Umfang nach ihrer Einwohnerzahl am Länderanteil der Umsatzsteuer beteiligt.

Der Fonds 'Deutsche Einheit' wurde anstelle eines gesamtdeutschen Länderfinanzausgleichs für die Jahre 1990 bis 1994 eingerichtet und dient auch als Ersatz für die Bundesergänzungszuweisungen. Aus diesem Topf fließen folgende Mittel nach Ostdeutschland (DM je Einwohner):

Tabelle 2:

	1991	1992	1993	1994
Länder	1 400	1 100	800	400
Gemeinden	750	600	450	250

Die Zahlungen aus dem Fonds verbessern die Finanzausstattung der ostdeutschen Länder und Gemeinden zunächst erheblich. Immerhin erreichen die Einnahmen 1991 rund 70% des westdeutschen Steueraufkommens. Danach geht der Anteil aber schrittweise wieder zurück, auf nur noch 50% im Jahre 1994. Und dies, obwohl der Bund auf seine ursprünglich vorgesehene Beteiligung in Höhe von 15% am Fonds zur Finanzierung bundesstaatlicher Aufgaben im Beitrittsgebiet verzichtet hat (40% davon fließen an die Gemeinden).

Allerdings erschöpfen sich die Transfers an die neuen Bundesländer und ihre Kommunen nicht im Fonds 'Deutsche Einheit', vielmehr erhalten diese noch eine Reihe weiterer Hilfen. Dabei handelt es sich um Zuweisungen des Bundes im Rahmen der Gemeinschaftsaufgaben nach Art. 91a GG und der Geldleistungsgesetze nach Art. 104a Abs. 3 GG, darüber hinaus um Finanzhilfen für "besonders bedeutsame Investitionen" von Ländern und Gemeinden nach Art. 104a Abs. 4 GG. Der Bund beteiligt sich an diesen Maßnahmen, die komplementären Mittel müssen die Länder aufbringen. Das Bundesministerium der Finanzen veröffentlicht keinen getrennten Ausweis der Leistungen, die aus dem Bundeshaushalt als Zuweisungen und Investitionszuschüsse in die alten und in die neuen Länder fließen. Nach überschlägigen Rechnungen sind hierfür Zuweisungen und Zuschüsse von fast 10 Mrd. DM, also 600 DM je Einwohner und damit ebenso viel wie für die alten Bundesländer, vorgesehen. Noch nicht berücksichtigt sind die Mittel aus dem 'Gemeinschaftswerk Aufschwung Ost'. Die Gemeinden erhalten 1991 aus diesem Topf 5 Mrd. DM als Sofortprogramm zur Finanzierung ihrer Investitionen, danach sind keine weiteren Zuschüsse geplant; die gesetzliche Grundlage für diese Hilfen ist Art. 104a Abs. 4 GG. Die übrigen Mittel entfallen allerdings hauptsächlich auf Maßnahmen, die in unmittelbarer Regie des Bundes realisiert und nicht als Zuweisungen an die Länder/Gemeinden verbucht werden.

In der Summe können die neuen Länder und Gemeinden 1991 - ohne Kapitalmarktmittel - über Einnahmen von schätzungsweise 4.400 DM je Einwohner verfügen; das sind knapp 70% der Einnahmen, über die die alten Länder und Gemeinden disponieren können. Die Diskrepanz wird bis Mitte der 90er Jahre wieder größer, weil die 'Anschubhilfen' wegfallen. Die Gebühren werden als Finanzierungsquelle erst allmählich das Gewicht bekommen, das sie für Länder und Gemeinden im Westen besitzen.

2.2. Ausgaben

Nun ist es keineswegs so, daß - gemessen an den Aufgaben - der Bedarf in Ostdeutschland kleiner wäre. Neben der Bereitstellung von Infrastrukturleistungen sind Länder und Gemeinden in Ostdeutschland mit einer Reihe von Anforderungen konfrontiert, die in den kommenden Jahren vermehrte Ausgaben nach sich ziehen werden. Neben dem Ausbau der Infrastruktur wird die künftige Entwicklung der Ausgaben wohl durch zwei Tatbestände geprägt:

- Aufgrund der Regelungen im Einigungsvertrag müssen die neuen Länder, vor allem ihre Kommunen, erhebliche finanzielle Altlasten tragen. Stichworte sind die Subventionen in den Bereichen Wohnen, Energie und Verkehr.
- Neben dem Neuaufbau der Länderverwaltungen wird der Ausgabenanstieg vom Aufholprozeß der Einkommen im öffentlichen Dienst bestimmt; bis Mitte der 90er Jahre dürften die Einkommen in Ost und West angeglichen sein.

Sehr schwierig ist die Projektion der Subventionen, die von den neuen Ländern und den Kommunen zu tragen sind. Soweit die Gemeinden die bisher von den Betrieben unterhaltenen Kultur-, Sozial- und Sporteinrichtungen direkt übernehmen, schlägt sich ein Großteil dieser Aufwendungen in den kommunalen Personal- und Sachaufwendungen nieder. Bei der Subventionierung geht es vor allem darum, welche Belastungen aus der Übernahme zahlreicher Ver- und Entsorgungsunternehmen auf die Gemeinden bzw. Länder zukommen. Die Gemeinden sind gemäß Einigungsvertrag für die Wohnungsbestandspolitik und die Neubauförderung zuständig. Sie müssen etwa drei Fünftel des hochsubventionierten Mietwohnungsbestandes übernehmen. Die Lücke zwischen Mieterträgen und tatsächlichem Aufwand ist gewaltig, nur ein Fünftel der Kosten wird aus den Mieten gedeckt (vgl. Bartholmai/Melzer 1990). Selbst überproportionale Mietanhebungen in Ostdeutschland werden das Subventionsvolumen nur wenig mindern, wenn man den hohen Instandsetzungsbedarf in Rechnung stellt. Der jährliche Fehlbetrag im kommunalen Wohnungsbestand wird auf rund 9 Mrd. DM - unter Einschluß des Kapitaldienstes für Altkredite - geschätzt. Unter diesen Bedingungen sind Spielräume für die Förderung des Wohnungsneubaus nicht vorhanden. Zwar werden durch ein Moratorium die Zins- und Tilgungsverpflichtungen der Kommunen aus den Altschulden der Wohnungswirtschaft 1991 und 1992 ausgesetzt - die Entlastungswirkung wird auf 7 Mrd. DM veranschlagt -, doch ist das Problem für die Gemeinden damit nicht grundsätzlich gelöst, sondern nur zeitlich verschoben. Auch im Energie- und Verkehrssektor ist zunächst noch mit hohen Subventionen zu rechnen. Der Bedarf dürfte in den nächsten Jahren aber etwas kleiner werden, da die kommunalen Ver- und Entsorgungsunternehmen ihre Gebühren kräftig heraufsetzen werden. Vermutlich werden sich die Länder an dem hohen Subventionsaufwand der Gemeinden beteiligen und den Gemeinden Finanzhilfen gewähren. Hinzu kommen die Zahlungen der Länder im Rahmen des kommunalen Finanzausgleichs. Im Einigungsvertrag ist eine Mindestverbundquote von 20% festgeschrieben. Sie reicht aber nicht aus, den kommunalen Finanzbedarf zu decken.

Im Gegensatz zu Westdeutschland - dort hat sich die Zahl der Empfänger von Sozialhilfe vor allem durch die Zunahme der Langzeitarbeitslosigkeit und aufgrund der erschwerten Voraussetzungen für die Inanspruchnahme von Arbeitslosengeld bzw. -hilfe vergrößert - werden die ostdeutschen Kommunen zunächst noch nicht mit einer explosiven Zunahme der Aufwendungen an Sozialhilfe konfrontiert: Das Arbeitslosen- und Kurzarbeitergeld ist in der Regel höher als die Grenze für den Bezug von Sozialhilfe. Wohl aber werden die ostdeutschen Kommunen - wie die westdeutschen Gemeinden auch - Leistungen für Hilfen in besonderen Lebenslagen (Pflege- und Krankenhilfe, Hilfen für Behinderte) aufbringen müssen. Kurzfristig müssen die ostdeutschen Kommunen aber für die Fehlbeträge in der ambulanten Krankenversorgung einspringen. Auf mittlere Sicht werden wohl auch die Sozialhilfeleistungen kräftig expandieren.

Eine gewichtige Rolle in den Haushalten von Ländern und Gemeinden spielen die Personalausgaben. Niveau und Entwicklung richten sich nach den Tarifabschlüssen und der Beschäftigtenzahl. Die Schätzung der Zahl der Arbeitnehmer im öffentlichen Sektor ist in der Umbruchphase sehr schwierig, zumal die statistischen Informationen sehr dürftig sind. Sicher ist, daß in vielen Bereichen des öffentlichen Sektors der ehemaligen DDR - soweit überhaupt vergleichbar - erheblich mehr Arbeitskräfte als in Westdeutschland beschäftigt waren. In der DDR kamen auf 100 Einwohner 11 Staatsbedienstete, in der Bundesrepublik 7. Neben dem Militär- und Sicherheitsbereich gab es vor allem an den Schulen und Hochschulen und in den sozialen Diensten große Unterschiede. Während an den westdeutschen Schulen (einschließlich Sonderschulen) die Schüler-Lehrer-Relation 1989 im Durchschnitt über 15 betrug, lag sie in der ehemaligen DDR bei unter 13 Schülern je vollbeschäftigten Lehrer. Sehr groß waren die Diskrepanzen an den Hochschulen. In Westdeutschland kamen auf einen Wissenschaftler durchschnittlich 14 Studenten, in der ehemaligen DDR hingegen nur 4. In den Kindergärten wurden im Westen 65%, im Osten 95% der Kinder in den entsprechenden Altersstufen betreut.

Nach den wenigen verfügbaren Informationen wurde bisher die Zahl der Beschäftigten im öffentlichen Sektor (Gebietskörperschaften und Sozialversicherung) nachhaltig reduziert: Während Anfang 1990 noch 1,7 Mio. Arbeitnehmer beschäftigt waren, dürften es zur Jahresmitte 1991 höchstens noch 1,2 Mio. gewesen sein; bis zum Jahresende ist mit einem weiteren Rückgang zu rechnen. Etwa eine Viertelmillion Menschen befinden sich im sogenannten Wartestand. Gemessen an den westdeutschen Verhältnissen könnten in den neuen Bundesländern und ihren Kommunen etwa 850.000 Arbeitnehmer beschäftigt werden; unter Hinzurechnung der jeweiligen Anteile für Bundesaufgaben und die Sozialversicherung wären es 1,1 Mio. DM.

Die Einkommen im öffentlichen Dienst expandieren kräftig. Zur Jahresmitte wurden die Einkommen im Osten auf 60% des Niveaus im Westen angehoben. Allerdings werden viele Stellen bei vergleichbarer Tätigkeit geringer bewertet und eingruppiert, so daß der effektive Unterschied noch größer ist und ein Unterschied auch bei vollzogener formaler Anpassung vermutlich noch existiert. Bis zum Jahre 1995 dürften die Durchschnittseinkommen im öffentlichen Dienst (Ost) auf 63.000 DM steigen (im Westen betragen sie dann knapp 70.000 DM).

Das Niveau der öffentlichen Investitionen in Ostdeutschland wird 1991/92 mit jeweils durchschnittlich 900 DM je Einwohner etwa so hoch sein wie in den alten Bundesländern. Durch die finanzpolitischen Beschlüsse vom März sind den ostdeutschen Gebietskörperschaften erhebliche Mittel zum Investieren zugeführt worden, und auch der Bund engagiert sich verstärkt.

Ob dies so bleibt, ist offen, denn die Finanzlage der neuen Länder und Gemeinden wird sich mittelfristig wieder verschlechtern. Zwischen finanzieller Entwicklung und Investitionstätigkeit besteht ein recht enger Zusammenhang, insbesondere bei den Kommunen als Hauptinvestoren der öffentlichen Hand: Die kommunale Investitionstätigkeit wird von der 'freien Spitze', d.h. dem Überschuß im Verwaltungshaushalt nach Abzug der Tilgungsausgaben, bestimmt; und diese tendiert in Ostdeutschland gegen Null. Aber auch der Kreditfinanzierung sind Grenzen gesetzt, je geringer die Einkommen, desto kleiner ist der Spielraum für die Kreditaufnahme. Bedarfsorientierte Überlegungen werden nur eine zweitrangige Rolle spielen.

Noch eine Anmerkung zu dem derzeit heftig diskutierten 'Paradoxon': Trotz des hohen Finanzbedarfs besitzen viele ostdeutsche Kommunen teilweise beachtliche Guthaben bei Banken. Diese sind deshalb entstanden, weil die Gelder ihnen sehr kurzfristig vom Bund zur Verfügung gestellt worden sind. Wegen des längeren Planungsvorlaufs und der Tatsache, daß bisher Mittel fehlten, um überhaupt Pläne anfertigen zu können, kann die plötzliche Liquidität nicht so schnell in konkrete Projekte fließen. Schon im weiteren Verlauf dieses Jahres dürfte die Liquidität aufgezehrt werden.

Tabelle 3 (nächste Seite) stellt den Versuch dar, die Überlegungen zur Entwicklung der öffentlichen Finanzen in Ostdeutschland quantitativ zu verdichten. Es handelt sich nicht um eine Prognose, die Schätzergebnisse haben nur modellhaften Charakter. Deutlich wird vor allem die Problematik der degressiv gestaffelten Zuweisungen aus dem Fonds 'Deutsche Einheit' und die Dynamik der Personalausgaben. Der Betrag, der nach diesen Berechnungen für die öffentlichen Investitionen verbleibt, steht in krassem Mißverhältnis zum Bedarf an Infrastrukturinvestitionen in Ostdeutschland. Alles in allem werden sich auf mittlere Sicht die Finanzierungsdefizite der Länder und Gemeinden im Ostteil mehr als verdoppeln und damit einen Umfang erreichen, der - pro Kopf gerechnet - alle bisher in den alten Ländern bekannten Dimensionen sprengt. Binnen weniger Jahre wären die ostdeutschen Länder und Gemeinden so hoch verschuldet wie die westdeutschen, deren Schuldenbestand 1990 etwa 7.800 DM je Einwohner ausmachte.

3. Finanzierungsanteile des Bundes und der alten Länder

Die öffentlichen Transfers an die neuen Länder und Gemeinden werden zum überwiegenden Teil aus dem Bundeshaushalt bestritten. Bereits 1990 erforderte die Finanzierung des Einigungsprozesses drei Nachtragshaushalte, die auch Ausdruck dafür waren, daß die fiskalischen 'Kosten' der Einigung von der Bundesregierung ständig unterschätzt wurden. Und es wird das Geheimnis dieser Regierung bleiben, welche 'wahltaktischen' Überlegungen sie veranlaßt hatte, die Notwendigkeit höherer Steuern zur Finanzierung der enormen Kosten noch Anfang 1991 zu leugnen. Denn jede seriöse Auseinandersetzung mit den ökonomischen und sozialen Konsequenzen der Vereinigung mußte, spätestens im Herbst 1990, zu dem Ergebnis kommen, daß die hohen Mehrausgaben von einiger Dauer sein werden und die wachstumsbedingten Steuermehreinnahmen - erst im Westen, dann im Osten - zur Finanzierung nicht ausreichen würden. Illusorisch war deshalb auch die Vorstellung, die Ausgaben durch eine 'vorübergehend'

Tabelle 3: Einnahmen und Ausgaben der Länder und Gemeinden in Ostdeutschland[1] in Mrd. DM

	1991			1992			1993			1994			1995		
	Länder	Gemein-den	Ins-gesamt	Länder	Gemein-den	Ins-gesamt	Länder	Gemein-den	Ins-gesamt	Länder	Gemein-den	Ins-gesamt	Länder	Gemein-den	Ins-gesamt
Einnahmen	50	29	73	51	34	77	49	35	76	49	37	76	45	39	73
Steuern	15	6	21	19	9	28	21	11	32	25	13	38	28	16	44
Fonds "Deutsche Einheit"	23	12	35	18	10	28	13	7	20	7	3	10	-	-	-
Gebühren, Einnahmen aus wirtsch. Tätigkeit u.ä.	2	5	7	3	7	10	4	9	13	5	11	16	5	12	17
von Gebietskörperschaften	10	6	10	11	8	11	11	8	11	12	10	12	12	11	12
Ausgaben	61	38	93	64	42	98	71	47	110	81	51	122	92	55	136
Personalausgaben	20	10	30[2]	21	12	33	26	14	40	32	17	49	39	20	59
Sachaufwendungen	7	6	13	8	7	15	8	8	16	9	9	18	9	9	18
Übertragungen	31	15	40	31	14	37	30	15	37	31	14	35	32	14	35
an Dritte	25	15	40	23	14	37	22	15	37	21	14	35	21	14	35
Gebietskörperschaften[3]	6	-	-	8	-	-	8	-	-	10	-	-	11	-	-
Sachinvestitionen	3	7	10	3	8	11	4	9	13	4	9	13	5	10	15
Zinsausgaben[4]	-	-	-	1	1	2	3	1	4	5	2	7	7	2	9
Defizit	-11	-9	-20	-13	-8	-21	-22	-12	-34	-32	-14	-46	-47	-16	-63

1) Einschl. Ostberlin. - 2) Einschl. Wartegeld in Höhe von 2 Mrd. DM. Der Personalstand wird von 1,1 Mio. auf 850.000 Beschäftigte abgebaut. - 3) Kommunaler Finanzausgleich: Unterstellt ist, daß die Kommunen im Rahmen des kommunalen Finanzausgleichs 40% der Steuereinnahmen der Länder erhalten. - 4) Ohne Zinsen für Altschulden aus der Wohnungswirtschaft.

Quelle: Schätzungen des DIW.

höhere Neuverschuldung decken zu können. Von zentraler Bedeutung war der Fonds 'Deutsche Einheit', der als Sondervermögen des Bundes gegründet wurde und bis 1994 befristet ist. Sein Gesamtvolumen beträgt 115 Mrd. DM, davon wurden 95 Mrd. DM über Kredite und 20 Mrd. DM durch Zuschüsse des Bundes aufgebracht. Die Annuität in Höhe von jährlich 10% des jeweiligen Schuldenstandes wird vom Bund und den Ländern je zur Hälfte getragen, wobei sich die Kommunen mit 40% am Anteil der Länder beteiligen sollen.

Insgesamt flossen 1990 Finanzhilfen in Höhe von 45 Mrd. DM nach Ostdeutschland, die Hälfte davon waren Fondsmittel. In diesem Jahr ist die Summe mit über 100 Mrd. DM zu veranschlagen, und 1992 wird sie noch höher sein (vgl. Tabelle 4). Beträchtlich sind die Transfers an die ostdeutschen Sozialversicherungsträger. Aus dem Bundeshaushalt fließen 1991 fast 15 Mrd. DM dorthin. Neben dem 'normalen' Zuschuß des Bundes an die Rentenversicherungen, wie er auch im Westen für die Übernahme versi-

Tabelle 4: Finanzhilfen für Ostdeutschland in Mrd. DM

	1990	**1991**	**1992**
aus dem Bundeshaushalt	23,0	54,6	46,1
Krankenversicherung	2,9	1,0	-
Rentenversicherung	3,1	10,3	7,6
Arbeitslosenversicherung	2,0	3,0	-
Vorruhestand	-	6,3	5,5
Gemeinschaftswerk Ost	-	12,0	12,0
dar. an Gemeinden	-	5,0	-
Verkehrsinvestitionen		1,4	3,9
Arbeitsmarktpolitik		2,5	4,0
Reichsbahn	-	8,0	8,4
Regionale Wirtschaftsstruktur	-	2,5	2,7
Landwirtschaft	-	3,5	3,9
Sonstige	15,0	8,0	5,0
aus der Arbeitslosenversicherung (West)	-	14,4	22,5
aus der Rentenversicherung (West)	-	-	11,0
aus dem Fonds 'Deutsche Einheit'	22,0	35,0	28,0
Insgesamt	45,0	104,0	107,6

Quellen: Bundesministerium der Finanzen, DIW.

cherungsfremder Leistungen (z.B. Berücksichtigung von Kriegs- und Ausbildungszeiten) gewährt wird, deckt der Bund zumindest 1991 die Finanzlücken der ostdeutschen Rentenversicherungen. Tritt das Renten-Überleitungsgesetz wie vorgesehen in Kraft, kommen künftig auf die westdeutschen Träger im Rahmen des Finanzverbundes hohe Verpflichtungen - jährlich über 10 Mrd. DM - zu; deshalb werden die Beitragssätze zur Rentenversicherung wohl wieder heraufgesetzt werden müssen (vgl. Kirner/ Meinhardt/Vortmann 1991, S. 285f.). Zur Fi-nanzierung der Aufwendungen, die die steigende Kurzarbeit bzw. Arbeitslosigkeit in Ostdeutschland verursacht, sind die Beitragssätze zur Arbeitslosenversicherung bereits zum 1.4.1991 um 2,5 Prozent-Punkte erhöht worden; nach Abzug der gleichzeitig gesenkten Rentenversicherung verbleibt eine Anhebung um 1,5 Prozent-Punkte. In diesem Jahr wird die Arbeitslosenversicherung (West) voraussichtlich 15 Mrd. DM und 1992 über 22 Mrd. DM an die Arbeitslosenversicherung (Ost) überweisen müssen.

Die Transfers der westdeutschen Gebietskörperschaften werden teils über höhere Kredite, teils über Steuererhöhungen finanziert. Nachdem bereits 1990 das Defizit des Bundes - einschließlich Saldo aus dem übergeleiteten DDR-Haushalt - von 20 auf 50 Mrd. DM in die Höhe geschnellt war, sind 1991 mindestens 65 Mrd. DM zu erwarten. Und dies, obwohl die Steuererhöhungen, die zum 1.7.1991 in Kraft getreten sind, dem Bundeshaushalt zusätzlich Einnahmen in Höhe von 17 Mrd. DM bringen werden. Der Haushaltsfehlbetrag der westdeutschen Länder dürfte mit 20 Mrd. DM so hoch sein wie 1990. Die Mindereinnahmen aus der vollen Beteiligung der neuen Länder am Umsatzsteueraufkommen werden hier überkompensiert durch die Mehreinnahmen, die aus dem einigungsbedingten Wachstumsschub herrühren. Per Saldo werden der Bund, die alten Länder und ihre Gemeinden 1991 vermutlich ein Defizit von 90 Mrd. DM (in finanzstatistischer Abgrenzung) hinnehmen müssen. Unter Berücksichtigung der Kreditaufnahme für den Fonds 'Deutsche Einheit' sind es 120 Mrd. DM, unter Hinzurechnung der Fehlbeträge der ostdeutschen Länder und Gemeinden - aber ohne Kreditaufnahme der Treuhandanstalt - sind es 140 Mrd. DM, also fast 5% des Bruttosozialprodukts in Deutschland. In den nächsten Jahren wird sich die Relation nur wenig vermindern, wenn die Politik keine einschneidenden Maßnahmen trifft.

4. Finanzierungsalternativen

4.1. Öffentliche Kredite

Im Zuge der Vereinigung haben sich die Staatsschulden kräftig erhöht. Sie dürften am Jahresende 1991 auf 48% des Sozialprodukts angewachsen sein (1989: 43%). Ein internationaler Vergleich (vgl. Bundesministerium der Finanzen 1991, S. 307) der Staatsschuldenquoten zeigt, daß Deutschland allerdings noch einen Platz im unteren Drittel einnimmt. Die starke Ausweitung der Kreditnachfrage konnte bisher reibungslos von den Finanzmärkten befriedigt werden, wenngleich die Ergiebigkeit der Märkte natürlich nicht unbegrenzt ist und die D-Mark trotz hoher Zinsen zeitweilig Schwächetendenzen zeigte.

Angesichts der Debatten in der Vergangenheit über Segen und Unheil von Staatsschulden zur Bekämpfung der Beschäftigungskrise in der alten Bundesrepublik mußte erstaunen, mit welcher Gelassenheit die einigungsbedingten Finanzierungsdefizite von der Politik hingenommen worden sind. In der wirtschaftspolitischen Diskussion waren die Rollen neu verteilt: Jene, die zuvor immer gegen eine wachstums- und beschäftigungspolitisch motivierte Ausweitung der Staatsschulden argumentiert hatten, sprachen sich gegen Steuererhöhungen und für vorübergehend höhere Staatsdefizite aus; andere - wie das DIW, das die Inkaufnahme höherer Staatsschulden in rezessiven Phasen stets befürwortet hatte - waren in der Beurteilung etwas zurückhaltender.

In der Regel wird die Kreditfinanzierung staatlicher Ausgaben mit dem Argument abgelehnt, daß hohe staatliche Kredite zins- und preissteigernd wirken, mithin die Wachstumskräfte schwächen: Durch die Inanspruchnahme von Kapitalmarktmitteln - bei gegebenem Kreditfonds - treibe der Staat die Zinsen in die Höhe und verdränge private Nachfrager, vor allem Investoren, die dann ihre hochproduktiven Ausgaben zugunsten von weniger produktiven Staatsausgaben einschränken müßten. Das Produktionspotential würde nicht mehr oder nur langsam wachsen, und die gesamtwirtschaftliche Nachfrage könnte nicht befriedigt werden; letztlich würden Wachstums- und Produktivitätsmöglichkeiten verschenkt.

Relevant sind diese Argumente für eine Situation voll ausgelasteter Kapazitäten; für eine unterbeschäftigte Wirtschaft können sie indes kaum Geltung beanspruchen. In solchen Situationen ist die private Kreditnachfrage gering, und staatliche und private Nachfrage nach Krediten konkurrieren nicht. Die kreditfinanzierten Ausgaben lösen einen gesamtwirtschaftlichen Schub aus, Beschäftigung und Einkommen steigen und verbessern die Einnahmebasis des Staates. In der Hochkonjunktur ist dies anders. Die Nachfrage des Staates nach Krediten konkurriert mit der privaten Nachfrage, erhöht das Zinsniveau und dämpft die private Investitionsneigung. Zudem steigt bei hohen Zinsen auch die Zinsbelastung der öffentlichen Haushalte, wodurch der künftige Spielraum der Finanzpolitik tendenziell eingeschränkt wird.

In der gegenwärtigen Situation steht die Überlegung im Vordergrund, ob die Defizite ohne außenwirtschaftliche Probleme finanziert werden können. Mit der Zunahme der Staatsschulden ging ein Abbau der außenwirtschaftlichen Überschüsse einher; gleichzeitig verbesserten sich die Leistungsbilanzen der Handelspartner und die deutschen Netto-Kapitalexporte verringerten sich: Zur Finanzierung der deutschen Einheit wird ein entsprechend größerer Anteil des Weltkapitalangebots benötigt. Entscheidend ist, zu welchen Konditionen in- und ausländische Anleger deutsche Staatstitel halten wollen. Wichtig ist dabei, daß auf den Märkten das Vertrauen zur D-Mark und in die Stabilität der deutschen Wirtschaftsentwicklung erhalten bleibt. Dies hängt wiederum davon ab, wieviel Zeit die Lösung der hinter dem Staatsdefizit stehenden Probleme braucht, ob also die Anleger darauf vertrauen können, daß die kreditfinanzierten Maßnahmen in Ostdeutschland einen breiten Aufschwung in Gang setzen.

Von Belang ist in allen Situationen natürlich die Frage, in welche Verwendung die am Kapitalmarkt aufgenommenen Mittel fließen. Die Akzeptanz kreditfinanzierter Ausgaben ist größer, wenn sie investiven Charakter tragen und mit dem Ausbau und der Modernisierung von Infrastruktureinrichtungen das Fundament für künftiges Wachstum gelegt wird. Freilich ist es in vielen Fällen schwierig, die Staatsausgaben in einen investiven und einen konsumtiven Teil aufzuspalten; z.B. haben Personalkosten im Bildungs- und Forschungsbereich oder auch im Gesundheitssektor durchaus investiven Charakter (vgl. im einzelnen Vesper 1981, S. 301ff.).

Die Antwort auf die Frage, in welchem Umfang die fiskalischen Kosten der Einheit über vermehrte Kredite finanziert werden können, muß schließlich auch die von der Verfassung gezogenen Grenzen und die - vor allem für die Kommunen relevanten - haushaltsrechtlichen Vorschriften beachten. Die Grenzen der öffentlichen Kreditaufnahme sind nach Art. 115 GG für Bund und Länder durch die Höhe der Investitionsausgaben bestimmt; höhere Kredite können nur zur Abwehr einer gesamtwirtschaftlichen Störung aufgenommen werden. Tatsächlich sind zur Zeit die investiven Ausgaben des Bundes kleiner als die Nettokreditaufnahme. Angesichts der desolaten Wirtschaftslage in den neuen Bundesländern kann sich der Bund aber immer auf den Ausnahmefall von Art. 115 Abs. 1 GG berufen. Dies können die Kommunen nicht, auch nicht die ostdeutschen Gemeinden, obwohl sie Hauptinvestor der öffentlichen Hand sind und ihnen damit eine wichtige gesamtwirtschaftliche Funktion zukommt. Sie dürfen Kredite ausschließlich zur Finanzierung von Investitionen aufnehmen, doch richtet sich ihr Kreditaufnahmepotential nach ihrer 'dauerhaften Leistungsfähigkeit', d.h. nach den zukünftigen Einnahmen. Je höher ihr Steueraufkommen ist, desto größer sind im Prinzip auch die Möglichkeiten, Kredite aufzunehmen. Je geringer die Steuereinnahmen, desto schwieriger wird es für eine Kommune, Kredite aufzunehmen und mit ihnen Investitionen zu finanzieren.

4.2. Steuererhöhungen

Jede Erhebung von Steuern beeinflußt die wirtschaftliche Entwicklung nachhaltig. Deshalb muß jede Steuer auf ihre konjunktur- und wachstumspolitische Relevanz hin überprüft werden; auch die Verteilungsfrage ist anzusprechen.

Die Erhöhung der Einkommens- und Körperschaftssteuern kann kontraproduktiv wirken, wenn die Steuersätze merklich angehoben werden und die Investitionsneigung beeinträchtigt wird. Im Gegensatz zu den indirekten Steuern sind die Erhöhungen direkt 'fühlbar'. Aus verteilungspolitischer Sicht ergeben sich Vorteile, weil Merkmale der individuellen Leistungsfähigkeit berücksichtigt werden können. Eine Erhöhung der Umsatz- und speziellen Verbrauchssteuern wird nur indirekt - über höhere Preise - wahrgenommen und ist deshalb bei den Politikern als Instrument zur Mittelbeschaffung beliebt. Merkmale der individuellen Leistungsfähigkeit bleiben hier außer Betracht. In der Tendenz werden Bezieher niedrigerer Einkommen mit entsprechend höheren Konsumquoten relativ stärker von Verbrauchssteuererhöhungen getroffen als Bezieher höherer Einkommen und niedrigerer Konsumquote. Freilich wird diese regressive Wirkung durch den gespaltenen Mehrwertsteuersatz bzw. durch nicht besteuerte Verwendungsteile (Mieten) gemildert. Dies gilt nicht für die speziellen Verbrauchssteuern. Verteilungsargumente spielen hier allerdings eine weniger gewichtige Rolle, wenn es darum geht, z.B. gesundheitspolitische (Besteuerung von Tabak und Alkohol) oder energiepolitische (Besteuerung von Benzin, Heizöl und Erdgas) Ziele zu verfolgen.

Das neue Konzept der Bundesregierung zur Finanzierung der Einigungskosten stützt sich auf die Anhebung der Einkommen- und Verbrauchssteuern sowie des Beitragssatzes zur Arbeitslosenversicherung. Alle Mehreinnahmen bzw. Mehrbelastungen summieren sich auf 57 Mrd. DM pro Jahr: Mit jeweils 20 Mrd. DM fallen der 'Solidaritätszuschlag' zur Lohn- und Einkommenssteuer und die Verbrauchssteuererhöhungen ins Gewicht, 17 Mrd. DM erbringt die Anhebung der Sozialbeiträge. Allerdings ist die progressive Komponente des Pakets - der Solidaritätszuschlag - nur auf ein Jahr befristet und wird wohl durch eine regressiv wirkende Mehrwertsteuererhöhung zum 1.1.1993 abgelöst.

Schon die Steueranhebungen zur Jahresmitte 1991 waren nicht unproblematisch (vgl. Teichmann/Zwiener 1991, S. 178ff.). Für viele Haushalte im unteren Einkommensbereich ergeben sich, werden die Erhöhungen den Entlastungen aus der Reform 1986/90 gegenübergestellt, per Saldo zusätzliche Belastungen, weil diese Haushalte wegen ihrer niedrigen Einkommen keine oder nur wenig Steuern zahlen und somit nicht oder nur in geringem Maße von den Entlastungen profitierten. Aber auch im mittleren Einkommensbereich (etwa 45.000 DM Jahreseinkommen) bleibt nichts übrig von den Entlastungen der Vorjahre.

Wird die Mehrwertsteuer zum 1.1.1993 angehoben, dann werden die Verteilungseffekte zuungunsten der niedrigeren Einkommensbezieher noch größer. Eine Erhöhung um 2 Prozent-Punkte verschafft dem Staat zwar zusätzliche Einnahmen von 25 Mrd. DM pro Jahr, hätte aber zur Konsequenz, daß in den unteren Einkommensbereichen die Belastungen größer wären als die Entlastung, die sich aus dem Wegfall des 'Solidaritätszuschlags' ergibt. In den oberen Einkommensbereichen zeigt sich das umgekehrte Bild, d.h. die Entlastung aus dem Wegfall des Zuschlags ist größer als die Belastung durch die Mehrwertsteueranhebung. Aus dieser Sicht wäre es sinnvoller, den Zuschlag zur Einkommen- und Körperschaftssteuer beizubehalten.

Neben den Verteilungswirkungen sind natürlich die gesamtwirtschaftlichen Auswirkungen relevant. Die Einschätzung dieser Effekte ist immer auch abhängig von dem Alternativszenario, mit dem man vergleicht. Von Bedeutung ist insbesondere, wie der Staat die zusätzlichen Mittel verwendet. Die kräftigen Steuer- und Abgabenerhöhungen erlauben den öffentlichen Haushalten Westdeutschlands einen weniger restriktiven Ausgabenkurs. Die aus den höheren Transfers nach Ostdeutschland resultierenden stärkeren Exporte der 'alten' Bundesländer und eine etwas expansivere Ausgabenpolitik wirken stabilisierend und gleichen die Entzugseffekte, die für sich genommen von den Steuererhöhungen ausgehen, zu großen Teilen aus. Ein solches Ergebnis wäre insofern bemerkenswert, als das Wirtschaftswachstum in Westdeutschland durch die Steuererhöhungen nicht nennenswert beeinträchtigt würde und der hohe Transfer von West nach Ost dort zu einer besseren Wirtschaftsentwicklung beiträgt. Als Folge der Überwälzung der Verbrauchssteuererhöhung auf die Preise ist mit einem Anstieg der Verbraucherpreise zu rechnen, schätzungsweise um 1 Prozent-Punkt im Jahresdurchschnitt.

4.3. Subventionsabbau

Immer wieder wird ein Abbau der Subventionen - Finanzhilfen und Steuervergünstigungen - gefordert, wenn es um die Finanzierung neuer Aufgaben oder um Steuersenkungen geht. Bisher haben sich die vielen Absichtserklärungen kaum auf die tatsächliche Entwicklung der Subventionen ausgewirkt. Zwar sind die Steigerungsraten in den 80er Jahren im Vergleich zu den 70er Jahren deutlich kleiner geworden, doch lagen sie über dem Anstieg im Durchschnitt der EG-Länder (vgl. Stille/Teichmann 1990, S. 703ff.). Nach wie vor konzentrieren sich die Vergünstigungen auf Landwirtschaft, Kohlenbergbau, Bundesbahn und Wohnungswesen. In der Mehrzahl der Fälle handelt es sich um Dauersubventionen.

Ökonomisch sinnvoll und politisch glaubwürdig sind nur solche Kürzungsvorschläge, die nicht auf die 'Rasenmähermethode' setzen, d.h. eine lineare Kürzung anstreben, sondern einer zielgerichteten Umorientierung den Vorzug geben. Dabei liegen die Schwierigkeiten nicht in der Tragfähigkeit der Argumente, sondern in dem Versagen der Politik, die Kürzungen auch durchzusetzen. So spielt z.B. die Versorgungssicherheit im Kohlenbergbau eine immer geringere Rolle; die politischen Unsicherheiten sind viel kleiner geworden und auf der Angebotsseite sind weltweit und langfristig keine Engpässe zu sehen. Zudem macht es ökonomisch keinen Sinn, bei einem Importkohlepreis, der nur ein Drittel des deutschen Kohlepreises ausmacht, an der Subventionierung des deutschen Steinkohlebergbaus festzuhalten. Die Subventionierung im Agrarbereich widerspricht in eklatanter Weise den Forderungen nach einem liberaleren Welthandel. Zudem wird das steigende Bedürfnis nach qualitativ hochwertigen und gesundheitlich unbedenklichen Nahrungsmitteln durch die Subventionspraxis - und die EG-Agrarpolitik - mehr gehemmt als gefördert. Zweifel sind auch an der Effizienz der Wohnungsbauförderung angebracht. Kritik ruft vor allem die Tatsache hervor, daß in zunehmendem Maße Steuerausfälle durch den Erwerb bestehender Wohnungen in Kauf genommen werden, diese Mittel dann aber fehlen, um zusätzlichen Wohnraum, vor allem im sozialen Mietwohnungsbau, zu schaffen. Begünstigt wird nicht nur die Vermögensbildung für Eigennutzung, sondern auch die reine Kapitalanlage.

5. Neue Bundesländer und Finanzausgleich

Wegen der fundamentalen Wachstums- und Strukturprobleme in Ostdeutschland sind die neuen Bundesländer bis einschließlich 1994 vom horizontalen Finanzausgleich und den - vertikalen - Bundesergänzungszuweisungen ausgeschlossen. Ihre sofortige und volle Einbeziehung hätte das System des Länderfinanzausgleichs gesprengt und dazu geführt, daß auch die äußerst finanzschwachen Länder wie das Saarland, Bremen oder Schleswig-Holstein nicht nur keine Ausgleichszahlungen mehr erhalten hätten, sondern selbst zur Kasse gebeten worden wären.

Der Länderfinanzausgleich erfolgt in mehreren Stufen. In dem Umfang, in dem durch die Zerlegung der Lohnsteuer und Körperschaftssteuer - die Lohnsteuer wird nach dem Wohnsitz und die Körperschaftssteuer nach dem Standort der Betriebsstätten aufgeschlüsselt - Steuerkraftunterschiede verringert werden, reduzieren sich die Ansprüche der finanzschwachen Länder im Rahmen der anderen Ausgleichsformen. Schleswig-Holstein und Niedersachsen, aber auch Rheinland-Pfalz und das Saarland sind Begünstigte dieser Regelung und zählen im Rahmen des horizontalen Ausgleichs zu den ausgleichsberechtigten Ländern (vgl. Vesper 1989, S. 30).

Die zweite Stufe ist die Umsatzsteuerverteilung. Drei Viertel des Länderanteils werden nach der Einwohnerzahl verteilt. Vom restlichen Viertel erhalten die finanzschwachen Länder Zuweisungen, bis sie 92% der durchschnittlichen Steuerkraft aller Länder erreichen. Der Einigungsvertrag sah eine Stufenregelung vor, indem der Umsatzsteueranteil je Einwohner in den neuen Ländern von 55% im Jahre 1991 auf 70% des Umsatzsteueranteils der alten Länder 1992 steigen sollte. Nunmehr werden die neuen Bundesländer ab 1991 in gleichem Umfang wie die alten Länder beteiligt.

Auf der dritten Stufe - dem horizontalen Ausgleich im eigentlichen Sinne - leisten die finanzstarken Länder Ausgleichszahlungen an die finanzschwachen Länder. Das Verfassungsgebot eines angemessenen Ausgleichs gilt als erfüllt, wenn die Steuern je Einwohner auf 95% des Durchschnitts aller Länder angehoben worden sind (für die beiden Stadtstaaten gelten Ausnahmeregelungen, Berlin ist bisher am Finanzausgleich nicht beteiligt). Der Ausgleich ist also im Prinzip ein Steuerkraftausgleich. Die Ergänzungszuweisungen des Bundes sind ebenso wie seine 'Strukturhilfen' ein subsidiäres Instrument zur Verringerung der verbleibenden Finanzkraftunterschiede. Zur Zeit beträgt ihr Umfang 2% des Umsatzsteueraufkommens oder 3 Mrd. DM im Jahr.

Im Jahre 1995, wenn die neuen Länder in den Ausgleich voll integriert werden sollen, werden ihre Pro-Kopf-Steuereinnahmen bei 40% der Steuereinnahmen der alten Bundesländer liegen, folgt man den Ergebnissen des Arbeitskreises 'Steuerschätzungen'. Doch selbst wenn man mit einem größeren Anteil, etwa 50%, rechnet, verbleibt ein riesiger Ausgleichsbedarf: Nach überschlägigen Rechnungen wären dann - heutige Regelungen unterstellt - über 25 Mrd. DM erforderlich, sollte die Steuerkraft der neuen Länder auf 95% des Bundesdurchschnitts angehoben werden. Allerdings muß bei solchen Berechnungen darauf geachtet werden, ob die Vergleichsbasis nicht z.B. durch die Gewährung spezieller steuerlicher Vergünstigungen oder eine weniger 'effiziente' Steuerverwaltung verzerrt ist. Dennoch zeigt die Größenordnung, daß die alten Bundesländer mit ihrer Beteiligung am Fonds 'Deutsche Einheit' günstig gefahren sind, denn der Schuldendienst schlägt 1991 nur mit 600 Mio. DM und 1994 mit 2,7 Mrd. DM zu Buche.

Soll 'kooperativer Föderalismus' nicht bloße Worthülse sein, müssen die alten Bundesländer entschieden mehr Mittel als bisher für die neuen Länder aufbringen. Doch bleibt auch der Bund weiterhin gefordert. Sein Instrumentarium ist mit den Finanzhilfen nach Art. 91 GG (z.B. Verbesserung der regionalen Wirtschaftsstruktur) oder nach Art. 104a Abs. 4 GG (Hilfen für 'besonders bedeutsame Investitionen von Ländern und Gemeinden') auf diese Anforderungen zugeschnitten. Deshalb wird das gesamte System des Finanzausgleichs - sowohl des vertikalen als auch des horizontalen - neu gestaltet werden müssen. Der Anpassungsdruck könnte gelindert werden, wenn der Bund im Zuge der geplanten Anhebung der Mehrwertsteuersätze 1993 den Ländern einen höheren Anteil an der Umsatzsteuer zugesteht und diese Mehreinnahmen in das System des horizontalen Finanzausgleichs eingespeist würden. Auch sollten die Ergänzungszuweisungen und die Strukturhilfen des Bundes zum Ausgleich der Finanzkraft von West und Ost herangezogen werden.

Literatur

Arbeitskreis Konjunktur im DIW (1991a): Grundlinien der Wirtschaftsentwicklung 1991, in: Wochenbericht 1-3/91.

Arbeitskreis Konjunktur im DIW (1991b): Tendenzen der Wirtschaftsentwicklung 1991/92.

Bartholmai, Bernd/Melzer, Manfred (1990): Künftige Perspektiven des Wohnungsbaus und der Wohnungsbaufinanzierung für das Gebiet der neuen Bundesländer. Gutachten im Auftrage des Verbandes öffentlicher Banken, Berlin, November 1990.

Bundesministerium der Finanzen: Finanzbericht 1991.

Kirner, Ellen/Meinhardt, Volker/Vortmann, Heinz (1991): Westdeutsches Rentenrecht - Vorteile und Nachteile für die Sozialversicherten in Ostdeutschland, in: Wochenbericht des DIW, Nr. 21/91.

Stille, Frank/Teichmann, Dieter (1990): Subventionsabbau als Instrument zur 'Finanzierung' des deutschen Integrationsprozesses?, in: Wochenbericht des DIW, Nr. 51-52/90.

Teichmann, Dieter/Zwiener, Rudolf (1991): Steuerentlastung 1986/90 und Steuerbelastung 1991: Umverteilung der Einkommen von unten nach oben, in: Wochenbericht des DIW, Nr. 14/91.

Vesper, Dieter (1981): Einige quantitative Aspekte der Staatstätigkeit: Verlaufsmuster und Perspektiven, in: Vierteljahrshefte zur Wirtschaftsforschung, Heft 4/1981.

Vesper, Dieter (1989): Regionales Gefälle in der öffentlichen Finanzkraft verlangt nach umfassenden Lösungen, in: Wochenbericht des DIW, Nr. 3/89.

Vesper, Dieter/Zwiener, Rudolf (1991): Eine Infrastrukturoffensive für Ostdeutschland: Finanzierungsaspekte und gesamtwirtschaftliche Wirkungen, in: Wochenbericht des DIW, Nr. 10/91.

Arbeitsmarktpolitik zwischen Arbeitgeber- und Arbeitnehmerverbänden

von Jürgen Kühl

Arbeitsmarktpolitik gegen die Beschäftigungskatastrophe

Die Erwartung des Sachverständigenrates (SVR), daß die Gesamtbeschäftigung in den neuen Bundesländern von Herbst 1989 bis Ende 1991 um rd. 3,5 Mio. Erwerbstätige zurückgehen werde, wurde Mitte Juli 1991 vom Institut für Arbeitsmarkt und Berufsforschung (IAB) als recht treffsicher bestätigt: Von 9,8 Mio. Erwerbstätigen im Herbst 1989 würde die Abnahme bis Ende 1991 gut 3,5 Mio. Personen betragen, die Beschäftigung also auf etwa 6 Mio. sinken (IAB-Werkstattbericht 1991, S. 3). Darin sind freilich gut 5% Arbeitnehmer in von der Bundesanstalt für Arbeit (BA) finanzierten Arbeitsbeschaffungsmaßnahmen[1] und etwa 1,5 Mio. Kurzarbeiter enthalten. Die subventionsfreie Beschäftigung ist entsprechend niedriger anzusetzen. Ferner wären die direkt und indirekt subventionierten Beschäftigungsverhältnisse in Treuhandunternehmen und in Neugründungen zu berücksichtigen. Die Befragung von 5.269 Treuhandunternehmen, die drei Viertel aller Beschäftigten in Treuhandfirmen umfassen, ergab für 1991 einen Beschäftigungsabbau von 2,9 Mio. am Jahresanfang auf 1,6 Mio. am Jahresende sowie einen weiteren Rückgang auf rd. 1,3 Mio. Ende 1993 (vgl. Kühl/Schaefer/Wahse 1991). Von den Ende 1991 privatisierten rd. 600.000 Beschäftigungsverhältnissen ist nur bekannt, daß die Erwerber gewisse Beschäftigungsgarantien an die Treuhand gegeben haben, deren

---

1 Die ABM-Zielgröße für 1991 von 280.000 gilt im September als erreicht. Nach der BA-Entscheidung, die Mittel zu kontingentieren, sind bis Jahresende weitere 120.000 Eintritte möglich, für die ab 1992 zusätzliche Mittel zu ab September 1991 verschlechterten Konditionen, wie nur noch 90% Lohn- und 15% Sachkostenzuschuß, bereitstehen. Bei 400.000 Arbeitnehmern in ABM wird nun eine qualitative Feinsteuerung versucht.

Nichteinhaltung mit bis zu 20.000 DM pro Arbeitsplatz geahndet werden kann. Die bislang rd. 3.000 privatisierten oder kommunalisierten Betriebe hatten ursprünglich rd. 1,2 Mio. Beschäftigte - eine Halbierung, die das Gesamtbild bestätigt.

Der Abbau von rd. 3,5 Mio. Beschäftigungsverhältnissen bis Ende 1991 einschließlich der notwendigen Stützung zahlloser Arbeitsplätze durch BA-Leistungen, Treuhandmittel und Subventionen kann als Beschäftigungskatastrophe gesehen werden. Sie stellt die Institutionen, Instrumente und Finanzen der Arbeitsmarktpolitik vor bislang nicht gekannte Herausforderungen. Freilich wirken Verminderungen des östlichen Arbeitskräfteangebots so, daß die Beschäftigungsaufgabe geringer wird. Die Beschäftigungsaufgabe folgt aus der Arbeitsförderungsgesetz-Maßgabe, daß der Beschäftigungsstand auch in den neuen Ländern hoch sein soll. Statt von Transferleistungen bis zu 150 Mrd. DM aus dem Westen sollen die Menschen im Osten möglichst zahlreich auf akzeptablen Arbeitsplätzen ihren Lebensunterhalt selbst verdienen und ihre soziale Sicherung mittragen.

Arbeitsmarktentlastungen gibt es erstens durch früher massive, nun nachlassende *Westwanderungen*, die nach IAB-Angaben 1991 das Kräftepotential um 140.000 Personen minderten. Zweitens steigt die Zahl der *West-Pendler* von rd. 200.000 im November 1990 über 300.000 im März 1991 auf einen Jahresdurchschnittsbestand von 350.000, was das Kräftepotential um gut 270.000 Personen mindert. Die dritte und größte Entlastungsquelle sind die vielfältigen *Vorruhestands-Auswege* aus dem Erwerbsleben. Bis Ende April 1991 waren über 400.000 Anträge auf Vorruhestandsgeld für Frauen ab 55, für Männer ab 60 Jahren bewilligt, was den Arbeitsmarkt 1991 um etwa 170.000 Personen entlastet (im Vorjahr rd. 150.000 Menschen).

Das Altersübergangsgeld für arbeitslose oder von Arbeitslosigkeit bedrohte Arbeitnehmer könnte das aktuelle Kräfteangebot 1991 um 130.000 entlasten, die seit Juli 1991 erweiterte Regelung zusätzlich 50.000 Personen 'vom Arbeitsmarkt nehmen' (alle Angaben nach IAB-Werkstattbericht 1991, S. 4-7).

Die jahresdurchschnittliche Verminderung des ostdeutschen Kräftepotentials könnte durch diese drei Komponenten allein im Jahre 1991 rd. eine dreiviertel Mio. Personen betragen. Freilich haben alle Pendler und der größte Teil der West-Wanderer in den alten Bundesländern eine Beschäftigung aufgenommen. Die Beschäftigungskatastrophe wurde ferner abgemildert durch in der DDR zusätzlich erwerbstätige, jetzt nicht mehr beschäftigte Rentner und ausländische Arbeitnehmer, die im Rahmen der Regierungsabkommen heimkehrten. Inwieweit früher erwerbstätige, insbesondere alleinerziehende Frauen aus Mangel an Kinderbetreuung und Beschäftigungschancen vorübergehend aus dem Erwerbsleben gedrängt wurden, läßt sich noch nicht quantifizieren. Potentialminderungen stellen auch Vollzeitmaßnahmen der beruflichen Bildung dar, in die 1991 700.000 Arbeitnehmer eintreten. Fast die Hälfte (47%) besucht aber nur Maßnahmen bis zu drei Monaten Dauer, nur 15% Kurse von über einem Jahr.

Insgesamt fällt die Beschäftigungsaufgabe in den neuen Bundesländern also kleiner aus, als die zu DDR-Zeiten erreichte Beschäftigtenzahl von 9,8 Mio. Wie endgültig oder gar reversibel Abwandern und Pendeln nach Westen, Heimkehr von Ausländern, Frühverrentungen und Rentnerarbeit sowie Abdrängung von Frauen in die stille Reserve sind, kann nur mittelfristig entschieden werden. Die Beschäftigungsaufgabe dürfte zwischen 7 und 8 Mio. Arbeitsplätzen liegen, die neuen Länder sind also von einem hohen Beschäftigungsstand bei Vollbeschäftigung weit entfernt.

Aus dem Zusammenwirken von Beschäftigungsrückgang und Potentialverminderungen ergibt sich 1991 ein Anstieg der registrierten Arbeitslosigkeit um 900.000 auf rd. 1,1 Mio. im Jahresdurchschnitt. Gut die Hälfte des Beschäftigungsrückgangs führt also nicht zu einem entsprechenden Anstieg der Arbeitslosigkeit. Dieses gesamtwirtschaftliche Ergebnis bestätigt sich auch für Treuhandfirmen. Für 54% des um etwa 800.000 Personen abgebauten Personals im ersten Halbjahr 1991 gab es Alternativen zur Arbeitslosigkeit: andere und neue Arbeitsplätze, staatlich geförderte Arbeitsbeschaffungsmaßnahmen (ABM), vorgezogenen Ruhestand oder Qualifizierung. Die übrigen 46% sind betriebsbedingt gekündigt worden und somit besonders von Arbeitslosigkeit bedroht.

Mit 325.000 Arbeitslosmeldungen allein im Juli 1991, die den Arbeitslosenbestand auf 1,07 Mio. schnellen ließen, finden wir die Folgen der betriebsbedingten Kündigungen im 2. Quartal und des Auslaufens der Schutzabkommen im Metall-Elektro-Bereich sowie der Warteschleife im öffentlichen Dienst. Der parallele Abbau von Kurzarbeit um 283.000 auf 1,7 Mio. spricht dafür, daß insbesondere Kurzarbeit mit vollem Arbeitsausfall nun in die Arbeitslosigkeit führt. Die Arbeitslosenquote beträgt amtlich 12,1%, die reale Unterbeschäftigungsquote unter Einschluß der Ausfälle durch Kurzarbeit ist mit 22% fast doppelt so groß (vgl. Schaefer/Wahse 1991, S. 235). Mit fast 15% ist die amtliche Arbeitslosenquote bei Frauen weit höher als bei Männern mit 10%.

Bei 830.400 Leistungsempfängern bezogen im Juli 1991 78% der Arbeitslosen auch Leistungen vom Arbeitsamt. Das durchschnittliche Arbeitslosengeld betrug Mitte 1991 nach DGB-Angaben 626 DM im Monat, bei Frauen sogar nur 561 DM. Hinzu kommen die Beiträge zur Renten- und Krankenversicherung der Arbeitslosen, finanziert von der BA. Bei unzureichendem Arbeitslosengeld, im Durchschnitt des ersten Halbjahres

1991 waren dies monatlich 650 DM, gibt es einen Sozialzuschlag. Dynamisiert werden die Leistungen an Arbeitslose durch Lohnsteigerungen.

Obwohl die Sozialhilfe erst zum 1. Juli 1990 eingeführt wurde, gab es Ende 1990 bereits 120.000 Sozialhilfeempfänger im Osten. Ende 1991 könnten es 200.000 sein. 97% der Sozialhilfeempfänger erhalten Hilfe zum Lebensunterhalt, überwiegend zur Vermeidung von Armut. Zwei Drittel der Sozialhilfeempfänger sind arbeitslos. Häufig reicht die Arbeitslosenunterstützung nicht. Ab 1.7.1990 ist ein Sozialzuschlag an Arbeitslose möglich, für die 495 DM als bedarfsunabhängige Mindestsicherung gilt, worauf freilich höhere Arbeitslosengelder angerechnet werden (nach *Handelsblatt* Nr. 150 vom 7.8.1991 - DGB-Angaben).

Im Haushalt der BA waren für die neuen Bundesländer bei einer Annahme von jahresdurchschnittlich 700.0000 Empfängern von Arbeitslosengeld Ausgaben von 9,7 Mrd. DM kalkuliert. Ob dies bei der hohen Leistungsempfängerquote und bei rd. 1,1 Mio. Arbeitslosen ausreicht, deren Existenz zu sichern, bleibt abzuwarten.

2. Die Arbeitsverwaltung und ihre Selbstverwaltung im Osten

Der Ministerratsbeschluß der DDR vom 16.5.1990 legte die Struktur der Arbeitsverwaltung auf eine Zentrale (ZentrAV), 38 Arbeitsämter und 158 Nebenstellen fest. Das Personal und die Organisationsstruktur wurden am 3.10.1990 von der Bundesanstalt für Arbeit (BA) übernommen. Nach dem Einigungsvertrag werden die Selbstverwaltungsorgane der BA, der Verwaltungsrat und der Vorstand, um Vertreter aus den neuen Bundesländern erweitert: Der Verwaltungsrat wird von 39 auf 51 Vertreter der Gruppe der Arbeitgeber, der Arbeitnehmer und der öffentlichen Körperschaften erweitert; der Vorstand von bisher 9 auf 12 Mitglieder der drei Gruppen aufgestockt. Gleichzeitig wurden Selbstverwaltungsorgane auf der Ebene der Arbeitsämter und der neu gebildeten Landesarbeitsämter eingerichtet. Beiräte wurden mit Vorbereitungsaufgaben betraut.

Im Interesse eines zügigen weiteren Ausbaus der Arbeitsverwaltung in den neuen Bundesländern wurde von allen Beteiligten der Aufbau der Mittelinstanz auf Landesarbeitsamtsebene verwirklicht:

1. Landesarbeitsamt Nord (für Schleswig-Holstein-Hamburg und Mecklenburg-Vorpommern) (27)[2]

2 In Klammern die Mitgliederzahlen der Verwaltungsausschüsse.

2. Landesarbeitsamt Berlin-Brandenburg (27)
3. Landesarbeitsamt Sachsen-Anhalt-Thüringen (27)
4. Landesarbeitsamt Sachsen (21).

Der Verwaltungsrat der Bundesanstalt für Arbeit (BA) legte großen Wert darauf, die Landesarbeitsämter alsbald zu bilden, ihnen die Aufgaben der Zentralen Arbeitsverwaltung zu übertragen sowie die Verwaltungsausschüsse der Landesarbeits- und der Arbeitsämter zu konstituieren bzw. zu erweitern.

Die Selbstverwaltung der BA hat den politischen Auftrag, im drittelparitätischen Zusammenwirken von Arbeitgeber-, Arbeitnehmervertretern und von Vertretern der öffentlichen Körperschaften in eigener Verantwortung Angelegenheiten auszufüllen und zu gestalten, die keiner staatlichen Reglementierung bedürfen. Dieser Selbstverwaltungsgedanke ist auf allen drei Stufen der Arbeitsverwaltung maßgebend. Die Selbstverwaltung wird zu allen Fachaufgaben der BA nach dem Arbeitsförderungsgesetz tätig. Die Verwaltungsausschüsse sowohl der Landes- als auch der Arbeitsämter sind bei der Haushaltsvorbereitung ihrer Dienststellen und bei wichtigen Personalentscheidungen eingeschaltet.

Die BA-Selbstverwaltung mit östlichen Vertretern konnte erst mit dem Entstehen neuer Organisationsformen der drei gesellschaftlichen Gruppen, aus denen sie sich zusammensetzt, aufgebaut werden: Arbeitgeberverbände mußten erst entstehen, Gewerkschaften sich neu organisieren, die öffentlichen Körperschaften ins Leben treten.[3] So wurden die Arbeitnehmervertreter z.T. noch in Abstimmung zwischen DGB und FDGB bestimmt, und einige von ihnen mußten alsbald wieder ausscheiden, andere wurden nicht übernommen. Vertreter der Arbeitnehmer und ihrer Gewerkschaften sowie Arbeitgebervertreter drängten die öffentlichen Körperschaften, deren Vertreter alsbald zu benennen, damit die Selbstverwaltung funktionsfähig werden und ihre Mitspracherechte ausüben konnte. Gewerkschaften und Arbeitgeberverbände leisteten erheblichen Schulungsaufwand für ihre östlichen Vertreter.

Selbst wenn in der Aufbauphase organisatorische und personelle Fragen im Vordergrund standen, haben die Selbstverwaltungsorgane einschließlich der Beiräte von Anfang an auch inhaltlich zu arbeitsmarktpolitischen Abhilfekonzepten Stellung bezogen. Bei begrenzten Mitteln wirken die Verwaltungsausschüsse mit an der Durchsicht von ABM-Anträgen, sie achten auf Maßnahmequalität und benennen arbeitspolitische Handlungsfelder. Denn bei der Konzeption, der Umsetzung und der Weiterentwicklung

---

3 Zum Verwaltungsaufbau in den neuen Ländern vgl. Bundestagsdrucksache 12/916 vom 10.7.1991 (Antwort der Bundesregierung).

arbeitsmarktpolitischer Aktivitäten kommt der Selbstverwaltung eine Schlüsselrolle zu, wenn alle Beteiligten einbezogen und die Akzeptanz der Betroffenen gesichert werden soll.

Insgesamt kann man jedoch sagen, daß die Weichen in den Selbstverwaltungsorganen, d.h. im Verwaltungsrat und Vorstand der Nürnberger Zentrale gestellt wurden und werden, so daß eine direkte Interessenvertretung vor allem über die zusätzlichen östlichen Vertreter dieser beiden Gremien erfolgen konnte.

In der Aufbauphase der Arbeitsverwaltung Ost einschließlich ihrer Selbstverwaltung gab es während der Integration in die Bundesanstalt für Arbeit eine starke Konsensorientierung. Sie war zum einen durch die zentrale Beschlußfassung über AFG-Sonderregeln, Haushalt und Personal vorprogrammiert. Zum zweiten ließ die beschäftigungspolitische Herausforderung beim Vollzug des Arbeitsförderungsgesetzes kaum Zeit und Konfliktstoff. Zum dritten bestand bei den Beratungskreisen, den Wirtschaftskabinetten, den regionalen Beiräten bei der Treuhandanstalt, den Aufbaustäben sowie den Beiräten bzw. Verwaltungsausschüssen bei der Zentralen Arbeitsverwaltung, den Landesarbeitsämtern und Arbeitsämtern eine gewisse Aufgaben- und vor allem Personenidentität.

Diese Konsensorientierung war durch mehrere beschäftigungswirksame Einigungen der Tarifparteien vorgegeben. In den Handlungsfeldern Löhne, Arbeitszeiten und Beschäftigungsschutz wurden dabei der AFG-Politik ebensowichtige Rahmendaten vorgegeben wie in der Fortentwicklung des Grundgedankens der Beschäftigungs- und Qualifizierungsgesellschaften in den Gesellschaften zur Arbeitsförderung, Beschäftigung und Strukturentwicklung (ABS).

3. Tarifpolitik und Arbeitsmarktpolitik

Mit dem noch zwischen der BRD und der DDR abgeschlossenen Vertrag über die Währungs-, Wirtschafts- und Sozialunion wurde die Koalitionsfreiheit und die Tarifautonomie ab dem 1.7.1990 auch auf dem Gebiet der ehemaligen DDR eingeführt. Bis Ende 1990 wurden pauschale Entgelterhöhungen mit kurzen Laufzeiten, Rationalisierungs- und Kündigungsschutz sowie in einigen Fällen Manteltarife und Arbeitszeitverkürzungen vereinbart (vgl. Clasen 1991a, S. 11f.). In der zweiten Tarifrunde nach Westmuster wurden bis Frühjahr 1991 in das BMA-Tarifregister rd. 1.500 Tarifverträge für etwa 140 sektorale und teilweise regionale Tarifbereiche sowie etwa 600 Firmentarifverträge eingetragen. Sie gelten für 6 der damals insgesamt etwa 8 Mio. Arbeitnehmer, also für etwa drei Viertel der abhängig Beschäftigten (vgl. Clasen 1991b, S. 5-8).

Als Tarifvertragsparteien auf Arbeitgeberseite treten seitdem verstärkt westdeutsche Verbände auf. Was östliche Akteure angeht "hatte und hat die Arbeitgeberseite strukturelle Defizite, die vor allem darin begründet sind, daß es bisher keine oder zu wenige Eigentümer-Unternehmer in den Verbänden gibt" (E. Neifer-Dichmann 1991, S. 588). Von den Geschäftsführern der Treuhandunternehmen sei eine substantielle Widerstandskraft gegen gewerkschaftliche Forderungen nicht zu erwarten, da sie zum einen nur befristete Verträge hätten und zum anderen nur die Treuhand hinter sich wüßten. Solange der Staat Haupteigentümer der meisten ostdeutschen Betriebe sei, so ein häufig zitiertes Argument, sei die Arbeitgeberseite - wenn überhaupt - nur eingeschränkt widerstandsfähig (ebenda, S. 588).

Aber auch die Gewerkschaften hatten erhebliche Probleme, aus der Einheitsgewerkschaft FDGB die Akteure zu rekrutieren, die sie in Tarifverhandlungen, bei Betriebsvereinbarungen und im Betrieb vertreten können. Tarifverhandlungen auf Arbeitnehmerseite führten daher fast ausschließlich die DGB-Gewerkschaften, die DAG und einige andere westdeutsche Gewerkschaften,[4] (obwohl z.B. der Organisationsgrad im Bereich der IG Metall im Westen mit 60% angegeben wird, während er im Osten rd. 90% der Arbeitnehmer beträgt). Personelle Probleme dabei, die Tarifautonomie mit Leben zu erfüllen, waren bereits bei der Bildung der BA-Selbstverwaltung Ost angeklungen. Die Warteschleife im Öffentlichen Dienst einschließlich der dort zuständigen Clearingstelle erfüllte befristet beschäftigungssichernde Aufgaben.

Die Tarifvereinbarungen selbst hatten vor allem drei arbeitsmarkt- und beschäftigungspolitische Konsequenzen (vgl. R. Bispinck und WSI-Tarifarchiv 1991):

- In den meisten Tarifbereichen wurden bis Frühjahr 1991 die differenzierten westlichen Lohn-, Gehalts- und Entgeltstrukturen übernommen und höhere Vergütungen zwischen 50% und 70% der Westtarife vereinbart; im Durchschnitt zwischen 60% und 65%; Stufenpläne regeln die Anpassung an westliche Tarife, z.B. im Berliner Baugewerbe bis 1.4.1992, im Dachdeckerhandwerk bis 1.4.1993, im Bereich Metall und Elektro, Eisen und Stahl sowie in der Glasindustrie bis 1.4.1994.
- Die Arbeitszeit wurde von 43,5 Stunden auf jetzt 40 Stunden verkürzt und in Stufen auf 35 Stunden ab 1.10.1995 gesenkt (Metall- und Elektroindustrie). Hinzu kommen Urlaubsverlängerungen auf 30 Arbeitstage

4 Vgl. das Gespräch zwischen K.-M. Bormann und H.O. Hemmer (Bormann/Hemmer 1991, S. 441-447); ferner Blessing 1991.

bis zum Jahr 1996. Zusammen mit den frühen Verrentungen gehen von den Arbeitszeitverkürzungen erhebliche positive Effekte zur Beschäftigungsstabilisierung und Arbeitsmarktentlastung aus.

- Tarifverträge über Rationalisierungsschutz, Arbeitsplatzsicherung, Kündigungsschutz oder Verdienstsicherung gibt es in zwei Varianten: Für etwa 1 Mio. Arbeitnehmer mehrerer Tarifbereiche gelten Regelungen zum Rationalisierungsschutz, über Umschulungen, Arbeitsplatzerhaltung, Verdienstsicherung bei Abgruppierung, verlängerte Kündigungsfristen und Abfindungen nach westdeutschem Muster; für etwa 1,2 Mio. Arbeitnehmer in den Bereichen Eisen und Stahl, Metall und Elektro gilt, daß betriebsbedingte Kündigungen frühestens zum 30.6.1991 wirksam werden konnten. Bei Neueinstellungen bis Ende 1992 sollen diese Arbeitnehmer bevorzugt berücksichtigt werden. Während der Kurzarbeit sollen geeignete Qualifizierungsmöglichkeiten innerhalb und außerhalb des Betriebes angeboten werden. Die Tarifparteien wollen paritätische Kommissionen zur Regelung der beruflichen Qualifizierung bilden. Darüber hinaus wurde festgelegt, das Kurzarbeitergeld und das Unterhaltsgeld bei Qualifizierung von 63% auf 80% für Beschäftigte ohne Kinder und von 68% auf 90% für solche mit Kindern aufzustocken (höchstens bis Ende 1991).

Diese Regelungen haben erhebliche Beschäftigungswirkungen. Sie wurden einvernehmlich erzielt und zeugen von einer starken Konsensorientierung. Arbeitszeitverkürzungen, die in der BRD nicht ohne Arbeitskampf und harte Auseinandersetzungen vereinbart wurden, erfolgten im Osten um fast 10% in einem Schritt und eher leise. Freilich bleibt die Wochenarbeitszeit dort bis weit in die 1990er Jahre hinein drei Stunden länger als im Westen: Zuerst soll Lohngleichheit hergestellt werden.

Der Vorwurf unverantwortlicher Tarifpolitik, ja marktwidriger Lohnabschlüsse, und die Verantwortungszuweisung für die steigende Arbeitslosigkeit an die Tarifparteien verkennt den Charakter der unter der Tarifautonomie abgeschlossenen Vereinbarungen: Erstens darf der Lohnabstand nicht dauerhafter Anlaß zu Abwanderungen und zum Pendeln sein. Zweitens soll ein steigendes Einkommensniveau den Menschen ein auskömmlicheres Leben bieten, zumal einheitliche Lebensverhältnisse vorrangiges Ziel der Bundesregierung sind und viele frühere Betriebsleistungen (Gesundheit, Sport, Urlaub, Freizeit, Kinderbetreuung, Qualifizierung, Zuteilungen von Waren) nun weggefallen sind. Drittens sollten Investoren gute Kalkulationsgrundlagen haben und keineswegs der falschen Erwartung erliegen, die neuen Bundesländer blieben langfristig ein Niedriglohngebiet, was bekanntermaßen kein Standortvorteil sein muß. Viertens bleiben die Effektivverdienste selbst nach Grundlohngleichheit um etwa 20% unter

Westlöhnen, die ihren entsprechenden Vorsprung durch höhere Zulagen, Urlaubs- und Weihnachtsgeld sowie vermögenswirksame Leistungen halten. Fünftens bleiben die Wochenarbeitszeiten etwa 3 Stunden länger: Die Tarifabschlüsse richten sich nicht nur an die Arbeitplatzbesitzer, sondern wollen, in Übereinstimmung mit dem Arbeitsförderungsgesetz, einen hohen Beschäftigungsstand und die Verbesserung der Beschäftigungsstrukturen fördern.

Zu widersprechen ist auch dem Wissenschaftlichen Beirat beim Bundeswirtschaftsministerium mit seinem Gutachten über 'Lohn- und Arbeitsmarktprobleme in den neuen Bundesländern' (Bonn, August 1991). Der Beirat nimmt die empirische Tatsache nicht zur Kenntnis, daß die Lohndifferenzierung im Osten beträchtlich ist: Die Grundlöhne in der Textilindustrie liegen in der Spanne von 926 DM bis 2.459 DM, in der Bauindustrie zwischen 746 DM und 3.340 DM. Die Effektivlöhne in Treuhandunternehmen streuen um den Monatsdurchschnitt von 1.530 DM im April 1991 zwischen 1.000 DM in den Bereichen Textil- und Bekleidungsindustrie, Leder- und Schuhindustrie sowie EBM-, Sport- und Spielwaren und 2.200 DM im Baugewerbe (vgl. Kühl/Schaefer/Wahse 1991, S. 510). Die höchsten Durchschnittslöhne werden in Unternehmen mit bereits 1991 steigenden Beschäftigungszahlen gezahlt. Ähnlich realitätsfern sind die konsensunfähigen Vorschläge, Tarifverträge durch Betriebsvereinbarungen abzubedingen, ihre Allgemeinverbindlichkeitserklärung durch den Staat auszusetzen oder zentrale Tarifvereinbarungen zeitlich zu strecken: Fernbleiben oder Austritt aus Arbeitgeberverbänden sind keine Unternehmensperspektive bei Tarifautonomie, sondern die Aufforderung, sich ihr zu entziehen. Schließlich sind Entlohnungsvorschläge unter Tarif in Beschäftigungsgesellschaften nahe dem Arbeitslosengeld abzulehnen. Ähnlich sind die Überlegungen des Bundesfinanzministeriums zu beurteilen, die Tarifparteien aufzufordern, für Arbeitnehmer in ABM eigenständige Tarifverträge auszuhandeln. Nationale und internationale Erfahrungen mit zwei und mehrstufigen Lohnsystemen zeigen, daß sich unterschiedliche Löhne in denselben Betrieben/Verwaltungen oder in vergleichbaren Tätigkeiten personalpolitisch nicht lange durchhalten lassen (so auch Neifer-Dichmann 1991, S. 588).

Schließlich wird mit der Vereinbarung von Gesellschaften zur Arbeitsförderung, Beschäftigung und Strukturentwicklung der EG-rechtlich abgesicherte Bestandsschutz des § 613a BGB nicht aufgehoben, sondern dem Erwerber eines Betriebes kann der gewünschte Personalstand eingeräumt werden, da überschüssiges Personal in ABS-Gesellschaften aufgefangen wird.

4. Fortentwicklungen der Arbeitsmarktpolitik durch die Tarifparteien

Der vollzogene und der noch erwartete Beschäftigungsabbau, insbesondere in Treuhandunternehmen, konnte und kann nicht allein von einer dem Arbeitsförderungsgesetz verpflichteten Arbeitsmarktpolitik aufgefangen werden. Dazu ist diese trotz erheblicher personeller, finanzieller und auch - durch Sonderregeln bei den wichtigsten Maßnahmen - instrumenteller Verstärkungen nicht in der Lage. Früherer Ruhestand, Abwandern und Pendeln sowie Heimkehr von Ausländern boten willkommene Arbeitsmarktentlastungen. Wenn etwa die Hälfte des jährlichen Beschäftigungsniedergangs nicht in registrierte Arbeitslosigkeit mündete, war davon sozialer Friede und relative gesellschaftliche Ruhe zu erwarten, zumal dann, wenn die Leistung an Arbeitslose reibungslos funktionierte. Tabelle 1 zeigt die Teilnehmerzahlen für AFG-Maßnahmen 1991.
Eingedenk der stets nur flankierenden, gleichwohl stark ausgeweiteten Rolle der Arbeitsmarktpolitik beabsichtigen die Tarifparteien, auch im Interesse ihrer Organisationen und der gesellschaftlichen Stabilisierung zu einvernehmlichen Großlösungen der Beschäftigungsaufgabe zwischen Unternehmen der Treuhand, der BA, den neuen Bundesländern und den Tarifverbänden zu finden. Die Grundidee, vorwiegend passive Mittel, z.B. für Sozialpläne der Betriebe, mit aktiven Ausgaben der BA für Arbeitsförderung und Beschäftigung zu verbinden und alle Beteiligten einzubeziehen, stand dabei Pate (grundlegend Bosch/Neumann 1991). Freilich wurden die daraus abgeleiteten Beschäftigungs- und Qualifizierungsgesellschaften lange zuerst inhaltlich, dann nur noch begrifflich tabuisiert. Dennoch gab es unter dem Druck der Beschäftigungskatastrophe Mitte Juli 1991 etwa 200 derartiger Gesellschaften, und damals bekundeten etwa 800 Treuhandfirmen auf Befragen ihre Absicht, solche Gesellschaften für etwa 100.000 Arbeitnehmer zu gründen oder sich daran zu beteiligen. Eine genaue Erfassung gibt es nicht. Doch sind von der Forschung Bestandsaufnahmen und Fallstudien, von der BA-Statistik Erfassungen über die Beschäftigtenstatistik sowie über die Teilnahme an Arbeitsbeschaffungsmaßnahmen oder Fortbildung und Umschulung, von der Treuhand schriftliche Befragungen geplant.

Insgesamt sind 'Großlösungen' betrieblicher und überbetrieblicher Art gesucht: Arbeitsförder-, Beschäftigungs-, Qualifizierungs-, Sanierungs-, Entwicklungs- und Innovationsgesellschaften. Während Arbeitgeberverbände eine 'Entbetrieblichung', eine Branchenneuorientierung, überfachliche und flächendeckende Lösungen sowie einen Beschäftigungswechsel von der

Tabelle 1: Die wichtigsten Zielgrößen der aktiven Arbeitsmarktpolitik nach dem Arbeitsförderungsgesetz (AFG) im Jahre 1991 (Zahl der jahresdurchschnittlich geförderten Personen)

	West	Ost	Zusammen
Ausbildung, Fortbildung, Umschulung	466.900	445.800	912.700
Teilnehmer an Fortbildungs- und Umschulungsmaßnahmen	335.500	330.000	665.500
Einarbeitungszuschüsse	22.000	22.000	44.000
Empfänger von Berufsausbildungsbeihilfe	50.200	54.700	104.900
Benachteiligtenförderung	54.000	14.100	68.100
Überbetriebliche Ausbildung (Ausbildungsplatzdefizit)	1.700	22.000	23.700
Allgemeinbildung (Hauptschulabschluß usw.)	3.500	3.000	6.500
Rehabilitation	185.220	47.000	232.220
Teilnehmer an berufsbildenden und berufsfördernden Maßnahmen	75.500	20.000	95.500
Leistungen zur Förderung der Arbeitsaufnahme Behinderter	109.720	27.000	136.720
Förderung der Arbeitsaufnahme	366.500	101.000	467.500
Eingliederungsbeihilfen	12.000	8.000	20.000
Überbrückungsgeld zur Aufnahme einer selbständigen Tätigkeit	16.000	23.000	39.000
Sonstige Leistungen zur Förderung der Arbeitsaufnahme Nichtbehinderter	338.500	70.000	408.500
Arbeitsbeschaffungsmaßnahmen	101.500	285.000	386.500
Allgemeine Maßnahmen zur Arbeitsbeschaffung (Neufälle)	92.000	130.000	222.000
Allgemeine Maßnahmen zur Arbeitsbeschaffung (Gemeinschaftswerk Aufschwung Ost)	–	150.000	150.000
Lohnkostenzuschüsse für ältere Arbeitnehmer (Neufälle)	9.500	5.000	14.500
Kurzarbeitergeld (Empfänger)	65.000	1.370.000	1.435.000
Sprachförderung/Aussiedler	–	–	90.400
Teilnehmer an Sprachlehrgängen	–	–	80.500
Teilnehmer an Fortbildung und Umschulung/Rehabilitation	–	–	9.900
Insgesamt (ohne Sprachförderung)	1.185.120	2.248.800	3.433.920

Quelle: Klauder/Kühlewind 1991, S. 9.

Industrie zum mittelständischen Handwerk favorisieren, setzen Gewerkschaften mehr auf zunächst betriebsgestützte Beschäftigungslösungen. Der Betrieb, einst nicht nur Arbeit- und Lohngeber, sondern Garant für Kinderbetreuung, Gesundheit, Bildung, Sport, Urlaub und Erholung sowie Extraleistungen, soll aus der Verpflichtung für seine Mitarbeiter nicht einfach entlassen werden; Sozialplanmittel sollen für die Beschäftigungsförderung und Qualifizierung ausgegeben werden. Selbst bei individuell gekündigtem Arbeitsverhältnis könnte der einzelne demnach Anrechte aus längerer Betriebszugehörigkeit behalten, günstigere Tarifregelungen gelten für ihn fort. Der Kernbetrieb kann sich finanziell mit einer Minderheit an der neuen Gesellschaft beteiligen, deren personelle, sachliche und räumliche Ausstattung sichern, sie als Arbeitskräftepool bei Neueinstellungen begreifen, die von der BA zu erbringenden Leistungen bei Bedarf vorfinanzieren, und dafür sorgen, daß Kurzarbeit von bestimmtem Umfang in der neuen Gesellschaft produktiv zur Qualifizierung genutzt wird.

Sollen freilich solche 'Auffangbecken gegen die Beschäftigungskatastrophe' gemäß gemeinsamer gesellschaftlicher Verabredung mehr sein als ein riesiger Wartesaal, müßten sie konstruktiv in konkrete Schritte der Landesentwicklung vor Ort eingebunden werden. Dies setzt seitens der Bundesregierung und der Landesregierungen regionale industriepolitische Entwicklungsperspektiven und entsprechende Schritte zu ihrer Umsetzung voraus. So könnte konkrete Projektförderung, die Sicherung der Ostmärkte und ein gesetzlich modifizierter Sanierungsauftrag an die Treuhand weiterhelfen, ihre Betriebe, die von ihr zu 70% als sanierungsfähig eingeschätzt werden, mittelfristig wettbewerbsfähig zu machen. Neben der Grundsatzentscheidung über den Industriestandort sind die Standorte zentraler Schlüsselindustrien und -betriebe zwischen allen Beteiligten verbindlich festzulegen. Nur so können sich Klein- und Mittelbetriebe sowie Zulieferer ansiedeln, Existenzgründer und Freie Berufe überleben, Industrieansiedlungen und auch Auslandsinvestoren angezogen werden. Ein produktives Mischungsverhältnis aus Industrieproduktion, Dienstleistungen, öffentlicher Verwaltung und Infrastruktur wird, sobald es erkennbar ist, unweigerlich zur Entscheidungshilfe für private Investoren. Solche 'Entwicklungsgesellschaften' ließen sich dort einbauen, wo bislang Engpässe in Produktion und Verwaltung bestehen. Sie tragen von Anfang an zu erhöhter Produktion bei und lassen ihre Beschäftigten auch dann nicht ins Bodenlose fallen, wenn die zeitlich begrenzten anderen Maßnahmen auslaufen. Statt reine Zielzahlen zu verfolgen, sollte auch die Arbeitsmarktpolitik in derartige Entwicklungskonzepte eingebunden werden. Erst dadurch erlangt sie die so dringend benötigte beschäftigungs- und strukturpolitische Dimension, die ihr bislang weder die überwiegend passive Orientierung der Lohnersatzleistungen noch ABM und Qualifizierungsmaßnahmen verschaffen konnten.

Am Ende der bisher geführten Diskussion stand die Rahmenvereinbarung zur Bildung von Gesellschaften zur Arbeitsförderung, Beschäftigung und Strukturentwicklung (ABS) vom Juli 1991, die Entlassungen in großem Stil auffangen will.[5] Freilich war der Entscheidung eine monatelange Kontroverse über Art, rechtliche Selbständigkeit, Finanzierung, Aufgaben und Dauer von Beschäftigungs- und Qualifizierungsgesellschaften vorausgegangen. Die mögliche Beschäftigung in ABS-Gesellschaften wird auf ca. 0,5 Mio. veranschlagt.

Anfang September 1991 einigten sich die Arbeitgeber, die Gewerkschaften und die Treuhand auch auf Durchführungsbestimmungen zu dieser Rahmenvereinbarung. Die Betriebe sollen möglichst bis Ende September Beschäftigungsgesellschaften gründen: Einmal, weil ein wichtiger Kündigungstermin ansteht, zum anderen, weil die Treuhand nur noch bis Ende Oktober das Kurzarbeitergeld wie erwähnt aufstocken will. Spezifiziert wird die Unterstützung der Treuhandbetriebe für ABS-Gesellschaften: Personell durch Führungskräfte oder Projektkoordinatoren, sächlich durch Übereignung von Sachmitteln, Vermietung oder Verpachtung von Räumen, finanziell durch gesellschaftsrechtliche Beteiligung sowie durch die Übernahme von Leistungen wie z.B. den Lohnabrechnungen. Mittel aus Sozialplänen, 1991 bei 5.000 DM pro Kopf ca. 6 Mrd. DM, sollen nur im äußersten Fall eingesetzt werden. Die bereits bestehenden 200 Beschäftigungsgesellschaften mit Betriebsbeteiligung können unverändert weiterarbeiten und erhalten die gleiche Unterstützung wie neu gegründete ABS-Gesellschaften.

Bisher ist völlig offen, wer nach der Kontigentierung und Einschränkung von ABM die nicht vom Arbeitsamt finanzierten Sachkostenanteile und den zehnprozentigen Eigenanteil an den Löhnen übernehmen soll und ob die Begrenzung auf 30.000 Bewilligungen von ABM pro Monat nicht den zügigen Aufbau von ABS-Gesellschaften behindert. Ab 1992 wird in jedem ABM-Arbeitsverhältnis ein Eigenanteil von 10% an den Gesamtkosten gefordert. Dem Träger fällt ja auch die Wertschöpfung durch Arbeitsbeschaffungsmaßnahmen zu.

Für die bislang eingerichteten 280.000 ABM-Stellen gab es 5,3 Mrd. DM, davon 2,8 Mrd. aus BA-Beitragsmitteln und 2,5 Mrd. aus dem Gemeinschaftswerk Aufschwung Ost. Für 1992 stellt der Bund 3 Mrd. DM aus dem Gemeinschaftswerk und weitere 3 Mrd. DM an Verpflichtungsermächtigungen für ABM bereit, von denen 2 Mrd. 1992 und 1 Mrd. 1993

5 Zum Beispiel abgedruckt in Arbeit und Beruf 8, 1991, S. 237-239.

ausgegeben werden dürfen. Die Ausnahme-Regel des 100%igen Lohnkostenzuschuß sowie die günstigen Sachkostenzuschüsse werden somit zurückgenommen; es wird stärker auf die Feinstruktur der Maßnahmen und Mitnahme durch Kommunen und Private geachtet. Ausnahmen bleiben für besondere Zielgruppen.

Erwogen werden auch Einschnitte in das aktive Instrumentarium, so z.B. Globalkürzungen bei der beruflichen Rehabilitation, weitere Senkungen der ABM-Sachkostenzuschüsse und, wie erwähnt, eigenständige ABM-Tarifverträge.

Angesichts der Mittelkontingentierung bei den Arbeitsbeschaffungsmaßnahmen werden die Verwaltungsausschüsse vor Ort sich noch stärker auf deren Qualität, Handlungsfelder und die Möglichkeiten zur Anschlußbeschäftigung konzentrieren müssen. Ob freilich die genannte *zusätzliche* Aufnahme von ca. 0,5 Mio. Arbeitnehmern - über die bis Ende 1991 zu erwartenden 400.000 ABM-Teilnehmer hinaus - mit dem eingesetzten Mittel der Arbeitsförderung gelingen wird, ist noch offen. Qualifizierungsnotwendigkeiten in großem Stil kommen hinzu.

5. Schlußbemerkungen

Arbeitgeber- und Arbeitnehmerverbände und -vertreter haben sowohl in Tarifverträgen als auch in der Selbstverwaltung der Bundesanstalt für Arbeit von Anfang an konsensorientierte Lösungen angesichts des Beschäftigungsniedergangs im Osten gesucht. Gefunden wurden Rahmenlösungen für Gesellschaften zur Arbeitsförderung, Beschäftigung und Strukturentwicklung, deren Umsetzung und Finanzierung noch zu leisten bleibt. Für die Fortentwicklung der Arbeitsmarktpolitik deuten sich wichtige Neuerungen bei sektoralen und regionalen Strukturkrisen an. Freilich müssen Alternativen zu der überwiegend passiven Mittelverwendung der beiden Hauptbeteiligten - Treuhandanstalt für Zinsen und Sozialpläne sowie Bundesanstalt für Arbeit für Arbeitslosengeld - erörtert werden. Die Treuhand zahlt 1991 und 1992 je 7 Mrd. DM an Zinsen für Altschulden sowie das bis zum 30.6.1991 befristeten Kreditmoratorium für Treuhandunternehmen. Hinzu kommen rd. 1 Mrd. DM an Zinsen für die Kreditaufnahme von 20,8 Mrd. DM im Jahre 1991. Sozialplanausgaben von insgesamt 10 Mrd. DM in den Jahren 1991 und 1992 bieten weitere Ansätze für Beschäftigungslösungen. Bei Leistungsempfängerquoten über 75% werden die knapp 10 Mrd. DM der BA für Arbeitslosengeld 1991 wohl nicht reichen; und allmählich beginnt auch die Arbeitslosenhilfe den Steuerzahler zu belasten.

Diese Milliardenbeträge an rein passiven Zahlungen stellen Finanzierungsquellen dar, deren Nutzen für Beschäftigung und Qualifizierung, für Investitionen und Sanierung, für Industriestrukturpolitik und Beschäftigungsperspektiven zumindest fraglich ist. Ihre beschäftigungspolitische Verausgabung wäre z.B. über Kapitalisierungen in Form von Bargeld an Arbeitgeber denkbar, denen Eigenmittel zur Nutzung zahlloser Förderprogramme oder Grundvermögen für die Sicherung von Bankkrediten fehlen, die sich aber zu Beschäftigungszusagen und Investitionen verpflichten. Sind diese Verpflichtungen z.B. ein Jahr eingehalten worden, können die anfänglichen Barzuschüsse auf Darlehensbasis in ganz oder teilweise verlorene Zuschüsse umgewandelt werden. Die Treuhand vertraut auch auf die zugesagten Investitionen und Arbeitsplätze privater oder kommunaler Erwerber ihrer Betriebe. Allerdings können solche beschäftigungspolitischen Verwendungen passiver Mittel der Treuhand und der Bundesanstalt für Arbeit nicht von den Arbeitgeber- und Arbeitnehmerverbänden geleistet werden. Doch sind diese in den Aufsichts- und Verwaltungsgremien beider Anstalten vertreten und können dort ihren Einfluß geltend machen. Letztlich entscheidend für beide Anstalten aber bleibt der Bundesfinanzminister.

Literatur

Arbeit und Beruf 8, 1991, S. 237-239.

Bispinck, R./WSI-Tarifarchiv (1991): Alle Dämme gebrochen? - Die Tarifpolitik in den neuen Bundesländern im 1. Halbjahr 1991, in: WSI-Mitteilungen 8, S. 466-478.

Blessing, K. (1991): Erlebt die alte Moderne in Deutschland eine Renaissance?, in: Frankfurter Rundschau, Nr. 67, 20.3.1991.

Bormann, K.-M./Hemmer, H.O. (1991): Nicht jeden in die Wüste schicken, in: Gewerkschaftliche Monatshefte 7, S. 441-447.

Bosch, G./Neumann, H. (1991): Beschäftigungsplan und Beschäftigungsgesellschaft, Die andere Arbeitswelt, Bd. 4, Köln.

Bundestagsdrucksache 12/916 vom 10.7.1991 (Antwort der Bundesregierung).

Clasen, L. (1991a): Erstmals gesamtdeutsch, in Bundesarbeitsblatt 3, S. 11f.

Clasen. L. (1991b): Tarifentwicklung/Ost. Erste Zwischenbilanz, in: Bundesarbeitsblatt 6, S. 5-8.

IAB-Werkstattbericht (1991): Die Entwicklung des Arbeitsmarktes in der Bundesrepublik Deutschland. Eine Zwischenbilanz für Ost und West, Nürnberg, 10.7.1991.

Klauder, W./Kühlewind, G. (1991): Arbeitsmarkttendenzen und Arbeitsmarktpolitik in den neunziger Jahren, in: Aus Politik und Zeitgeschichte, Beilage zum Parlament, 34-35/91 vom 16.8.1991.

Kühl, Jürgen (1991): Beschäftigungspolitische Wirkungen der Treuhandanstalt, in: WSI-Mitteilungen 11/91, S. 682-688.

Kühl, Jürgen/Schaefer, Reinhard/Wahse, Jürgen (1991): Beschäftigungsperspektiven von Treuhandunternehmen, MittAB 3, S. 501-513.

Neifer-Dichmann, E. (1991): Arbeitsmarktordnung auf dem Prüfstand (I), in: Der Arbeitgeber 15/16 - 43.

Schaefer, R./Wahse, J. (1991): Offizielle und reale Arbeitslosigkeit in Ostdeutschland, Arbeit und Beruf 8, S. 234-236.

Wissenschaftlicher Beirat beim Bundeswirtschaftsministerium (1991): Lohn- und Arbeitsmarktprobleme in den neuen Bundesländern, Bonn, August 1991.

Umsetzungsprobleme marktwirtschaftlicher Umweltpolitik in den neuen Ländern am Beispiel Altlasten

von Berend Diekmann[1]

1. Der rechtliche und wirtschaftspolitische Rahmen

Für die Definition von 'Altlasten' gibt es mittlerweile zahlreiche Vorschläge (vgl. etwa Deutscher Bundestag 1989, S. 2ff.; Sachverständigenrat für Umweltfragen (SRU) 1990, S. 18; Kühl 1991, S. 180). Als gemeinsames Merkmal läßt sich herausstellen, daß Altlasten in Altablagerungen und Altstandorte zu untergliedern sind, von denen Gefährdungen für die Umwelt, insbesondere für die menschliche Gesundheit, ausgehen oder zu erwarten sind. Dabei sind unter Altablagerungen vor allem nicht mehr genutzte Deponien sowie wilde Ablagerungen von Abfällen zu verstehen. Altstandorte sind vorwiegend Grundstücke ehemaliger Industrie- und Gewerbebetriebe, auf denen mit umweltgefährdenden Stoffen umgegangen wurde. Rüstungsbedingte Altlasten können sowohl dem Bereich der Altablagerungen als auch dem der Altstandorte zugerechnet werden. Da sie sowohl bei der Zuständigkeit für die Sanierung als auch für die Finanzierung einen Sonderfall darstellen, werden sie aus den folgenden Betrachtungen ausgenommen. Gleichwohl haben Flächen, die zuvor durch die ehemalige NVA bzw. die Westgruppe der sowjetischen Streitkräfte genutzt wurden, an den altlastenverdächtigen Flächen in den neuen Ländern einen gewichtigen Anteil.[2]

---

1 Dr. Berend Diekmann ist Referent im Bundesministerium für Wirtschaft. Der Beitrag gibt seine persönliche Auffassung wieder.

2 Aus Art. 120 GG leitet sich eine Verantwortlichkeit des Bundes für die Sanierung von Rüstungsaltlasten ab. Die Einzelregelungen finden sich im Allgemeinen Kriegsfolgengesetz (AKG) vom 5.11.1957 (BGBl. I, S. 1747).

Unter *Altlastensanierung* ist folglich ein Bündel von Maßnahmen zu verstehen, die sicherstellen sollen, daß von der Altlast bei weiterer Nutzung des betreffenden Standortes nach der Sanierung weder Gefahren für die menschliche Gesundheit noch eine Gefährdung für die Umwelt ausgehen. Daraus lassen sich allerdings noch keine konkreten Ansprüche an die Qualität der Sanierung ableiten (vgl. SRU 1990, S. 118).

Das im Umweltbereich allgemein akzeptierte Verursacherprinzip kann bei den Altlasten nur noch im nachhinein als Kostenanlastungsprinzip angewandt werden, das sich an der juristischen Haftungsregel orientiert. Dazu muß in der Regel auf das Polizei- und Ordnungsrecht zurückgegriffen werden. Demnach kann zunächst der Verursacher der Gefahr oder Störung (Handlungsstörer) zur Verantwortung gezogen werden. Handlungsstörer ist derjenige, der durch sein Verhalten die Gefahr oder die Störung unmittelbar verursacht hat. Daneben kann aber auch der Eigentümer oder Inhaber des Grundstücks (Zustandsstörer) in vollem Umfang haftbar gemacht werden. Dies führt dazu, daß der momentane Eigentümer/Besitzer eines Grundstücks zu einer prinzipiell unbegrenzten Kostenübernahme verpflichtet werden kann, unabhängig davon, ob er das Entstehen der Altlast in irgendeiner Weise zu vertreten hat (vgl. Scheifele 1991, S. 634). Diese Haftung wird nicht einmal durch den Wert des Grundstücks beschränkt. Handlungs- und Zustandsstörer können von der Behörde zur Gefahrenabwehr und Störungsbeseitigung in vollem Umfang herangezogen werden, wobei auch die finanzielle Leistungsfähigkeit ein sachgerechtes Ermessenskriterium darstellt. Insbesondere die Gefahr, als Zustandsstörer (momentaner Besitzer oder Erwerber) unbegrenzt für mögliche Gefährdungen durch Altlasten in Anspruch genommen zu werden, wäre naturgemäß ohne weitere Regelungen ein enormes Hemmnis für den An- und Verkauf von Grund und Boden und somit für das Ingangsetzen eines Strukturwandels in den neuen Ländern. Ohne eine vor allem finanziell zufriedenstellende Regelung würden Investitionen vorzugsweise auf der 'grünen Wiese' getätigt mit den entsprechenden Folgekosten für das Bereitstellen der öffentlichen Infrastruktur.

Da die ehemalige DDR vom Staatseigentum an den Produktionsmitteln geprägt war, ist als Handlungsstörer überwiegend der Staat anzusehen. Die Inanspruchnahme des Verursachers (Handlungsstörers) führt also in jedem Fall zu einer öffentlichen Finanzierung. Die grundsätzliche Zuständigkeit der Länder für die Erfassung, Bewertung und Sanierung von Altlasten sowie die Finanzierung dieser Maßnahmen wird aus dem Grundgesetz, Art. 30, 83 sowie 104 a Abs. 1, abgeleitet (vgl. Deutscher Bundestag 1989, S. 3). Demnach wären, läßt man die möglichen, im Grundgesetz vorgesehenen Kompensationsmaßnahmen zunächst einmal außer acht, die neuen Länder de facto vollständig für die Altlastensanierung verantwortlich. Daß dieser Zustand angesichts der dort zu vermutenden Konzentration altlastverdächtiger Flächen, verbunden mit der geringeren finanziellen Leistungsfähigkeit sowie den Bedürfnissen eines schnellen Strukturwandels, nicht zu zufriedenstellenden Lösungen führen kann, dürfte offenkundig sein.

Der Versuch, potentielle Kosten auf den Zustandsstörer abzuwälzen, wird vom Belastungseffekt her gesehen kaum zu einem anderen Ergebnis führen. Der Kaufpreis für ein Unternehmen ist grundsätzlich freie Verhandlungssache zwischen der Treuhandanstalt und dem Erwerber. Seine Höhe hängt insbesondere von der Stärke der Verhandlungsposition der Treuhandanstalt ab. Für Unternehmen mit altlastverdächtigen Flächen finden sich entweder überhaupt keine Käufer, oder das betreffende Objekt kann nur mit sehr starkem Preisabschlag verkauft werden. Im Ergebnis würden so die Kosten der Sanierung wieder "sozialisiert" (vgl. Kühl 1991, S. 182).

2. Umfang der Sanierungsaufgabe

Verläßliche Zahlen zum Umfang der Sanierungsaufgabe in den neuen Ländern liegen noch nicht vor. Erste Bestandsaufnahmen sprachen von nahezu 30.000 Verdachtsflächen, wovon bisher ca. 2.500 Flächen als Altlast eingestuft worden sind (vgl. Bundesminister für Umwelt, Naturschutz und Reaktorsicherheit (BMU) 1990, S. 32). Davon wurden bisher von den neuen Ländern 196 Flächen als vorrangig sanierungsbedürftig benannt.

In den Bilanzen der Treuhandunternehmen schlagen sich insbesondere die Altlasten aus dem Braunkohletagebau nieder.

Die zuerst erforderlichen Maßnahmen betreffen vor allem die Untersuchung, Gefährdungsabschätzung und Prioritätensetzung für die bereits erfaßten Verdachtsflächen und Altlasten. Bei den weiteren Aktivitäten ist zwischen Sicherungsmaßnahmen, Maßnahmen, die der unmittelbaren Gefahrenabwehr dienen und Sanierungsmaßnahmen im weiteren Sinne zu unterscheiden. Als besonderes Problem kommt hier hinzu, daß die großtechnische Erprobung von Techniken bei der Altlastensanierung vielfach noch kaum gegeben ist, so daß eine extreme Unsicherheit hinsichtlich der Kalkulation der zukünftigen Kosten existiert.

Um Liegenschaften ungeachtet dieser Unsicherheiten verkaufen und einer neuen Nutzung zuführen zu können, hat die Treuhandanstalt Grundsätze für die Befreiung von ökologischen Altlastenrisiken entwickelt, die dem Erwerber das Haftungsrisiko des Zustandsstörers weitgehend abnehmen. Im einzelnen handelt es sich dabei um folgende Grundsätze (vgl. auch Scheifele 1991, S. 635):

- In allen Fällen ist ein Freistellungsantrag nach Art. 12 des Gesetzes zur Beseitigung von Hemmnissen bei der Privatisierung von Unternehmen und zur Förderung von Investitionen (PrHBG) zu stellen.
- Der Erwerber hat einen angemessenen Eigenanteil zu übernehmen.
- Die Altlastübernahme durch die Treuhandanstalt ist zeitlich und räumlich zu begrenzen.
- Im Vertrag ist sicherzustellen, daß der erforderliche Sanierungsaufwand nicht das für die beabsichtigte Nutzung des Grundstücks erforderliche Maß überschreitet.
- Die Freistellung der Treuhandanstalt erlischt, sobald eine Freistellungserklärung der zuständigen Landesbehörde nach Art. 12 PrHBG vorliegt.

Diese Grundsätze erleichtern den Verkauf von Grundstücken wesentlich, erhöhen aber gleichzeitig die ungewissen Verbindlichkeiten in der Bilanz der Treuhandanstalt. Der Selbstbehalt für den Erwerber - in den Grundsätzen ist von einem Mindestanteil von 10% die Rede - ist positiv zu werten, denn er garantiert einen Anreiz für den Erwerber, die Altlasten möglichst kostengünstig zu beseitigen.

3. Die Freistellung von der Haftung

Mit dem Inkrafttreten des Umweltrahmengesetzes (URG) in der ehemaligen DDR am 1.7.1990 war die Übernahme der wesentlichen umweltrechtlichen Vorschriften der Bundesrepublik Deutschland verbunden. Die Bestimmungen des URG gelten nach Art. 34 des Einigungsvertrages zunächst weiter. In § 4 Abs. 3 des URG ist die Möglichkeit zur Freistellung von der Verantwortlichkeit für Altlasten wie folgt geregelt worden:

- die Freistellung bezieht sich auf Erwerber von Altanlagen;
- es handelt sich um eine Kann-Bestimmung;
- die Freistellung bezieht sich auf Schäden, die vor dem 1.7.1990 verursacht worden sind;
- der Antrag muß bis spätestens zum 31.12.1991 gestellt sein;
- die Haftung aufgrund privatrechtlicher Ansprüche bleibt unberührt.

Diese Regelung bewährte sich in der Praxis nicht. Es zeigte sich schnell, daß eine Überlappung zwischen öffentlich-rechtlicher Verantwortlichkeit - auf die sich die Freistellung bezog - und privatrechtlichen Ansprüchen bestand. Angesichts des schleppenden Tempos, mit dem die Privatisierung in den neuen Bundesländern vor sich geht, läßt sich schließen, daß der Kreis der potentiell durch die Regelung Begünstigten infolge der Beschränkung auf Erwerber zu eng gezogen war, um einen wesentlichen Beitrag zur Beschleunigung von Neuinvestitionen leisten zu können. Schließlich war die Anknüpfung der Regelung an den Anlagenbegriff des Bundesimmissionsschutzgesetzes eine unzweckmäßige Eingrenzung des Anwendungsbereichs der Freistellungsklausel.

Mit Art. 12 PrHBG wurde daher die Freistellungsklausel in folgenden Punkten erweitert bzw. konkretisiert:

- freigestellt werden können nunmehr neben den Erwerbern auch die Eigentümer und Besitzer;
- Objekt der Freistellung kann nicht nur eine Anlage, sondern auch ein Grundstück sein;
- die Anlage bzw. das Grundstück muß gewerblichen Zwecken dienen oder im Rahmen wirtschaftlicher Unternehmungen Verwendung finden;
- die zuständige Behörde kann auch von der Haftung aufgrund bestimmter privatrechtlicher Ansprüche freistellen.

Nach wie vor blieb es bei der befristeten Kann-Bestimmung und dem Bezug auf die vor dem 1. Juli 1990 verursachten Schäden. Den Vorstellungen der Industrie, die eine generelle Freistellung des Erwerbers gefordert hatte, folgte der Gesetzgeber also nicht.

Mit der Neufassung der Freistellungsklausel war eine bedeutende materielle Ausweitung des Gegenstandes der Freistellung verbunden. Prompt stellten die neuen Bundesländer in einer Entschließung im Bundesrat fest, daß sie bei ihrer Finanzsituation die auf sie zukommenden Kosten nicht alleine tragen könnten und daher eine substantielle Kostenbeteiligung des Bundes unerläßlich sei (vgl. Bundesrat 1991, Drucksache 158/3/91). Diese Entschließung berührt das Kernproblem der Altlastenfrage, auf das weiter unten noch näher einzugehen sein wird.

Die Kann-Bestimmung im Einzelfall räumt der zuständigen Behörde einen Ermessensspielraum ein. Dies erhöht einerseits die Flexibilität bei der Entscheidungsfindung, verlangt aber andererseits auch leistungsfähige Verwaltungseinheiten. Allerdings werden die Abwägungsgründe in der Regelung abschließend aufgezählt. Es sind dies neben den Interessen des Eigentümers, Besitzers oder Erwerbers die Interessen des möglicherweise Geschädigten, der Allgemeinheit und des Umweltschutzes. Im Endeffekt läuft dies auf einen Abwägungskonflikt zwischen wirtschaftspolitischen Erwägungen, die eine Freistellung in der Regel geboten erscheinen lassen dürften, und den durch die Freistellung der Allgemeinheit entstehenden Risiken, die einer großzügigen Handhabung entgegenstehen, hinaus. Dieser

Konflikt wird durch die Einzelfallbezogenheit und die Möglichkeit, auch eine Teilfreistellung (z.B. nur in bezug auf Gewässerverunreinigung) vorzunehmen zwar entschärft, aber keineswegs beseitigt.

Auch die erweiterte Freistellungsklausel funktioniert bisher unbefriedigend. Dafür sind drei Gründe maßgeblich:

- *Administrative Probleme:* Eine Prüfung, insbesondere der Ermessensgründe, kann nur in einer eingespielten Verwaltung schnell erfolgen. Hilfreich bei der Entscheidung wäre sicher auch ein konsistentes Rahmenkonzept, etwa in Form eines Flächennutzungs- und Bebauungsplans für die betroffene Gemeinde, was ebenfalls eine entsprechend leistungsfähige Verwaltung voraussetzt.
- *'Finanzpsychologische' Hemmnisse:* Die Verpflichtungen, die aufgrund der Freistellung auf die Länderhaushalte zukommen, sind der Höhe nach nicht bestimmbar. Die Länder verhalten sich risikoscheu, so daß die Abwägung zwischen dem Interesse an einer Ansiedlung und der Übernahme ungewisser Verpflichtungen einerseits und dem Erhalt des Status quo andererseits zugunsten des letzteren ausfällt. Diese Verhaltensweise wird noch begünstigt durch bestimmte Vorschriften in den Haushaltsordnungen, die Handlungen, die zum Entstehen ungewisser Verpflichtungen für die Länderhaushalte führen, nur unter restriktiven Bedingungen zulassen.[3]
- *Reale Finanzierungslücken:* Ob das Finanzpolster der ostdeutschen Länder und Kommunen als ausreichend anzusehen ist oder nicht, ist umstritten (vgl. dazu etwa Deutscher Bundestag 1991). Die Beantwortung dieser Frage hängt vor allem davon ab, in welchem Umfang Sofortmaßnahmen zur Gefahrenabwehr notwendig sind.

Es ist damit zu rechnen, daß sich die *administrativen Probleme* im Zeitablauf von selbst weitgehend lösen. Allein durch Entsenden von westdeutschem Fachpersonal läßt sich das Hemmnis nicht beseitigen; vielmehr muß man auf den Lerneffekt vor Ort vertrauen.

Finanzpsychologischen Hemmnissen kann von wirtschaftspolitischer Seite dadurch begegnet werden, daß die Entscheidungsträger vor Ort dazu

3 Vgl. etwa § 38 Bundeshaushaltsordnung (BHO), wonach Maßnahmen, die den Bund zur Leistung von Ausgaben in künftigen Haushaltsjahren verpflichten können, nur zulässig sind, wenn der Haushaltsplan dazu ermächtigt. Ausgenommen sind nach § 37 BHO Ausgaben im Falle eines unvorhergesehenen und unabweisbaren Bedürfnisses. Die Verpflichtungen, die aus einer Freistellung resultieren können, sind zwar nicht unvorhersehbar, wohl aber unbestimmbar. Ob sie unabweisbar sind, könnte sich danach richten, welche Nachteile durch die Ablehnung einer Freistellung seitens des Landes entstehen.

bewegt werden, längerfristig zu denken und danach zu entscheiden. Zu diesem Zweck muß vor allem herausgestellt werden, daß die einer Freistellung folgenden Neuinvestitionen mittelfristig positive Effekte auf die Länder- und Kommunalfinanzen haben. Dies betrifft insbesondere das Aufkommen aus der Gewerbeertragsteuer sowie die Anteile an der Einkommensteuer. Risikofreudige Kommunen und Länder sichern sich langfristig Steuerquellen, erhöhen ihre Finanzautonomie und vermeiden eine weitere Abwanderung von Fachkräften.

Die *reale Finanzierungslücke* ist zum gegenwärtigen Zeitpunkt noch abhängig vom kurzfristigen Handlungsbedarf. Nicht in jedem Fall ist eine sofortige Sanierung vonnöten. Vielmehr reichen in den Fällen, in denen schnelle Investitionen nicht zu erwarten sind, vorläufige Sicherungsmaßnahmen. Es muß also kurzfristig nur sichergestellt sein, daß die Länder und Kommunen über die notwendigen Mittel verfügen. Hier ist das Umweltschutzsofortprogramm im Rahmen des Gemeinschaftswerks 'Aufschwung Ost', das für 1991 und 1992 jeweils 400 Millionen DM bereitstellt, einzuordnen. Unterstellt man, daß die Mittel in diesem Zusammenhang ausreichend sind, kann man sofort den Bogen zur Freistellungsklausel schlagen: Nach geltendem Polizei- und Ordnungsrecht kann die Wiederherstellung aller Bodenfunktionen für alle Nutzungsarten auf Kosten des Verursachers oder Zustandsstörers grundsätzlich nämlich nicht verlangt werden. Die Haftung ist für den Zustandsstörer auf die unmittelbare (wie auch immer definierte) Gefahrenabwehr beschränkt (vgl. Löbbe 1991, S. 124). Nur von diesen Verantwortlichkeiten kann die zuständige Behörde freistellen.

Dies soll nicht davon ablenken, daß mittel- bis langfristig eine gewaltige Sanierungsaufgabe in den neuen Ländern zu bewältigen ist. Schon jetzt sollten die Weichen für eine effiziente Sanierungs- und Finanzierungskonzeption gestellt werden. Einige Überlegungen dazu enthält das nächste Kapitel.

4. Zur Finanzierung der Altlastensanierung

Von einer Diskussion um die Höhe des Finanzierungsbedarfs wird an dieser Stelle abgesehen. Er ist noch nicht einmal für die alten Bundesländer annähernd ausreichend ermittelt (vgl. SRU 1990, S. 172). Als Arbeitshypothese kann aber gelten, daß der Aufgabenumfang eine grundlegende Finanzierungskonzeption erfordern wird.

Laut SRU kann an die Sanierung von Altlasten nicht der Maßstab des Vorsorgeprinzips angelegt werden. Folglich ist nicht für alle altlastverdächtigen Flächen eine bestmögliche multifunktionale Nutzung anzustreben. Weiterhin ist eine Kostenschätzung, die auf der Basis heute verfügbarer Techniken erfolgt, für eine Sanierungsaufgabe, die teilweise erst in zehn bis zwanzig Jahren umgesetzt wird, angesichts des zu erwartenden kostensparenden technischen Fortschritts wenig aussagekräftig.

Als Kostenanlastungsprinzip steht - soweit das Verursacherprinzip nicht anwendbar ist - einmal das Gemeinlastprinzip zur Verfügung, also die Finanzierung aus öffentlichen Kassen und allgemeinen Deckungsmitteln. Dabei ist es auch im Hinblick auf die neuen Länder wichtig, die unteren Körperschaften angemessen heranzuziehen, um die Suche nach billigen Sanierungsmöglichkeiten nicht zu schwächen und um die Regionen, die in der Vergangenheit die Vorteile aus ersparten Deponiekosten hatten und aus der Sanierung Vorteile ziehen, an den Lasten zu beteiligen (vgl. Zimmermann 1991, S. 104). Ein weiteres Kostenanlastungsprinzip wäre das Gruppenlastprinzip. Danach würden diejenigen Gruppen belastet, die sich möglichst weitgehend mit der Gruppe der früheren faktischen Verursacher decken und somit im Durchschnitt dem Finanzierungszweck näher stehen als die Allgemeinheit (der Steuerzahler) (vgl. SRU 1990, S. 187).

Organisation und Finanzierung der Altlastensanierung sind eng miteinander verwoben. Zunächst einmal muß geklärt werden, ob die Aufgabe Altlastensanierung institutionell ausgelagert werden soll. Eine solche institutionelle Auslagerung kann entweder in Form einer öffentlich-rechtlichen Altlastenzentrale geschehen oder in Form einer privatrechtlich organisierten Altlastensanierungsgesellschaft, wobei beide Organisationsformen nebeneinander bestehen können (vgl. auch BMU 1990, S. 89; Kühl 1991, S. 185ff.).

Eine öffentlich-rechtliche Altlastenzentrale hätte einen Altlastenfonds - nach dem Vorbild des US-amerikanischen 'super fund' - zu verwalten, dessen Mittel bei der Altlastensanierung in den neuen Ländern - möglicherweise aber auch in den alten Bundesländern - eingesetzt würden. Ein solcher Altlastenfonds könnte aus allgemeinen Steuermitteln finanziert werden. Im Moment gehen die Bestrebungen aber eher dahin, bundesweit eine Abgabe auf Abfälle zu erheben, von deren Aufkommen ein bestimmter Teil für die Sanierung der Altlasten in den neuen Ländern zweckgebunden verwendet werden soll (vgl. BMU 1991, S. 16; Kühl 1991, S. 187). Ein solcher Lösungsansatz ist nicht unproblematisch (vgl. dazu Diekmann 1990, S. 460ff.): Er mindert die Transparenz der öffentlichen Haushalte. Die Ausgabenzwecke unterliegen nicht mehr dem politischen Diskurs und können sich verselbständigen. Dagegen läßt sich einwenden, daß die Finanzierung durch eine Fondsbildung von kurzfristig orientierten, haushaltspolitischen Unwägbarkeiten (hier: der Länder) unabhängig wird. Offen ist aber, ob das Abzweigen eines Teils des Aufkommens für die Sanierung von Altlasten in den neuen Ländern finanzverfassungsrechtlichen Kriterien standhält. Im Lichte des Gruppenlastprinzips dürfte dies für die Sanierung von Altablagerungen (Deponien) zu bejahen sein. Für die Sanierung von Altstandorten ist die Frage erheblich schwieriger zu beantworten. Um zu einem positiven Resultat zu kommen, ist das Gruppenlastprinzip sehr weit auszulegen. Dies könnte beispielsweise dadurch geschehen, daß erst die großzügige Finanzierung der Sanierung von Altstandorten den technischen Fortschritt anspornt und Größenvorteile umsetzt. Durch den Einsatz von Bodensanierungstechniken in großem Maßstab kommen sodann abfallarme - und damit deponiesparende - Methoden zur Anwendung, wodurch der Bogen zur Abfallvermeidung geschlagen ist. Es muß offen bleiben, ob das Bundesverfassungsgericht durch solche oder ähnliche Konstruktionen überzeugt werden kann.

Prinzipiell könnte aus dem Aufkommen einer Abfallabgabe auch eine privatrechtlich organisierte Altlastensanierungsgesellschaft finanziert werden. Bleibt die Erfassung von Altlasten und ihre Sanierung in privater unternehmerischer Verantwortung, kann der dort vorhandene umweltökonomische Sachverstand eingebunden werden, und es ist eine flexiblere Vorgehensweise als im Falle einer neuen Sonderbehörde möglich. Andererseits bedingt eine (teilweise) öffentliche Finanzierung auch eine Einflußnahme auf die ausführende Gesellschaft. Auseinandersetzungen zwischen Bund, neuen Ländern und der Privatwirtschaft über ihre Funktion bei der Sanierung könnten sich lähmend auswirken. Zudem ist die Gefahr, daß sich ein Kartell westdeutscher Firmen zur Sicherung lukrativer Sanierungsaufträge in den neuen Ländern bildet, nicht von der Hand zu weisen.

Da der Bund ohnehin keine Durchführungskompetenzen besitzt und eine institutionelle Sonderregelung mit zahlreichen Problemen verbunden ist, bietet sich als dritte Möglichkeit an, den Vollzug den neuen Ländern zu überlassen und die mittel- bis langfristige Finanzierung im Rahmen des Finanzausgleichssystems sicherzustellen (vgl. dazu Kühl 1991, S. 184ff.). Dabei wäre einmal daran zu denken, daß die alten Länder einen Teil ihres Aufkommens aus der Abfallabgabe zweckgebunden für die Altlastensanierung den neuen Ländern zuweisen. Dadurch tritt neben den bestehenden Länderfinanzausgleich (hier sind die neuen Länder noch nicht einbezogen) und den Fonds Deutsche Einheit ein weiteres horizontales Finanzausgleichssystem, das sich auf eine spezielle Aufgabe bezieht. Eine weitere Aufblähung von Ausgleichsmechanismen könnte aber zu gravierenden Ineffizienzen führen und zudem die notwendige, umfassende Reform des Finanzausgleichssystems erschweren. Systematischer ist es daher, die Ertragshoheit für die Abfallabgabe voll bei den Ländern zu belassen und eine langfristige Lösung im Rahmen des Finanzausgleichs zu suchen. Dies setzt allerdings eine zeitliche Synchronisation der Neuordnung des Länderfinanzausgleichs und des umfassenden Einsetzens der eigentlichen Sanierung (ohne Sofortmaßnahmen) voraus. Weil die neuen Länder durch die Altlasten besonders mit Ausgaben belastet sein werden, ist der Vorschlag überlegenswert, in einen neugestalteten Länderfinanzausgleich zweckgebundene Zuweisungen mit Eigenbeteiligung einzubauen.

Da die Neuordnung des Finanzausgleichs kaum von der Diskussion um eine Neuordnung des Bundesgebietes zu trennen sein dürfte, wird noch viel Sickerwasser aus Deponien die Elbe hinunterfließen, bevor hier eine konsistente Lösung gefunden ist. Kurz- und mittelfristig werden die neuen Länder daher weiter auf Finanzhilfen nach dem Vorbild des Umweltschutzsofortprogramms im Rahmen des Gemeinschaftswerks 'Aufschwung Ost', ergänzt durch Verwaltungsvereinbarungen nach Art. 104 a, Abs. 4 GG, angewiesen sein.

Literatur

Bundesminister für Umwelt, Naturschutz und Reaktorsicherheit (1990): Eckwerte der ökologischen Sanierung und Entwicklung in den neuen Ländern, Bonn.

Bundesminister für Umwelt, Naturschutz und Reaktorsicherheit (1991): Aktionsprogramm ökologischer Aufbau, Pressemitteilung vom 19.2.1991, Bonn.

Bundesrat (1991): Drucksache 158/3/91.

Deutscher Bundestag (1989): Altlasten, Drucksache 11/4104, Bonn.

Deutscher Bundestag (1991): Mehr Arbeit durch mehr Umweltschutz in den neuen Bundesländern, Drucksache 12/676, Bonn.

Diekmann, B. (1990): Zweckbindung von Umweltabgaben?, in: Wirtschaftsdienst, 70. Jg., 9/90, S. 457-462.

Kühl, C. (1991): Finanzierung der Altlastensanierung in Ostdeutschland, in: Wirtschaftsdienst, 71. Jg., 4/91, S. 180-187.

Löbbe, K. (1991): Alternativen zur Lösung des Altlastenproblems?, in: Beihefte der Konjunkturpolitik, Heft 38, Umweltschutz: Herausforderungen und Chancen für die Wirtschaft, Berlin, S. 117-130.

Sachverständigenrat für Umweltfragen (SRU) (1990): Sondergutachten 'Altlasten', in: Deutscher Bundestag, Drucksache 11/6191, Bonn.

Scheifele (1991): Praktische Erfahrungen beim Unternehmenskauf in den neuen Bundesländern, in: Betriebsberater, 46. Jg., Heft 10, S. 629-636.

Zimmermann, H. (1991): Überlegungen zur Finanzierung der Altlastensanierung, in: Beihefte der Konjunkturpolitik, Heft 38, Umweltschutz: Herausforderungen und Chancen für die Wirtschaft, S. 101-109, Berlin.

Der Aufbau von Kredit- und Kapitalmärkten in Ostdeutschland

von Igor Uszczapowski

Seit der Schließung aller bestehenden Kreditinstitute in der damaligen sowjetischen Besatzungszone - im April 1945 - entstand dort ein System, in dem es keinen kommerziellen Bankkredit mehr geben sollte, wie man ihn aus den westlichen Industriestaaten kennt. Die Kreditvergabe erfolgte nicht als Ergebnis des freien Zusammenspiels von Angebot und Nachfrage unter Berücksichtigung von Bonitätsgesichtspunkten, sondern war statt dessen Bestandteil der zentralen, von der Regierung bestimmten Wirtschaftsplanung.

In dem (seit 1974) einstufigen Banksystem der DDR drehte sich alles um die Staatsbank, welche sowohl als Zentral- als auch als Geschäftsbank fungierte. Als Emissionsbank steuerte sie (nach Maßgabe des zentralen Wirtschaftsplans) den Geldumlauf, legte die Zinssätze fest, refinanzierte und überwachte nachgelagerte Kreditinstitute, bestimmte - nach Absprache mit dem Ministerrat - die Umrechnungskurse im Außenhandel. Gleichzeitig nahm sie die Aufgaben einer Geschäftsbank wahr - so etwa die Durchführung des Zahlungsverkehrs. Dabei lag der Schwerpunkt in der Finanzierung von Betrieben, deren Produktionspläne sie mit aufstellte und bei der Planerfüllung überwachte.

Mitentscheidend für die zentrale Rolle der 196 Sparkassen als Kapitalsammelstellen, die sich mit ihren ca. 4.000 Filialen im Eigentum der Gemeinden und Kreise befanden, war der Umstand, daß es in der DDR keine Anlage in Form von Wertpapieren gab. Die Sparkassen vereinten auf sich rund vier Fünftel der gesamten Spareinlagen, 1989 etwa 130 Mrd. DM. Die Sparer erhielten einheitlich einen steuerfreien Zins von 3,25%. Die eingeholten Gelder wurden größtenteils bei der Staatsbank angelegt. Darüber hinaus gewährte man aber auch kleinere Kredite, Baudarlehen und für einige, eng begrenzte Zwecke auch Konsumentenkredite.

Die sektorielle Arbeitsteilung des Bankwesens der DDR ließ noch Raum für Spezialinstitute. Zu nennen wären die Bank für Landwirtschaft und Nahrungsgüterwirtschaft, die Bank der Genossenschaftskassen für Handwerk und Gewerbe, die Sparkassen der Bahn und der Post sowie die zwei Außenhandelsbanken, von denen die Deutsche Außenhandelsbank die finanzwirtschaftliche Kontrolle des Außenhandelsunternehmens und den Zahlungsverkehr mit dem sozialistischen Ausland besorgte, während die Deutsche Handelsbank die Geschäfte mit dem nichtsozialistischen Wirtschaftsgebiet einschließlich der Geschäfte des innerdeutschen Handels abwickelte.

Die extreme Politisierung der DDR-Gesellschaft betraf auch die Finanzwirtschaft. Die politischen Desiderata zentraler Stellen und nicht die Entscheidungen freier Wirtschaftssubjekte gaben die wesentlichen Steuerungsimpulse in die Finanzsphäre, die aus diesem Grund als effizienter volkswirtschaftlicher Allokationsmechanismus ausfiel. In diesem System konnte es keinen Marktzins, d.h. keinen Preis für Kapital geben. Damit fehlte ein verläßlicher Maßstab, nach dem wertvolles Kapital konsequent rentablen Projekten zugeleitet und die Risikopräferenzen von Anlegern und Investoren ausgedrückt werden konnten. Die Folge war eine unvorstellbare Fehlallokation von Kapital. Die Wachstumsrate des produzierten Nationaleinkommens (in % gegenüber dem Vorjahr) nahm seit Anfang der siebziger Jahre dramatisch ab. Nach 40 Jahren DDR-Wirtschaft sah deren Bilanz verheerend aus: Das Realeinkommen war 50% niedriger als in der Bundesrepublik. Das Geld- und Sachvermögen stellte nur ein Drittel desjenigen der Bundesrepublik dar. Der Außenhandelsumsatz je Einwohner der Bundesrepublik war 2,5 mal höher. Die Produktivität/Nettowertschöpfung pro Kopf lag bei 50% derjenigen der Bundesrepublik. Das Investitionsvolumen betrug nur 85% des tatsächlichen Ersatz- und Modernisierungsbedarfs. 25% der Maschinen und Anlagen waren älter als 20 Jahre, bei einer um 50% niedrigeren Abschreibungsrate. Die Infrastruktur war desolat - 72% der Fernsprechvermittlungstechnik war älter als 30 Jahre.

Der zentrale Systemfehler, der diesen Mißständen zugrunde lag - die Abwesenheit eines effizienten Allokationsmechanismus - implizierte bereits das Kernprogramm des ökonomischen und institutionellen Umwandlungsauftrags der Wende. In einer Veröffentlichung der Dresdner Bank vom Mai 1990 wird dieses Programm aus finanzwirtschaftlicher Sicht präzisiert:

> "Das Ergebnis der ersten freien Parlamentswahl in der DDR vom 18. März hat endgültig den Übergang zu einer neuen Wirtschaftsordnung gebracht, die marktwirtschaftliche Prinzipien prägen. Es müssen nun die Bedingungen dafür geschaffen werden, daß die individuellen Bedürfnisse und Fähigkeiten das ökonomische Handeln bestimmen und die Produkti-

onsvorhaben effizient durchgeführt werden können. Dies beinhaltet die Aufgabe, den Bankenbereich so umzugestalten, daß Kapital dorthin fließen kann, wo es knapp ist und der Gesellschaft letztlich den größten Nutzen bringt. Dafür müssen auf einzelwirtschaftlicher Ebene die Entscheidungen der Menschen, zu sparen, Kapital anzulegen oder Kapital zu verleihen, wieder allein durch ihre spezifischen Ertrags-, Risiko- und Kostenüberlegungen bestimmt sein. Die Experten und Politiker sind sich einig, daß das neue Bankensystem der DDR, das diesen Anforderungen genügt, zweistufig sein soll. Es wird also eine klare institutionelle Trennung geben zwischen den traditionellen Aufgaben einer Notenbank einerseits und den Aufgaben der Geschäftsbanken und der Finanzintermediären andererseits. Dabei ist in Rechnung zu stellen, daß die DDR in naher Zukunft eine Währungsunion mit der Bundesrepublik eingehen wird. Zu den Startbedingungen dieser Währungsunion zählt, daß die Staatsbank der DDR auf ihre Selbständigkeit verzichtet. Allein die Bundesbank wird für die geldpolitische Steuerung im einheitlichen Währungsraum verantwortlich sein ... Das Bankensystem der DDR wird sich in seiner Struktur zunehmend dem Bankensystem in der Bundesrepublik annähern." (DDR-Perspektiven, FAZ Informationsdienste, Dresdner Bank AG, Frankfurt 1990)

Aus heutiger Sicht läßt sich konstatieren, daß die Schaffung von Kapital- und Finanzmärkten nicht über eine Annäherung, sondern nahezu schlagartig mit der Ausweitung der territorialen Reichweite des entwickelten westdeutschen Systems erfolgte und dabei vollständig Schritt mit der politisch gewollten, umgehenden Vereinigung hielt.

Zentrales Instrument bei der Erschließung der aus den alten Bundesländern bekannten Leistungspalette für die Bedürfnisse der ostdeutschen Menschen war die aus dem Stand vollzogene Einrichtung flächendeckender Vertriebswege. So wird die Dresdner Bank bis Ende 1991 voraussichtlich mit 150 Geschäftsstellen im gesamten Gebiet der neuen Bundesländer präsent sein. Ein Großteil dieser Geschäftsstellen wurde seit Einführung der DM am 1. Juli 1990, als mit dem operativen Geschäft begonnen werden konnte, innerhalb von wenigen Wochen oder Monaten auf die aus dem Westen bekannte Leistungsstärke hochgefahren. Die entschlossene Sofortpräsenz der Banken trägt maßgeblich dazu bei, daß die Gefahr eines ausgeprägten Dualismus der Wirtschaftsräume in Ost- und Westdeutschland - wie er unweigerlich entstünde, wenn ein Teil Deutschlands eingeschränkten Zugang zu den Kapital- und Kreditmärkten und deren Produkten hätte - wirkungsvoll begrenzt wird. Mit der umfassenden Übertragung des Bankenwettbewerbs geht die rasche Herausbildung eines kritischen Kundenbewußtseins einher, den Bürgern bleiben die Kosten eines ineffizienten Marktes erspart, ihre Verhandlungsmacht wächst, Konsumentensouveränität entsteht.

So ließ sich schon bald eine deutliche Tendenz, Preise zu vergleichen, und eine fortschreitende Fähigkeit der Kunden zum Umgang mit dem neuen System feststellen. Auf dem Weg in die Marktwirtschaft wurden sie von den Banken mit einer Aufklärungsoffensive begleitet, die von großangelegten Telefonaktionen, Direct Mailing, Kontaktvermittlungsmaßnahmen, Gründung von Beratungsgesellschaften und Institutionen der wirtschaftlichen Fortbildung bis hin zu Existenzgründungs- und anderen Seminaren für spezielle Firmen- und Privatkundensegmente reichte, die mehreren zehntausend Interessenten zugute kamen.

Zur Disposition standen 6,5 Mio. Haushalte und ca. 13 Mio. Privatpersonen im bankfähigen Alter, die ein beträchtliches Geschäftspotential verkörpern, dessen Erschließung nicht unwesentliche Veränderungen der relativen Marktanteile unter den konkurrierenden Institutionen zeitigen könnte. Die Pro-Kopf-Volumina wichtiger Privatkundenprodukte waren relativ gering und damit stark ausbaufähig. Beim Geldvermögen war das Volumen in der alten Bundesrepublik um den Faktor 4, in der Baufinanzierung um den Faktor 9 und bei Konsumkrediten um den Faktor 38 größer (Stand etwa zum Zeitpunkt der Währungsunion). Vielleicht noch dynamischer wird sich das Firmenkundengeschäft entwickeln. Die DDR-Wirtschaft war sehr stark auf große Unternehmen ausgerichtet: 200.000 bis 300.000 Existenzgründungen waren in naher Zukunft denkbar, viele Kunden von morgen gibt es noch gar nicht, der gesamte Mittelstand beginnt sich erst zu entwickeln. Der Bedarf an Sanierungs- und Aufholinvestitionen kann mit mehreren hundert Milliarden beziffert werden. In einer ganzen Reihe von Branchen begannen sich die Strukturlücken jedoch rasch zu schließen. Dies zwang und zwingt die Kreditinstitute dazu, Kundenbeziehungen zu stabilisieren, neben der schnellen und breiten Abdeckung des Marktes die gewonnenen Marktanteile dauerhaft abzusichern, indem Tiefe und Kontinuität in die Kundenbeziehung hineingetragen wird.

Dabei galt es große Lücken in der Produktpalette des alten DDR-Bankensystems zu schließen. Dem Privatkundensegment war in der DDR u.a. vorenthalten:

- Dispositionskredite,
- universelle Konsumentenkredite,
- Versicherungsdarlehen,
- Bauspardarlehen,
- Lombardkredite,
- Termineinlagen,
- Sparbriefe,
- festverzinsliche Wertpapiere,

- Aktien,
- Investmentfonds,
- Bausparverträge,
- Kreditkarten.

Auf der Firmenkundenseite waren u.a. nicht vorhanden:

- Wechselkredite,
- Projektkredite,
- Währungskredite,
- Leasing,
- Factoring,
- Wagniskapital,
- Corporate Finance Produkte,
- Aktienemissionen,
- Zinsabsicherungsinstrumente,
- Devisenhandel,
- Währungsabsicherungsinstrumente,
- Termineinlagen,
- festverzinsliche Wertpapiere,
- Aktien,
- Spezialfonds,
- Währungseinlagen,
- Datenträgeraustausch,
- Cash-Management.

Mit der Bereitstellung dieser Produkte durch das erweiterte Bankensystem der Bundesrepublik wurden die Voraussetzungen für eine angemessene finanzwirtschaftliche Versorgung der neuen Bundesländer sehr schnell geschaffen. Gegenüber der Situation in der ehemaligen DDR taten sich völlig neue Dimensionen auf:

- Flexibilisierung, Ausweitung, Differenzierung und Dynamisierung der Kapitalsammlungs- und Fristentransformationsprozesse,
- Erschließung der Investitionsfinanzierung (Zins als Selektionsinstrument für bestmögliche Verwendung knapper Ressourcen),
- Bereitstellung von Instrumenten der Risikosteuerung
- und effiziente Import-Export-Finanzierung über freie internationale Devisen-/Kapitalmärkte.

Der Gesamteffekt der finanzwirtschaftlichen 'Neuausstattung' der neuen Bundesländer bewirkt einerseits unmittelbar eine Reduktion der Finanzierungskosten des wirtschaftlichen Aufbauprozesses.

Andererseits sind die Anforderungen an das strategische und operative Bank-Management enorm, zumal auch die Natur des Geschäfts in den neuen Bundesländern in mancher Hinsicht anders ist als im Westen. Der Beratungsbedarf bleibt bis auf weiteres bedeutend höher, da das Neugeschäft dominiert. Bewertung und Risikoabschätzung sind - wegen fehlender Erfahrungswerte - sehr viel schwieriger und verlangen eine stärkere Auseinandersetzung mit qualitativ-konzeptionellen Gesichtspunkten. Bewährte Routinen und Ressourcenkonstellationen müssen ergänzt oder verändert werden, um den besonderen Herausforderungen der Aufbauphase gerecht werden zu können. Dabei sind mit Umsicht jene Effekte zu berücksichtigen, die sich über einen komplexen Nexus im betrieblichen Gefüge der Banken selbst fortpflanzen.

Die bankbetriebliche Erfahrung des 'learning by doing' bietet jedoch auch vielfältige Chancen für die Gestaltung der weiteren Unternehmensentwicklung. In einigen Jahren wird man auf die jetzige Phase als einen Meilenstein in der Entwicklungsgeschichte des deutschen Bankwesens zurückblicken, der den leistungsstärksten Instituten in Sachen Produkt-, Mitarbeiter- und Servicequalität, Wettbewerbsstellung und Geschäftserfolg und damit auch den Endnutzern banklicher Dienstleistungen sehr zugute gekommen ist.

Aus heutiger Sicht, ein Jahr nach der Währungsunion, darf es nicht Wunder nehmen, daß der ordnungspolitische, verwaltungstechnische, rechtliche und technologische Umwandlungsprozeß in mancher Hinsicht noch nicht Schritt halten konnte mit dem hohen Tempo, in dem die Banken operativ geworden sind. Damit sind auch gelegentlich negative Rückkoppelungen verbunden, die den intendierten Leistungsspielräumen der Kreditinstitute vorläufig noch Grenzen aufzwingen. Unzureichende Fazilitäten im Kommunikationsbereich, Infrastrukturdefizite wären hier zu nennen oder auch die Erschwerung des Kreditgeschäfts durch Probleme bei der Sicherheitenbestellung wegen zur Zeit immer noch unklarer Besitzverhältnisse und die komplizierte Herausforderung, eine mit westdeutschen Standards (einschließlich Electronic Banking) kompatible Alternative zum für die totalitäre Gesellschaftsüberwachung mißbrauchten Zahlungsverkehrssystem der DDR zu schaffen.

Zusammenfassend läßt sich sagen: Die ökonomische und institutionelle Integration der neuen Bundesländer erfolgte auf der Ebene der Finanz- und Kapitalmärkte im wesentlichen durch die Ausweitung der in den alten Bundesländern bestehenden Strukturen auf das Gebiet der ehemaligen DDR.

Dabei spielte das westdeutsche Bankwesen eine Vorreiterrolle. Mit einem flächendeckenden Vertriebssystem sind die neuen Länder mittlerweile an das universelle Leistungsangebot der westlichen Finanzwirtschaft angeschlossen.

Die volkswirtschaftlichen Kernfunktionen der Banken in einem marktwirtschaftlichen Umfeld - Zahlungsverkehr, Kapitalsammlung, Fristentransformation, Investitionsfinanzierung, Risikosteuerung sowie Import-Export-Finanzierung und Anbindung an internationale Devisen- und Kapitalmärkte - unterstützen den wirtschaftlichen Aufbau der neuen Bundesländer und leisten damit einen unverzichtbaren Beitrag zur Minimierung der Gefahr einer dualistischen Wirtschaftsentwicklung in West- und Ostdeutschland.

Die im Eiltempo verwirklichte umfängliche Präsenz der Banken ist damit als wichtiger Teilerfolg bei der Integration der ehemaligen DDR anzusehen, bestimmt sie doch als kritische Größe entscheidend die Geschwindigkeit der wirtschaftlichen Erneuerung in den neuen Bundesländern.

Anmerkungen zu den Entwicklungs-Perspektiven von Güterverkehrs-Unternehmen in den neuen Ländern

von Jörg Lausch

Die gesamte Volkswirtschaft der ehemaligen DDR steht inmitten eines schwierigen Transformationsprozesses in Richtung auf eine marktwirtschaftliche Ordnung. Aus diesen Veränderungen resultieren Rahmenbedingungen für die Neuorientierung aller Unternehmen und so auch derjenigen des privatwirtschaftlichen Güterverkehrssektors.

In diesem Sektor stehen die Unternehmen aber nicht allein vor der Aufgabe, den allgemeinen Wandel mitzuvollziehen. Mindestens ebenso bedeutend für ihre zukünftige Entwicklungsperspektive ist es, ob und in welcher Weise es ihnen gelingt, in der Umbruchsituation zu bestehen, in der sich die gesamte Branche auch in den westlichen Bundesländern seit einiger Zeit befindet und die unter dem Schlagwort 'Logistik' weithin debattiert wird.

Dabei handelt es sich um grundlegende Veränderungen, hinter denen andere und gewichtigere Anforderungen und Interessen stehen, als daß sie sich durch eine Variation des Firmenschildes hinreichend beantworten ließen, etwa so wie sich mancher Getränkelieferant neuerdings als Spezialist für Getränkelogistik preist.

Ein neuer Rationalisierungstyp, von der Fachdiskussion auf den Nenner 'systemische Rationalisierung' gebracht, bringt das veränderte Augenmerk bei den Anstrengungen zur Optimierung des Produktionsprozesses zum Ausdruck. Anders als bei traditionellen Konzepten geht es nun nicht mehr so sehr um die Optimierung einzelner Phasen und Abschnitte der Produktion unter Einsatz entsprechender Technik, sondern zunehmend darum, das Ganze, das System der verschiedenen Teilprozesse zu integrieren und zu verknüpfen. Aus dem veränderten Zusammenhang der einzelnen Phasen, dem Neuzuschnitt von Aufgabenteilungen sollen sich Synergieeffekte herleiten, die es auszunutzen gilt.

Das beherrschende Medium für die Durchsetzung der systemischen Rationalisierung sind die modernen Informations- und Kommunikationstechnologien sowie Steuerungstechnologien, mittels derer die Vernetzung der Produktion ins Werk gesetzt werden soll.

Die Prozesse der physischen Güterbewegung drängen sich für alle Branchen als Quelle zukünftiger Rationalisierungseffekte auf. Die Optimierung der Intervalle des Transports, des Umschlags und der Lagerei, einschließlich der damit verbundenen dispositiven Eingriffe zwischen den produktiven Teilprozessen, rücken in das Zentrum der Aufmerksamkeit, wo es das grundsätzliche Ziel zu verwirklichen gilt, die Kapitalbindung durch Lagerhaltung deutlich zu reduzieren und die Geschwindigkeit des Durchlaufs der Produkte und Güter durch Produktion und Distribution zu erhöhen. Indem große Hersteller das Spektrum der jeweils selbst erbrachten Leistungen in der Wertschöpfungskette auf das für sie Wesentliche reduzieren, können sie auch einen Teil ihrer Lagerhaltung auf die Zulieferer abwälzen. Automobilhersteller montieren Automobile, mit der Elektrik, den Sitzen etc. befassen sich Spezialisten. Mit dem Abbau der Fertigungstiefe entstehen zusätzliche Lieferbeziehungen, die bei gleichzeitig reduzierter Lagerhaltung zunehmend zeitempfindlich werden.

Abbau der Lagerhaltung und Einbeziehung der Transport-, Umschlag- und Lagerprozesse in die Vertaktung der Produktionssequenzen haben veränderte Güter- und Sendungsstrukturen zur Folge, eine Tendenz, zu der auch der allgemeine Strukturwandel in den Industriegesellschaften beiträgt: weg von den Massengütern hin zu Stückgütern in kleineren aber wertvolleren Sendungseinheiten bei höherer Transportfrequenz.

Logistische Rationalisierung geht instrumentell mit der Einführung von Informations- und Kommunikationstechnologien für die Kontrolle und Steuerung der Vorgänge in Transport, Umschlag und Lagerei einschließlich der beteiligten Akteure einher. Nur so ist aus der Perspektive der Verlader auch die riskante Reduzierung der Lagerhaltung abzusichern, indem der Materialfluß auch zwischenbetrieblich durch Statuskontrollen zu einem durchsichtigen Prozeß wird und indem die den Gütern vorauseilenden Informationen Dispositionsspielräume eröffnen.

Logistikinstrumente sind neben einschlägiger EDV-Ausrüstung aber auch technische und organisatorische Anpassungen im physischen Materialfluß. Verglichen mit den Kernbereichen der industriellen Produktion ist das Ausstattungs- und Gestaltungsniveau hier in der Regel noch zutreffend als handwerklich zu beschreiben. Der Verkehrssektor wird nun zunehmend industrialisiert, indem er mit veränderten technischen Ausstattungsanforderungen konfrontiert und in die industrielle Vertaktung einbezogen wird.

Bei der Optimierung der gesamten logistischen Kette vom Lieferanten des Rohmaterials über mehrere Wertschöpfungsstufen hinweg werden nun die Speditionen in anderer Weise eingebunden und gefordert. Nicht mehr die Übernahme der Organisation und Durchführung eines Transports von A nach B steht im Vordergrund der geforderten Dienstleistungen. Vielmehr gehen die Anforderungen in die Richtung, logistische Systemlösungen bereitzustellen.

Diese gewandelten Bedingungen für Unternehmen in Spedition und Transport werden begleitet durch die politischen und ökonomischen Veränderungen, die sich durch den Prozeß der europäischen Integration herleiten. Die Politik der Liberalisierung und die Deregulierung der bislang noch geltenden Marktordnung werden die bundesdeutschen Transporteure verschärfter ausländischer Konkurrenz aussetzen, dies zum so mehr, als die Harmonisierung von unterschiedlichen, den Wettbewerb verzerrenden Vorschriften und Belastungen nicht in gleichem Maße vorangebracht wird.

Gleichzeitig bedeutet der europäische Binnenmarkt auch, daß die Anforderungen der Verladerseite an Logistikdienstleister sich zunehmend auch dahin entwickeln werden, diese Dienstleistungen im europäischen Raum zur Verfügung zu stellen.

In der Fachöffentlichkeit wird vor dem Hintergund dieser Entwicklungen die zunehmende Segmentation der Märkte im Güterverkehr diskutiert (vgl. dazu etwa Bretzke 1990). Ist noch heute der Typus des Kraftwagenspediteurs keine Seltenheit, der sich bemüht, jedwede Transportaufgabe beinahe unabhängig von der Beschaffenheit des Gutes, von Zielort usw. zu erledigen, geht die Tendenz - so die begründete Vermutung - zunehmend dahin, durch Beschränkung auf bestimmte Segmente den Ablauf zu standardisieren und damit auch hinsichtlich des Technikeinsatzes zu optimieren. Auch in der Sammelladungsspedition wird so versucht, solche Sendungen auszuschließen, die nicht zum Ablauf im gesamten System passen, etwa weil sie besondere Anforderungen an das vorzuhaltende Equipment stellen, zusätzliches Handling erfordern oder ähnliches. Dadurch sollen insgesamt eine homogenere Güterstruktur angestrebt und teilweise gravierende Qualitätsprobleme minimiert werden. Beispiele für solche Ausgliederungen gibt es in der Lebensmittel- oder Textillogistik. Ein besonders hohes Maß an Standardisierung haben die Kurier-, Paket- und Expressdienste erreicht.

Der Betrieb von großräumigen Netzen in bundesdeutschen und verstärkt auch europäischen Sammelladungsverkehren wird sicherlich einigen wenigen großen Unternehmen der Branche vorbehalten bleiben. Seit einigen Jahren weisen die Meldungen von Fusionen auf zunehmende Konzentrationsprozesse hin, in deren Ergebnis solche Unternehmen sich herausbilden. 1988 übernimmt Rhenus die vornehmlich im süddeutschen Raum operierende Weichelt-Spedition, 1990 gehen ThyssenTrans und Haniel zusammen und gründen die THL (Thyssen-Haniel Logistic) und gegenwärtig fusionieren Schenker und Rhenus zu einer weltweit operierenden Speditionsorganisation mit über 300 Betriebsstellen in 40 Ländern und mit rund 7200 Beschäftigten.

Angesichts dessen stellt sich für alle Unternehmen der Branche die Notwendigkeit einer strategischen (Neu-)Orientierung. Vor allem für die Unternehmen mittlerer Größe stellt sich die Alternative, entweder wenig spezialisierte und damit leicht konkurrierbare Leistungen anzubieten, oder sich in ein Marktsegment, eine 'Nische' hineinzuentwickeln, in der über die besondere Qualität der Leistung, des damit verbundenen Technikeinsatzes und/oder der einschlägigen Qualifikation der Beschäftigten Zukunftschancen sich vermitteln.

In diesem Prozeß der strategischen Neueinstellung befinden sich auch viele Unternehmen aus den alten Bundesländern erst am Anfang, haben die Startlöcher kaum verlassen. Ein Indiz dafür ist die noch recht verhaltene Implementierung fortgeschrittener EDV-Lösungen. Häufig ist die Nutzung der EDV noch auf branchenunspezifische Anwendungsbereiche wie Buchhaltung etc. beschränkt.

Wenngleich gilt, daß auch die mittelständischen Unternehmen in den alten Bundesländern den erforderlichen Neueinstellungsprozess kaum bewältigt und viele überhaupt noch gar nicht in Angriff genommen haben, treffen die skizzierten Anpassungserfordernisse bei den Unternehmen der Branche in den fünf neuen Ländern auf besondere und zusätzliche Schwierigkeiten.

Im Jahr 1989 waren nach Angaben des DIW im Verkehrssektor der DDR insgesamt 628.000 Menschen beschäftigt, davon 245.000 bei Eisenbahnen und 33.000 im Bereich Schiffahrt/Häfen. Im übrigen Verkehr gab es 223.000 Arbeitsplätze sowie 127.000 in der Nachrichtenübermittlung.

Um näherungsweise beurteilen zu können, von welchen Strukturen im Verkehrssektor Ostdeutschlands auszugehen ist, bietet sich eine Analyse der insgesamt 343 Unternehmen des Sektors 'Verkehr und Nachrichtenübermittlung' an, die sich (zu Beginn des Jahres 1991) in der Regie der Treuhand-Anstalt befanden (vgl. Treuhand-Anstalt 1991).

140 dieser Unternehmen finden sich in der Branche 'Güterbeförderung mit Kraftfahrzeugen', weitere 56 im Bereich 'Spedition und Lagerei'; rechnerisch handelt es sich also insgesamt um 196, bzw. unter Abzug der Doppelzählungen um 160 Unternehmen. Für 148 davon liegen Angaben zur Beschäftigtenzahl vor. Demnach sind in 129 Unternehmen des Güterkraftverkehrs 87.752 Menschen beschäftigt, weitere 7.426 Beschäftigte finden

sich in 20 Unternehmen aus Spedition und Lagerei. Beide Bereiche zusammengenommen haben also ein Beschäftigungsvolumen in Höhe von über 95.000 Arbeitsplätzen.

Über 50.000 aller Arbeitsplätze finden sich in 24 Unternehmen, die jeweils 1000 Arbeitsplätze und mehr aufweisen. Mit anderen Worten: 16% der Unternehmen haben einen Anteil von 54% an der Beschäftigung in Güterkraftverkehr und Spedition/Lagerei. Weitere 29% der Beschäftigung entfallen auf die Unternehmen mit zwischen 500 und 1000 Arbeitsplätzen.

Tabelle 1: Die Branchen 'Güterbeförderung mit Kfz' und 'Spedition/Lagerei' im Verkehrssektor der fünf neuen Bundesländer soweit unter Regie der Treuhand-Anstalt

Unternehmen mit	Anzahl	Beschäftigte	in % der Besch. insg.
weniger als 100 Beschäftigten	30	1.414	1,5
100 bis 249	25	4.118	4,4
250 bis 499	30	10.303	11,0
500 bis 999	39	27.350	29,2
1000 und mehr	24	50.372	53,9

Quelle: Eigene Berechnungen auf Basis der Angaben im Offiziellen Firmenverzeichnis der Treuhand-Anstalt.

Bei all diesen Angaben ist in Rechnung zu stellen, daß es seit März 1990 (Stand der Angaben der Treuhand-Anstalt) einen teilweise erheblichen Abbau von Arbeitsplätzen gegeben hat. Dennoch bleibt festzuhalten, daß die Betriebsgrößenstruktur der Branche in den fünf neuen Ländern sich grundlegend von der in Westdeutschland unterscheidet, wo Klein- und Mittelbetriebe bei weitem überwiegen.

Eine ganze Anzahl der Unternehmen in den neuen Ländern - das zeigen die Angaben der Treuhand-Anstalt hinreichend deutlich - ist durch recht heterogene Leistungsstrukturen gekennzeichnet, sie erbringen zum Teil in nennenswertem Maße auch Personenverkehrsleistungen unterschiedlicher Arten, etwa im Überlandverkehr oder mit Taxi-Betriebsteilen. Besonders problematisch im Sinne einer Neueinstellung als Logistikunternehmen mit klar definierter Leistungsstruktur sind dabei solche Unternehmen, die noch Aufgaben des öffentlichen Personennahverkehrs (ÖPNV) im engen Sinne wahrnehmen bis hin zum Personentransport mit schienen- oder oberleitungsgebundenen Fahrzeugen. Hier ist sicher die Entflechtung und zügige Kommunalisierung der ÖPNV-Strukturen eine Grundvoraussetzung der weiteren Entwicklung.

Damit ist die Frage nach den Bedingungen eines erfolgversprechenden Umstellungsprozesses angesprochen.

Zu diesen Bedingungen zählt - neben der baldigen Herauslösung und Kommunalisierung der ÖPNV-Strukturen - der Erhalt von Kernstrukturen, die eine Zukunft oberhalb des Niveaus reiner Frachtführer ermöglichen. Allerdings gibt es deutliche Anzeichen dafür, daß unter dem Motto der 'Mittelstandsförderung' de facto eine Politik in Richtung auf die Zerschlagung der traditionell großen Betriebseinheiten im Verkehrsbereich betrieben wird, etwa mit dem Instrument der Konzessionsvergabe oder durch das von der Treuhand für diesen Sektor bevorzugte Verfahren des 'Management Buy Outs'. In diesem Zusammenhang wird auch gerne das Argument von den 'alten Seilschaften' angeführt, denen es die Basis zu entziehen gelte. Durch die weitgehende Atomisierung der vorhandenen Strukturen droht allerdings ein wichtiges Potential für eine zukunftsträchtige Perspektive der ostdeutschen Unternehmen verloren zu gehen. Diese kleinen, strukturell auf reine Frachtführer-Funktionen festgelegten Unternehmen treiben nämlich auf jenes heftigster Konkurrenz ausgesetzter Marktsegment der einfachsten Dienstleistungen zu, in das absehbar auch Anbieter etwa aus den östlichen und südlichen Nachbarländern eindringen können. Das sind wenig gute Aussichten in Verbindung auch mit der Erfahrung, daß schlechte Ertragslagen dann in Form schlechter sozialer Bedingungen und Einkommensverhältnisse an die Beschäftigten weitergegeben werden.

Eine bestimmte Betriebsgröße u.a. mit mehreren Niederlassungen in einer bestimmten Region, mit Lager- und Terminalkapazitäten etc. ist aber eine wichtige Vorraussetzung für Unternehmen, sich in logistisch definierten Anforderungsstrukturen als speditionelle Dienstleister zu bewähren.

Herausragende Bedeutung hat die Entwicklung einer zukunftsträchtigen Unternehmensstrategie, die die angesprochenen Segmentierungstendenzen ebenso berücksichtigen muß wie regionale Strukturen und Besonderheiten, einschließlich der vorhandenen Kundenbeziehungen mit einschlägiger Spezialisierung, und die absehbaren Standortentscheidungen potentieller Verlader. In der Regel dürfte es sinnvoll sein, hierzu externe Beratungskapazitäten zu erschließen. In jedem Fall sollte die Belegschaft in diesen Prozeß einbezogen sein, nicht allein aufgrund der Tatsache, daß es schließlich auch um deren Zukunftsperspektive geht, sondern auch, weil nur so die Voraussetzung dafür zu schaffen sein wird, bei den Anstrengungen des Umstrukturierungsprozesses auf die motivierte Mitgestaltung der Arbeitnehmer zählen zu können.

Für die gegenwärtige Verfassung der Unternehmen in der Branche ist der Zusammenbruch der Binnenlieferstrukturen der ehemaligen DDR und der Verbindungen mit den Ländern des ehemaligen RGW im Gefolge der Währungsunion und damit der Einbruch der traditionellen Nachfrage nach Verkehrsleistungen ein wesentlicher Faktor. Um die wünschenswerte Erhaltung vorhandener Strukturen über eine Übergangsperiode hinweg zu gewährleisten, sind daher flankierende Maßnahmen erforderlich. In diesem Zusammenhang können Qualifizierungs- und Beschäftigungsgesellschaften eine wichtige Funktion einnehmen, indem sie die Erhaltung und Entwicklung des Arbeitskräftepotentials als Standortfaktor und Bedingung für die zukünftige Entwicklung ansässiger Unternehmen gewährleisten.

Ganz sicher ist die Anpassung des Technikeinsatzes ein wichtiger Aspekt der strategischen Neuorientierung, wobei hier die Informations- und Kommunikationstechnologien sowie die Umschlagtechnik in den Distributionsterminals eine besondere Rolle spielen. Bei der Entscheidung über zukünftige Veränderungen von Arbeitsabläufen und -inhalten durch veränderte und neue Techniken wie auch bei der Einführung selbst, ist einmal mehr dringend dazu zu raten, die Beschäftigten ernsthaft einzubeziehen. Werden die notwendigen Klärungen und der Interessenausgleich, dem vordergründigen Wunsch einer zügigen Implementation folgend, nicht von Anfang an vorgenommen, dann drohen gravierende 'Akzeptanzprobleme', so der allfällige terminus technicus für die absehbaren Folgen kurzsichtigen Aktionismus:

> "Hochwertige Hardware, oft nach aufwendigen Planungen und langwierigen Vorbereitungen endlich eingekauft, steht wochenlang oder gar monatelang unausgepackt im Keller, weil die Belegschaft unter Berufung auf das Betriebsverfassungsgesetz eine einstweilige Verfügung erwirkt hat, mit dem Ziel, sich zunächst einmal über das angeschaffte System zu informieren." (Char 1991)

Dagegen liegt in einer humanzentrierten kooperativen Gestaltung von Innovation die Chance, Reibungsverluste zu minimieren und mithin ein eigenständiger Beitrag zu einer erfolgversprechenden Reorganisation des Unternehmens.

Natürlich rechnet die begleitende Qualifizierung der betroffenen Arbeitnehmer zur kooperativen Gestaltung der Technikeinführung. Die erforderliche Entwicklung des Arbeitsvermögens, die durch Qualifizierungs- und Weiterbildungsangebote abgesichert werden muß, erstreckt sich allerdings nicht allein auf rein technikinduzierte Qualifikationsanforderungen. Qualifizierung allein unter dem Aspekt der Anpassung an die neu eingesetzte Technik zu sehen hieße, einem von zwei Hauptmißverständnissen im Zusammenhang von Logistik und Qualifikation zu unterliegen: Qualifikationsanforderungen in diesem Kontext sind zum einen nicht schon hinreichend durch den Technikeinsatz definiert. Und zum anderen betreffen Qualifikationsanforderungen nicht allein die Ebene der Unternehmensführung und des Managements sowie vielleicht noch einige ausgewählte Funktionen im kaufmännischen und dispositiven Bereich.

In der jüngeren Vergangenheit mußten auch große Speditionsunternehmen in den alten Bundesländern erst einen schmerzhaften Lernprozess durchlaufen, um zu begreifen, daß die von ihnen angestrebte Sicherung einer gleichbleibend hohen Qualität der Dienstleistung auch hinsichtlich der Qualifizierung und Weiterbildung eines Ansatzes bedarf, der das gesamte System der Leistungserbringung mit allen Tätigkeitsbereichen einbezieht; und darin ist ausdrücklich auch die operative Ebene des Güterflusses einzuschließen.

Anders als die Großunternehmen der Branche, die in der Vergangenheit eigene Personalentwicklungsabteilungen aufgebaut haben und einen guten Teil ihres Schulungs- und Weiterbildungsbedarfs aus eigener Kraft und in eigener Regie durchführen, dürfte für die übergroße Mehrzahl der Unternehmen auch in den fünf neuen Ländern gelten, daß sie zur Realisierung der erforderlichen Qualifizierungen auf externe Angebote angewiesen sind. Auf diesem Hintergrund könnte überbetrieblichen sektoralen Qualifizierungsgesellschaften, die von Organisationen der Arbeitgeber- und Arbeitnehmerseite unter Einbeziehung öffentlicher Institutionen gemeinsam getragen werden, die Funktion eines wichtigen Instruments für die unterstützende Begleitung des strukturellen Wandels zukommen.

Für die inhaltliche Gestaltung von überbetrieblichen Weiterbildungsangeboten böte sich am ehesten eine modulare Struktur an, in deren Zentrum der Themenschwerpunkt logistische Rationalisierung (Hintergründe, neue Konzepte und Instrumente der Logistik, neue Lösungen und Angebote der Transportwirtschaft) steht. Ergänzende Bausteine zu einzelnen fachlichen Kenntnissen und Fähigkeiten (z.B. Kostenrechnung in Speditionsunternehmen, rechtliche Regelungen, Gefahrgut etc.) und zum Training bestimmter operativer Fertigkeiten könnten so flexibel zu einem Kursprogramm gestaltet werden, das sich eng am jeweils vorhandenen Ausgangsniveau orientiert. Eine solche Vorgehensweise scheint insbesondere auch durch den relativ hohen Standard und die besondere Struktur der Ausbildungsgänge einschlägig vorqualifizierter Arbeitnehmer aus den neuen Ländern geboten. Den differenzierten Weiterbildungserfordernissen unterschiedlicher Spezialisierungsrichtungen im Rahmen des Berufsbildes etwa des/der Verkehrskaufmannes/frau (u.a. Luftverkehr, Binnenschiffsverkehr, Kraftverkehr, Spedition) oder des/der Facharbeiters/in für Umschlag und Lagerung könnte so durch ein differenziertes Weiterbildungsangebot entsprochen werden.

Damit ist zugleich auch gesagt, daß die Konzeption eines - im Wortsinn - angemessenen sektoralen Weiterbildungsangebotes erst noch entwikkelt werden muß.

"Aktionismus" würde nur dazu führen, "daß das hohe Qualifikationsniveau verschwendet und letztlich abgebaut wird", warnt Prof. Erich Staudt, Direktor des Instituts für Arbeitswissenschaften an der Universität Bochum:

> "Es hat daher wenig Sinn, dieses Potential nun nach westlichem Muster zu kolonialisieren. Selbst im Westen bewährte Weiterbildungskonzepte sind nicht problemangemessen. Statt zweitklassige westliche Berufsbilder zu schaffen, müßte man die Menschen dort abholen, wo sie mit ihrer Erstausbildung stehen. Man muß auf ihre Fähigkeiten eingehen und das Qualifikationsprofil aktualisieren, anstatt planwirtschaftlich zu standardisieren und die 'richtigen' Qualifikationen nach westlichem Muster zu erzeugen." (Handelsblatt 1991, S. 2)

Mit Staudt ist in diesem Sinn weiter vor der landläufigen "Überschätzung eines 'studium generale' in Marktwirtschaft" zu warnen, mit dem viele Schnellschuß-Angebote überfrachtet werden, häufig genug wohl auch deshalb, weil hier anscheinend mit wenig Einsatz für inhaltliche und methodisch-didaktische Gestaltung zahlreiche Teilnehmer durch hoch bezahlte/bezuschußte 'Maßnahmen' geschleust werden können. Richtig verstanden bedeutet Weiterbildung in den neuen Ländern eine anspruchsvolle Aufgabe, bei deren Bewältigung sich auch die Weiterbildner selbst erst orientieren und qualifizieren müssen.

Der drohende 'Verkehrsinfarkt', 'Just-im-Stau statt just-in-time', Widerstand der Bevölkerung etwa in den Alpenländern gegen wachsende Belastungen durch den Straßen-Schwerlastverkehr, zunehmende Umweltbelastungen, die vom Verkehr ausgehen und sowohl im Nahbereich als auch global negative Wirkungen zeitigen - durch solche und ähnliche Schlagworte und Phänomene ist seit einiger Zeit die öffentliche Auseinandersetzung auch um Art und Umfang des Güterverkehrs gekennzeichnet. Angesichts dieser 'Akzeptanzkrise' des Straßengüterverkehrs ist die Suche nach Alternativen zu einem allgemeinen Thema geworden. In der multimodalen Organisation von Transportketten wird zunehmend der Weg der Zukunft gesehen. So wurde erst kürzlich von einer hochkarätigen Expertengruppe im Auftrag der EG-Kommission die Studie 'Verkehr 2000 plus' vorgelegt, auf deren Grundlage alsbald Entscheidungen zur Verlagerung und Optimierung von Verkehrsströmen in der Europäischen Gemeinschaft vorbereitet werden dürften. Die Kombination verschiedener Verkehrsträger, wobei hier nicht allein an den Kombiverkehr Straße-Schiene zu denken ist, sondern ebenso an die Einbindung der Binnenschiffahrt und die Möglichkeiten der Küstenschiffahrt, wird dabei das herausragende Ziel sein.

Angesichts dessen bedeutet strategische Planung für Verkehrsunternehmen in den neuen Ländern auch, sich nicht einseitig auf Straßengüterverkehr festzulegen, auch wenn die gegenwärtig gültigen ökonomischen Parameter dies nahegelegt erscheinen lassen. Vielmehr ist die Fähigkeit, multimodale Transportlösungen bereitzustellen, systematisch zu entwikkeln.

Zur Zeit werden in allen Ländern Ostdeutschlands Standortentscheidungen für Güterverkehrszentren vorbereitet und Konzeptionen hierfür entwickelt. Die Beteiligung an solchen Vorhaben kann für Unternehmen ein wichtiger Schlüssel für zukünftige Erfolge als speditionelle Dienstleister sein, wenn man die Rolle der Spediteure - dem Selbstbild der Branche folgend - darin sieht, 'Architekten des Verkehrs' zu sein, die sich - in einer Position der Äquidistanz zu den verschiedenen Modi des Transports stehend - aller Verkehrsträger bedienen.

Verbandspolitisch scheint das wohl erkannt worden zu sein, wenn diese Orientierung auch nicht immer mit der erforderlichen Weitsicht durchgehalten wird. So räumt etwa der Landesverband des Sächsischen Speditionsgewerbes (LSV) in einer von ihm vorgelegten 'Konzeption zur Entwicklung des mittelständischen Transport- und Speditionsgewerbes' der Schaffung von Güterverteilzentren (GVZ) einen herausragenden Stellenwert ein; gleichzeitig aber wird einerseits eine "optimale Lage bezüglich der Straßen-Verkehrsanbindung" gefordert und andererseits beschränkt man sich darauf, "eventuell" auch die Anbindung anderer Verkehrsträger vorzusehen (LSV 1991, S. 3).

Allerdings ist hinsichtlich der Errichtung von Güterverteilzentren zu beachten, daß eine zu starke Zentralisierung von Schnittstellen zwischen Fern- und Nahverkehr in solchen Zentren mit der Vergrößerung des Einzugsbereiches auch Verkehre in Ballungsräumen konzentriert, und dies in einem Ausmaß, das u.U. kontraproduktiv werden kann. In einem differenzierten Konzept von untereinander verknüpften Güterverkehrszentren und untergeordneten City-Logistikzentren könnte hier der richtige Weg liegen. Gerade in zukunftsweisenden Lösungen für den Problembereich Stadtverkehr kann für Einzelunternehmen oder für Kooperationen mehrerer Unternehmen, die unter Umständen eingebunden in öffentlich bereitgestellten Suprastrukturen operieren, eine große Chance liegen.

Wenn von den Unternehmen des Verkehrssektors einerseits gefordert wird, sich unter veränderten Rahmenbedingungen neu einzustellen, so bedarf es andererseits dringend klarer politischer Orientierungs-Vorgaben. Nicht zuletzt in der Infrastrukturpolitik werden wichtige Weichenstellungen für die Branche vorgenommen, werden Parameter gesetzt, an denen sich einzelwirtschaftliche Entscheidungen ausrichten.

Einer IFO-Schätzung zufolge zeigt der Modal-Split im Güterverkehr 1991 im Vergleich zwischen alten und neuen Bundesländern folgendes Bild:

Tabelle 2:

	alte Länder	neue Länder
Eisenbahn	20,1	70,2
Binnenschiff	18,1	3,9
Flugzeug	0,1	0,0
Pipeline	4,1	4,9
Lkw	57,5	20,9

Quelle: Globus-Grafik Nr. 8883; Stuttgarter Nachrichten vom 19.6.1991.

Der Hamburger Verkehrsberater Andreas Kossak mahnt, daß es beim Ausbau der Verkehrsinfrastruktur nicht darum gehen dürfe,

> "hinter Prognosen her zu bauen, deren Grundannahmen auf der Erreichung von westlichen Verkehrsverhältnissen basieren, während gleichzeitig überall darüber nachgedacht wird, wie die katastrophalen Auswirkungen besagter Verhältnisse reversibel gemacht werden können." (Kossak 1991)

Das von ihm geforderte verkehrspolitische Leitbild, die konkreten normativen verkehrspolitischen Ziele und das entsprechende Instrumentarium scheinen angesichts der vor allem auf den Ausbau der Straßeninfrastruktur zielenden, alles überlagernden 'Beschleunigungs'-Debatte allerdings gegenwärtig nicht als politische Aufgabe erkannt zu werden.

Zudem ist bei den gegenwärtigen Planungen unter dem verständlichen Druck, alsbald die Folgen der Teilung zu überwinden, eine ausschließliche Akzentsetzung auf die Ost-West-Verbindungen festzustellen. Dabei dürfte ein guter Teil der aktuellen Verkehrsströme, die mit als Begründung für diese Orientierung angeführt werden, temporärer Natur sein: Das gilt für Pendlerverkehre, für den Nachholbedarf bei privaten Reisen und auch für Distributionsverkehre von West-Produkten, die den zusammengebrochenen Binnenversorgungsstrukturen im Osten Deutschlands zu verdanken sind. Folgerichtig wäre zumindest auch an den Infrastrukturausbau in Nord-Süd-Richtung zu denken, der strukturpolitisch für die Hinterlandverkehre der Ostseehäfen in den neuen Ländern und auch für die zukünftige Integration der östlichen und südöstlichen Nachbarländer eine große Bedeutung zukommt.

Literatur

Bretzke, W.-R. (1990): Strategische Optionen der Spedition im europäischen Binnenmarkt. Vortragsmanuskript zur Tagung 'Transport und Logistik: Neue Unternehmenskonzepte und Mitbestimmung' der Hans-Böckler-Stiftung vom 13.11.1990 in Düsseldorf.

Char, Hans-Otto (1991): Akzeptanz der Techniken und Organisationsformen des Fuhrparkmanagements bei den Arbeitnehmern. Vortrag bei der Tagung 'Fuhrparkmanagement' der Gesellschaft für Verkehrsbetriebswirtschaft und Logistik (GVB) und der Hochschule für Verkehrswesen Friedrich List, Dresden im April 1991.

Handelsblatt (1991): Handelsblatt Nr. 108/1991, vom 10.6.1991, S. 2.

Kossak, Andreas (1991), in: Deutsche Verkehrszeitung vom 13.8.1991, S. 3.

LSV (1991): Landesverband des Sächsischen Speditionsgewerbes: Konzeption zur Entwicklung des mittelständischen Transport- und Speditionsgewerbes, in: Deutsche Verkehrszeitung vom 14.6.1991, S. 3.

Treuhand-Anstalt (1991) (Hrsg.): Offizielles Firmenverzeichnis der Treuhand-Anstalt, Darmstadt.

Die Integration der ostdeutschen Landwirtschaft in den europäischen Markt

von Dirk Manegold

Die Integration der ostdeutschen Landwirtschaft in den europäischen Markt bedeutet zuerst und vor allem ihren Übergang von der sozialistischen Zentralverwaltungswirtschaft der DDR in das marktwirtschaftlich ausgerichtete[1] Wirtschaftssystem der Bundesrepublik. Das ist kein evolutorischer Prozeß, sondern die Anpassung an eine radikale und umfassende Änderung der Agrarverfassung[2] und aller wirtschaftlichen Rahmenbedingungen.

Insbesondere auf den Gebieten der rechtlichen und sozio-ökonomischen Organisation, der regionalen und betrieblichen Struktur und nicht zuletzt der Unternehmensführung sind tiefgreifende Änderungen unverzichtbar. Die ländlichen Regionen werden durch den zahlenmäßigen Rückgang der in der Landwirtschaft Beschäftigten, teilweise auch durch die Einschränkung der landwirtschaftlichen Produktion stark betroffen. Gravierende Probleme gibt es in der Vermarktung landwirtschaftlicher Erzeugnisse, wobei im Zustand der Verarbeitungsanlagen, in der Qualität der angebotenen Erzeugnisse und in der Effizienz und Marktorientierung (Marketing) der Unternehmen die größten Defizite liegen. Eine Zunahme der Agrarüberschüsse in der EG ist möglich, doch stellt dies keine besondere Verschärfung der ohnehin bestehenden, durch agrarmarktpolitische Fehlentscheidungen provozierten Marktungleichgewichte dar.

Trotz der Dringlichkeit der Veränderungen erfordert der Übergang Zeit. Und bei aller Ungeduld darf nicht verkannt werden, daß sich die

---

1 Das grundsätzlich auf funktionsfähigen Wettbewerb gegründete System ist im Agrarbereich allerdings durch Marktordnungen und vielfältige Staatseingriffe stark verzerrt.

2 Die Agrarverfassung beinhaltet "die den Landwirten und ihren Familienmitgliedern eingeräumten Verfügungs- und Handlungsrechte sowie die Koordinations- und Organisationsformen des Wirtschaftens, die sie unter Einwirkung jener Rechte und Regeln entwickelt haben" (Hagedorn 1991, S. 139).

Transformation der ostdeutschen Landwirtschaft unter Bedingungen vollzieht, denen 'im Westen' vermutlich nur wenige Landwirte gewachsen wären. Während hier schon die Belastungen der bevorstehenden Verwirklichung des einheitlichen Binnenmarktes und einer unvermeidbar gewordenen Reform der gemeinsamen Agrarpolitik gescheut und häufig genug entsprechende Anpassungen verweigert werden, wird die totale Umwandlung der ostdeutschen Landwirtschaft von marktwirtschaftlich weitgehend unerfahrenen Unternehmern verlangt, deren Risiken durch extreme Fremdkapitalbelastung, erschwerte Absatzbedingungen und eine überforderte öffentliche Verwaltung und Infrastruktur ungleich höher sind.

Integration bezeichnet sowohl den Vorgang als auch den Zustand der Eingliederung. Da die Integration der ostdeutschen Landwirtschaft in den europäischen Markt gerade erst begonnen hat, wird im folgenden ein Überblick über Ausgangssituation, politische Ziele und Maßnahmen sowie den Stand der Integration und einige aktuelle Probleme gegeben.

1. Die Ausgangslage

Die Verhältnisse im Jahre 1989 kennzeichnen hinreichend die Ausgangslage der ostdeutschen Landwirtschaft. Dabei spielen allerdings nicht nur die intrasektoralen Bedingungen eine Rolle. Zum besseren Verständnis mancher Problemzusammenhänge wird hier deshalb auch die Situation der nachgelagerten Wirtschaftsbereiche skizziert.

1.1. Landwirtschaft

In der DDR wurden 6,2 Mio. ha (BRD: 11,9 Mio. ha) landwirtschaftlich genutzt. Bei ausgedehntem Feldfutterbau standen je 1000 Einwohner 285 ha Ackerfläche zur Verfügung gegenüber 118 ha in der Bundesrepublik. Die natürlichen Produktionsbedingungen reichen von Böden höchster Ertragsfähigkeit (Börden im Raum um Magdeburg-Halle) bis zu eigentlich nicht ackerfähigen Sandflächen (in Mecklenburg-Vorpommern, Brandenburg). Teilweise ist die Höhe der Niederschläge ein begrenzender Faktor.

Unter Einbeziehung der Gesamtleistung der Landwirtschaft betrug die Flächenproduktivität etwa 80%, die Arbeitsproduktivität 45% des in Westdeutschland erreichten Niveaus (Weber 1991, S. 70). Während Getreide und Eiweißfuttermittel zur Ergänzung des Inlandsbedarfs in gewissem Umfang importiert werden mußten, war die Selbstversorgung an Kartoffeln,

Milch, Fleisch und Eiern bei durchweg hohem Pro-Kopf-Verbrauch und einigen Exportüberschüssen (West-Berlin, Osteuropa) gesichert.

Die Agrarpolitik der SED war radikal auf Autarkie (teilweise sogar auf Selbstversorgung der Bezirke und Landkreise), zentrale Wirtschaftsplanung, industriemäßige Massenproduktion und gesellschaftliches Eigentum an den Produktionsmitteln ausgerichtet (vgl. dazu u.a. von Alvensleben 1990; Balz 1990; Gollnick et al. 1990; Lambrecht 1990; Weber 1991). Ausdruck dieser Politik waren:

- eine extreme Konzentration der landwirtschaftlichen Nutzflächen (LN) und Tierbestände auf wenige Großbetriebe bei gleichzeitig strikter Trennung von Pflanzen- und Tierproduktion: knapp 1.500 Pflanzenbaubetriebe bewirtschafteten 5,67 Mio. ha (92% der gesamten LN, durchschnittliche Betriebsgröße 4.500 ha) und auf ca. 3.200 nahezu landlose Betriebe war, wenn man von den in privaten Hauswirtschaften gehaltenen Nutztieren absieht, die gesamte Viehhaltung und tierische Produktion konzentriert;
- eine nahezu vollständige Vergesellschaftung der Produktionsgrundlagen: 465 volkseigenen Gütern (VEG) standen 4.105 landwirtschaftliche bzw. gärtnerische Produktionsgenossenschaften (LPG, GPG) gegenüber und von den 825.200 in der Landwirtschaft Tätigen waren gut 11% in den VEG, ca. 86% (als sog. Genossenschaftsbauern/bäuerinnen) in den LPG/GPG beschäftigt;
- eine von natürlichen Standortbedingungen weitgehend losgelöste, regional wenig spezialisierte Agrarproduktion, deren Vorteile (vielfältige Akkernutzung, regional gleichmäßige Verteilung der Viehbestände) jedoch insgesamt mit Ertragseinbußen verbunden und oft durch lokale Mißstände (Grünlandumbruch, Massentierhaltung) und umweltschädliche Techniken zunichte gemacht wurden;
- eine stark verbreitete Mißachtung grundlegender Belange der Umwelt (bei baulichen Maßnahmen, Maschineneinsatz, Ausbringung von Dünge- und Pflanzenschutzmitteln, Bewässerung etc.);
- eine häufig überdimensionierte, technologisch veraltete Gebäude- und Maschinenausstattung, die infolge unzureichender Bewilligung von Investitionen und folglich übergroßer Beanspruchung stark reparatur- bzw. ersatzbedürftig war;
- eine trotz hoher Intensitätsvorgaben niedrige Produktivität (s.o.), wobei mangelnde Sorgfalt bei der Arbeitserledigung und nicht (rechtzeitig) verfügbare Hilfsmittel oder Techniken zu den Hauptursachen des Produktivitätsdefizits zählten;
- ein selbst nach Abzug branchenfremder Tätigkeiten (in Handwerk, kulturellen und sozialen Einrichtungen) hoher Bestand an landwirtschaftli-

chen Arbeitskräften, die vergleichsweise stark spezialisiert und teilweise sogar (d.h. vor allem in der Tierproduktion) in Schichtarbeit eingesetzt waren; bei dem erreichten niedrigen Lebensstandard waren die in der Landwirtschaft Tätigen allerdings bezüglich Arbeitszeit, Urlaub, sozialen Einrichtungen etc. weitgehend den Industriearbeitern gleichgestellt.

Die wirtschaftliche Selbständigkeit der landwirtschaftlichen Betriebe bestand nur scheinbar. Zum einen waren jeweils ein Pflanzen- und mehrere Tierproduktionsbetriebe in Kooperationsräten zusammengefaßt. Zum andern war ihre Entscheidungsbefugnis durch die bei den Räten der Kreise und Bezirke liegende Leitungs- und Aufsichtsfunktion eingeengt. Grundlegende Produktions- und Investitionsentscheidungen waren ohnehin in die zentralen Volkswirtschaftspläne verlagert, Beschaffung und Absatz durch Zuweisung bzw. Liefer- und Abnahmeverpflichtungen geregelt.

Insgesamt war die wirtschaftliche Lage der Landwirtschaft im Vergleich zu anderen Wirtschaftsbereichen nur deshalb noch vergleichsweise gut, weil extrem hohe Erzeugerpreise die Erzielung ausreichender finanzieller Überschüsse ermöglichten. So lagen die Erzeugerpreise pflanzlicher Produkte durchweg doppelt, die Preise tierischer Erzeugnisse etwa dreimal so hoch wie in der Bundesrepublik[3]. Da allerdings auch die Verwendung der erwirtschafteten Überschüsse durch obligatorische Fondszuweisungen und differenzierte staatliche Abgaben weitgehend vorgeschrieben war, bestand weder individuell noch kollektiv ein besonderer Anreiz zur Leistungssteigerung. Zusätzliche Einkommen konnten von der Landbevölkerung nur durch Nutzung der individuellen Feld- und Viehwirtschaft realisiert werden - eine Möglichkeit, von der offenbar intensiv Gebrauch gemacht wurde, denn Obst, Gemüse, Fleisch, Eier stammten zu 10 bis 30%, Honig und Kaninchenfleisch zu fast 100% der inländischen Verwendung aus privater Produktion.

Bei kritischer Würdigung der Fakten war (auch in der DDR selbst) schon relativ frühzeitig erkennbar gewesen, daß das Konzept der Organisation der Landwirtschaft in Großbetrieben und die konsequente Trennung von Pflanzen- und Tierproduktion zu einem sehr kostspieligen Unterfangen wurde. Trotz intensiver Bemühungen der SED um eine 'Vervollkommnung' der Lenkung und Leitung der Landwirtschaft durch die Räte der Kreise und Bezirke sowie um eine 'höhere Effektivität' der Umsetzung wissenschaftlich-technischer Fortschritte konnte die anhaltende Stagnation der wirtschaftlichen Leistungsfähigkeit der Landwirtschaft in den achtziger

3 Dabei ist zu bemerken, daß in der DDR gleichzeitig zur Verbilligung der Grundnahrungsmittel Verbraucherpreissubventionen von 32 Mrd. Mark jährlich erforderlich waren.

Jahren aber nicht überwunden werden. Nach Adolf Weber (1991, S. 67) hätte somit auch ohne die politische Wende eine grundlegende Neuorientierung der DDR-Agrarpolitik erfolgen müssen.

1.2. Ernährungsindustrie

Der Bereich der gewerblichen Nahrungsmittelverarbeitung unterstand in der DDR drei Ministerien. Für die Bereiche der Getreide-, Milch-, Fleisch- und Geflügelwirtschaft, die Zucker- und Stärkeindustrie sowie die Kühl- und Lagerwirtschaft war das Ministerium für Land-, Forst- und Nahrungsgüterwirtschaft verantwortlich. Die Verarbeitungsbetriebe der Produktlinie Obst-Gemüse-Speisekartoffeln sowie diejenigen des Verbandes der Konsumgenossenschaften unterstanden dem Ministerium für Handel und Versorgung. Alle übrigen Zweige der Nahrungs- und Genußmittelindustrie lagen im Aufgabenbereich des Ministeriums für bezirksgeleitete und Lebensmittelindustrie. Zu den Fachabteilungen der Räte der Bezirke und Kreise bestanden vor allem zum Zweck der Koordination und Plankontrolle enge Kontakte. Die wirtschaftlichen Beziehungen zwischen den Produktions- und Verarbeitungsbetrieben landwirtschaftlicher Erzeugnisse waren auf der Grundlage volkswirtschaftlicher Planvorgaben und kreis- bzw. bezirklicher Abstimmung durch bilaterale Liefer- und Abnahmeverträge geregelt.

Bedingt durch jahrelang völlig unzureichende Neu- und Ersatzinvestitionen war das gesamte Ernährungsgewerbe Ende 1989 in einer äußerst schlechten Verfassung (vgl. Lorenz et al. 1990, S. 17):

- infolge der Überalterung der Produktionsanlagen waren die Anforderungen an Produktionssicherheit und Hygiene in den letzten Jahren immer schwieriger und z.T. nur unter erschwerten Arbeitsbedingungen zu erfüllen;
- unzureichende Verarbeitungskapazitäten verringerten die Möglichkeiten der Produktvariation;
- fehlende bzw. überalterte Transportmittel sowie knappe Kühlkapazitäten wirkten sich nachteilig auf die Qualität und Haltbarkeit der Produkte aus;
- unbefriedigende Rohstoffqualität und unzeitgemäße Verpackung erschwerten die Produktion und Präsentation von Qualitätserzeugnissen;
- Unregelmäßigkeiten in der Bereitstellung von Rohware, Verpackungsmaterial, Hilfs- und Zusatzstoffen sowie Maschinenausfälle und Lücken in den Produktionslinien verursachten häufig Störungen im Betriebsablauf.

Zu diesen materiellen Mängeln kamen die der sozialistischen Planwirtschaft hinzu:

- die systematische Ausschaltung von Wettbewerb und Leistungsbereitschaft durch die allgemeine Bürokratisierung der Wirtschaft, die Festschreibung der Unternehmensstrukturen und der Entzug betrieblicher Gewinne über fiskalische Abgaben;
- der Verlust jeden Maßes für Güterknappheit und -wert durch die Aufhebung normaler Markt- und Preisfunktionen bzw. deren Ersatz durch eine auf Tausch, 'Beziehungen' oder 'Eigenbau' gegründete Beschaffungsökonomie;
- die Behinderung von Produktinnovationen durch staatliche Kalkulationsvorschriften und bürokratische Preisantragsverfahren.

Ungeachtet der genannten Schwierigkeiten war die Grundversorgung der Bevölkerung mit Nahrungsmitteln immer gesichert, quantitativ auf einem international hohen Niveau, qualitativ aber in höchst unbefriedigender Weise. Insbesondere anspruchsvollere Frischwaren (Molkereiprodukte, Fisch, Obst, Gemüse) sowie importierte Nahrungs- und Genußmittel (Südfrüchte, Gewürze, Wein) waren durchweg knapp oder nur zeitweilig verfügbar. Der Einsatz von Ersatzstoffen war in der Lebensmittelindustrie weit verbreitet.

1.3. Produktion und Verbrauch landwirtschaftlicher Erzeugnisse

Unter den in der DDR herrschenden Bedingungen war das Acker/Grünland-Verhältnis (3,7 : 1) deutlich zugunsten der Ackernutzung verschoben (BRD 1,6 : 1). In Relation zur gesamten landwirtschaftlichen Nutzfläche war die Ausdehnung des Getreidebaus mit knapp 40% jedoch ebenso groß wie in der Bundesrepublik. Weizen und Gerste waren mit Produktionsanteilen von 30 bzw. 33% (BRD: 47 bzw. 30%) die wichtigsten Getreidearten. Schon allein aufgrund der Verbreitung leichter Sandböden kam dem Anbau von Roggen (etwa ein Viertel der Getreideernte gegenüber 6-7% in der Bundesrepublik) größere Bedeutung zu. Insgesamt lag das Ertragsniveau für Getreide um 15-20% unter dem der Bundesrepublik.

Die Gesamterzeugung von 10-11 Mio. t Getreide deckte nicht ganz den Inlandsbedarf. Während der Pro-Kopf-Verbrauch an Brotgetreide durch (preislich vorteilhafte) Verfütterung von Brot überhöht war, ergab sich auch in der regulären Veredlungsproduktion durch schlechte Verwertung, ungenügende Eiweißfuttermittel sowie infolge hoher Schlachtgewichte ein erhöhter Bedarf an Futtergetreide.

Große Bedeutung hatte in der DDR der Anbau von Kartoffeln. Mit rund 450.000 ha erreichte die Anbaufläche das 3,5-fache der in der Bundesrepublik mit Kartoffeln bestellten Fläche. Infolge großer Ertragsunterschiede belief sich das Verhältnis der Erntemengen jedoch nur auf 1,3 : 1. Mit 155 kg war der Kartoffelverbrauch je Kopf in der DDR gut doppelt so hoch wie in der Bundesrepublik. Der Hauptteil der Ernte wurde aber nicht für Speisezwecke (25%) sondern als Futterkartoffeln (60%) verwendet.

Die Erzeugung von Zuckerrüben erreichte etwa zwei Fünftel der westdeutschen Erntemenge. Wegen des niedrigeren Ertragsniveaus war dazu aber mehr als die Hälfte des in der Bundesrepublik üblichen Anbauumfangs erforderlich. Durch die Verfütterung von Zuckerrüben, hohe Ernte- und Lagerverluste sowie geringe Zuckerausbeute wurde je Hektar Anbaufläche weitaus weniger Weißzucker erzeugt als in der Bundesrepublik (3,1 t/ha gegenüber 7,6 t/ha).

Bei einem Bestand von rund 2 Mio. Milchkühen belief sich die Milchanlieferung bei den Molkereien in der DDR auf 7,8 Mio. t jährlich. Der Selbstversorgungsgrad betrug 118%. Während jedoch bei Trinkmilch und Butter hohe Verbrauchsniveaus bestanden, war der Verbrauch von Käse und Frischmilcherzeugnissen qualitäts- und angebotsbedingt gedrückt.

Ebenso wie die Milchproduktion war die Erzeugung von Fleisch dem regionalen Bedarf angepaßt. Sowohl der Futteraufwand als auch die Fleischleistung je Bestandstier lagen deutlich unter westlichem Niveau. Während der Pro-Kopf-Verbrauch an Rindfleisch in Ost- und Westdeutschland auf gleichem Niveau lag (ca. 23 kg/Kopf und Jahr), übertraf der Pro-Kopf-Verbrauch an Schweinefleisch in der DDR mit rund 75 kg den in Westdeutschland um etwa 25%. Rund 10% der Fleischerzeugung der DDR wurde exportiert.

2. Politische Ziele und Maßnahmen

Angesichts der Beispiellosigkeit der durch die Vereinigung Deutschlands entstandenen Aufgaben verwundert es nicht, daß auch im Agrarbereich im Zuge der Entwicklung wechselnde Ziele verfolgt bzw. mit unterschiedlicher Priorität angestrebt wurden. Zumindest 1990 war dies außerdem durch die fortschreitende Verlagerung der Entscheidungskompetenz auf die Bundesregierung bedingt.

Unmittelbar nach Errichtung der deutschen Wirtschafts-, Sozial- und Währungsunion (1. Juli 1990) war zunächst noch versucht worden, in Ostdeutschland eigene Agrarmarktordnungen aufzubauen und die Agrarpreise schrittweise an das Niveau der europäischen Gemeinschaft heranzuführen. Dieses Ziel mußte indessen bald aufgegeben werden, weil es sich bei offenen Grenzen als unmöglich erwies, die Warenbewegungen in dem dazu erforderlichen Umfang zu kontrollieren.

Das zunehmende Angebot attraktiv erscheinender Westwaren und die emotional übersteigerte Kaufzurückhaltung der Verbraucher gegenüber Ostprodukten führten im Lebensmittelhandel schnell zur Kündigung bestehender Abnahmeverpflichtungen. Der dadurch einsetzende Rückstau von Fertigware bei den Verarbeitern konnte wegen der fehlenden Akzeptanz der Produkte auch über westliche Handelsketten nicht abgebaut werden, so daß der Stau schnell bis in die Landwirtschaft zurückreichte. Der dadurch ausgelöste Verfall der Erzeugerpreise erzwang bereits ab August 1990 massive Stützungskäufe, die mit Billigung der Gemeinschaft, jedoch zu Lasten des nationalen Haushalts durchgeführt wurden und durch die insbesondere Fleisch, Butter und Getreide zu stark reduzierten Preisen der Sowjetunion und Rumänien zur Verfügung gestellt wurden.

Mit dem Beitritt der fünf ostdeutschen Länder zur Bundesrepublik (3. Oktober 1990) änderte sich noch nicht die prekäre Lage auf den Agrarmärkten, das Gebiet der ehemaligen DDR wurde jedoch Teil der Europäischen Gemeinschaft und auf diese Weise ohne Übergang in die gemeinsame Agrarpolitik einbezogen. Seitdem ist die ostdeutsche Landwirtschaft grundsätzlich den gleichen agrarpolitischen Regeln unterworfen wie die westdeutsche. Änderungen der bestehenden Vorschriften waren kaum erforderlich[4]. Trotz der damit verbundenen Protektion implizierte dies jedoch wegen des extrem hohen Ausgangsniveaus der Erzeugerpreise Produktpreissenkungen um 50-70%. Die Erzeuger gerieten unter einen enormen Druck, sich innerhalb kürzester Frist den in der EG herrschenden politischen, administrativen und wirtschaftlichen Verhältnissen anzupassen.

Zur Überwindung der durch Preisbruch und Absatzprobleme bedingten akuten Zahlungsschwierigkeiten sind den landwirtschaftlichen Betrieben umfangreiche Liquiditätshilfen zugeflossen (1990: 2,88 Mrd. DM, 1991: 1,2 Mrd. DM). Der Kapitaldienst für Altschulden wurde ausgesetzt, um währenddessen eine Entschuldung vorbereiten zu können[5]. Gemeinsames

---

4 Die Festsetzung besonderer Produktionsquoten für Zucker und Milch und die Anpassung gewisser Regelmechanismen gehörten schon zu den wichtigsten Änderungen der EG-Agrarmarktpolitik. Eine Zusammenstellung der insgesamt erforderlichen Maßnahmen hat die EG-Kommission (1990, S. 87ff.) gegeben.

5 Die Bedeutung des Problems geht aus folgenden Angaben hervor: Nach dem Stand von Mitte 1991 werden die Altschulden der LPGen, denen vielfach politisch gewollte, betriebswirtschaftlich völlig unrentable Investitionen zugrunde liegen, auf insgesamt 7-7,5 Mrd. DM geschätzt. Zum gleichen Zeitpunkt lagen der Treuhandanstalt ca. 3.200 Entschuldungsanträge über eine

Ziel dieser Maßnahmen ist jedoch nicht die Sicherung der Überlebensfähigkeit der LPGen, sondern die Schaffung erträglicher Verhältnisse für deren Entflechtung und die Neuordnung der Eigentumsverhältnisse.

Die ordnungsgemäße Auflösung, Teilung oder Zusammenführung von landwirtschaftlichen Produktionsgenossenschaften und kooperativen Einrichtungen und die Schaffung wettbewerbsfähiger Produktionseinheiten durch Umformung oder Neugründung auf der Grundlage individueller Verfügungsgewalt über das landwirtschaftliche Produktivkapital ist das politische Hauptziel. Dabei soll nach Bekunden der Bundesregierung eine Vielfalt der Betriebsgrößen, Rechts- und Organisationsformen chancengleich nebeneinander entstehen können. Von der Restitution früherer Eigentumsrechte ausdrücklich ausgenommen bleibt (gemäß Einigungsvertrag und Rechtsprechung) das zwischen 1945 und 1949 enteignete Vermögen, welches jedoch unter noch festzulegenden Bedingungen entschädigt oder von den früheren Besitzern zurückgekauft werden kann.

Gezielte Hilfsprogramme der Bundesregierung sollen die Reprivatisierung der ostdeutschen Landwirtschaft erleichtern. Gleichzeitig zeigt sich aber, daß die Probleme der ostdeutschen Landwirtschaft viel zu eng mit denen ihres wirtschaftlichen Umfeldes verknüpft sind, als daß sie isoliert mit den Mitteln der Agrarpolitik angegangen werden könnten. Neben der umfassenden Neustrukturierung der Landwirtschaft liegen die Hauptprobleme in dem gerade in den ländlichen Regionen Ostdeutschlands besonders spürbaren Mangel an außerlandwirtschaftlichen Arbeitsplätzen, in den noch völlig unzureichenden Handels- und Verarbeitungskapazitäten für landwirtschaftliche Erzeugnisse sowie in der unterentwickelten Infrastruktur (Verkehr, Kommunikation) und öffentlichen Verwaltung.

Zur Wiedereinrichtung bzw. Modernisierung noch bestehender bäuerlicher Betriebe können Investitionen im Rahmen des in Westdeutschland schon länger angebotenen einzelbetrieblichen Förderprogramms erleichtert werden. Generell vorausgesetzt wird hierbei die Vorlage eines Wiedereinrichtungs- bzw. Modernisierungsplans und die Verpflichtung, eine ordnungsgemäße betriebswirtschaftliche Buchführung zu betreiben. Außerdem muß der Betriebsinhaber eine ausreichende berufliche Qualifikation nachweisen. Für die einzelnen Produktionszweige sehen die Förderungsrichtlinien spezielle Ausschluß-Kriterien vor:

- Milcherzeugung: förderungsfähig sind nur Investitionen im Rahmen einer vorhandenen Milchquote sowie für maximal 40 Kühe je Arbeitskraft bzw. 60 Kühe je Betrieb;

Summe von 6,9 Mrd. DM vor. Damit betrugen die Forderungen etwa das Fünffache der zur Ablösung verfügbaren Mittel (1,4 Mrd. DM).

- Rindfleischerzeugung: nur im Rahmen von höchstens 3 Großvieheinheiten je Hektar Futterfläche;
- Schweinehaltung: maximal 300 Mastplätze je Betrieb förderungsfähig, keine Förderung von Betrieben mit mehr als 800 Mastplätzen; mindestens 35 v.H. der für die Schweine eingesetzten Futtermittel müssen im Betrieb erzeugt werden können;
- Geflügelfleisch- und Eiererzeugung: förderungsfähig sind nur dem Umwelt- bzw. dem Tierschutz dienende Anlagen;
- eine Förderung der Viehhaltung erfolgt nur, wenn eine sechsmonatige Lagerung des anfallenden Wirtschaftsdüngers möglich ist.

Speziell für in Ostdeutschland entstehende Haupterwerbsbetriebe (Nebenerwerbsbetriebe werden auf niedrigerem Niveau gefördert) sind neben einer frei verwendbaren, nicht rückzahlbaren Starthilfe von 23.500 DM folgende Investitionshilfen vorgesehen:

- Zinsverbilligung um bis zu 5% für max. 300.000 DM Kapitalmarktdarlehen bei einer Laufzeit von 10 Jahren (20 Jahre für Immobilien);
- öffentliche Darlehen bei 1% Zinsen und 3,5% Tilgung für die Wiedereinrichtung bis zu 160.000 DM bzw. für die Modernisierung bis zu 50.000 DM;
- anstelle der Zinsverbilligung kann auch ein einmaliger Zuschuß von maximal 40.000 DM in Anspruch genommen werden, wobei die Höhe des Zuschusses nach Art der Investition variiert.

Bei allen Förderungsmaßnahmen müssen mindestens 10% der förderungsfähigen Kosten durch Eigenleistungen gedeckt sein.

Grundsätzlich ähnliche Förderungsbedingungen gelten auch für Investitionen bestehender LPGen, die zur Rationalisierung und Marktanpassung bzw. zum Schutz der Umwelt oder der gehaltenen Tiere vorgenommen werden. Hierbei ist der förderungsfähige Investitionsumfang auf 2,5 Mio. DM je Unternehmen begrenzt.

Bezüglich der sozialen Sicherheit ist bereits am 1. Juli 1990 die frühere Einheitsversicherung durch das in der Bundesrepublik bestehende gegliederte System der Sozialversicherung (Renten-, Kranken-, Unfall- und Arbeitslosenversicherung) ersetzt worden. Zur Vermeidung eventueller versicherungsloser Zeiten wird das bisherige System allerdings bis zum Aufbau neuer Versicherungen fortgeführt. Obwohl in der Bundesrepublik alle Personen, die eine selbständige Tätigkeit ausüben, bei Nachweis eines anderweitigen Versicherungsschutzes grundsätzlich von der Mitgliedschaft in der gesetzlichen Renten- und Krankenversicherung befreit sind, wird dieses Prinzip (zunächst) für die Landwirte und LPG-Mitglieder in den östlichen

Bundesländern nicht gelten. Seit dem 1.1.1991 besteht ein gesondertes System der landwirtschaftlichen Unfall- und Krankenversicherung.

Die von der EG-Kommission für Ostdeutschland ursprünglich vorgesehene Zuckerquote von 870.000 t (darunter 30,8% B-Quote) ist infolge des Widerstandes einiger Mitgliedstaaten auf 847.000 t verringert worden. Das ist immer noch deutlich mehr als der langjährige Zuckerverbrauch in der DDR von rund 740.000 t. Bei einer Angleichung des Pro-Kopf-Verbrauchs an das niedrigere westdeutsche Niveau könnte sich sogar ein Überschuß von 250.000 t Quotenzucker pro Jahr ergeben, der mit Hilfe von Exporterstattungen (finanziert aus dem Aufkommen der Produktionsabgaben) außerhalb der Gemeinschaft abzusetzen wäre.

Bei der Festsetzung der Milchquote auf ca. 6,3 Mio. t wurde eine Verringerung der Milchproduktion um 20% zugrunde gelegt, weitere 10% sollen zunächst reserviert werden, um bei der Umstrukturierung der Produktion Sonderzuteilungen vornehmen zu können. Die Verteilung der Quoten soll grundsätzlich nach der Höhe der Milch- bzw. Zuckerproduktion von 1989 erfolgen, wobei neuentstehende Betriebe Anspruch auf anteilige Beteiligung an den Quoten haben.

Eine Förderung seitens der Gemeinschaft erfolgt im Rahmen der agrarpolitisch relevanten Ziele der Strukturfonds: Förderung der Entwicklung und strukturellen Anpassung der Regionen mit Entwicklungsrückstand (Ziel 1), beschleunigte Anpassung der Agrarstrukturen (Ziel 5a), Förderung der Entwicklung ländlicher Gebiete (Ziel 5b). Speziell für diese Förderungsmaßnahmen ist eine Mittelaufstockung der Strukturfonds um 3 Mrd. ECU vorgesehen.

3. Stand der Integration und aktuelle Probleme

Voraussetzung der Integration der ostdeutschen Landwirtschaft in den europäischen Markt ist deren totale Umstrukturierung. Sieht man von den volkseigenen Gütern ab, deren Umwandlung von der Treuhandanstalt betrieben wird[6], und läßt die diversen Sondereinrichtungen (zwischenbetriebliche Einrichtungen, Anlagen für die industrielle Mast u.ä.) außer Betracht,

6 Die Treuhand verfügt zur Zeit über ca. 4 Mio. ha land- und forstwirtschaftliche Nutzfläche, von denen der weit überwiegende Teil privatisiert werden soll. Mit Rücksicht auf den Bodenmarkt in Ost- und Westdeutschland ist diese Aufgabe nur sehr langfristig lösbar. Es soll versucht werden, innerhalb der nächsten 15 Jahre rund 1,4 Mio. ha mit Hilfe erfahrener Landentwicklungsgesellschaften zu verwerten.

so verbleibt im wesentlichen die Umwandlung der landwirtschaftlichen Produktionsgenossenschaften. Diese steht gegenwärtig unter erheblichem Zeitdruck, weil bis Ende diesen Jahres alle LPGen aufgelöst bzw. umgewandelt sein müssen, wenn die mit Wirkung vom 1. Januar 1992 vorgesehene zwangsweise Liquidation noch bestehender LPGen vermieden werden soll.

Beim gegenwärtigen Stand der Umstrukturierung zeichnen sich folgende Tendenzen ab: Die Zahl der neu- oder wiedereingerichteten landwirtschaftlichen Familienwirtschaften (Einzelunternehmen) ist - für viele westdeutsche Agrarpolitiker enttäuschend - gering. Gesellschaften bürgerlichen Rechts spielen für Partnerschaften, die gelegentlich unter Mitwirkung von Westbürgern geschlossen werden, kaum eine Rolle, während die Form einer Kapitalgesellschaft (mitbedingt durch Steuergesetze und Subventionspraxis) fast ausschließlich für gewerbliche Nebenbetriebe landwirtschaftlicher Unternehmungen genutzt wird. Nichtaufgelöste LPGen werden - häufig nach grundlegender interner Umstrukturierung (Zusammenlegung bisher getrennter Pflanzen- und Tierproduktion, teilweise auch Neuaufteilung in Wirtschaftseinheiten überschaubarer Größe) - vorzugsweise in Form eingetragener Genossenschaften fortgeführt. Wegen unklarer Eigentumsverhältnisse, langwieriger interner Entscheidungsprozesse, der bis zum 7. Juni 1991 verzögerten Verabschiedung des Landwirtschaftsanpassungsgesetzes sowie einer starken Überlastung der Gerichte konnten bis Mitte 1991 nur etwa 3% der anstehenden LPG-Umwandlungen rechtsgültig vollzogen werden.

Als wesentliche Voraussetzung für die unternehmensrechtliche Umgestaltung der LPGen ist die Vermögensauseinandersetzung anzusehen, für die (zugunsten der Wiedereinrichter und Betriebsneugründer) folgende Grundsätze gelten: Ausscheidende LPG-Mitglieder müssen umgehend das volle Verfügungsrecht über die ihnen gehörenden Flächen und Gebäude erhalten, wobei in sachlich begründeten Fällen gleichwertige Ersatzflächen und -gebäude zu übereignen bzw. angemessene Entschädigungen zu zahlen sind. Außerdem steht ihnen eine Abfindung gemäß dem Wert ihrer Beteiligung an der LPG zu. Abfindungsansprüche ehemaliger LPG-Mitglieder, die allein oder in Kooperation einen eigenen landwirtschaftlichen Betrieb errichten, müssen - unter Zurückstellung der daraus für die LPG bzw. deren Rechtsnachfolger entstehenden Nachteile - zumindest als Abschlagszahlung kurzfristig beglichen werden.

Der Wert der Abfindung entspricht einem bestimmten Anteil am Eigenkapital der LPG, bei dessen Ermittlung an erster Stelle die eingebrachten Inventarbeiträge (Sach- und Geldleistungen sowie vergleichbare Leistungen) in Rechnung gestellt werden. Übersteigt das Eigenkapital den Gesamtwert der eingebrachten Inventarbeiträge, so ist aus dem überschießenden Betrag eine Mindestvergütung für die langjährige unentgoltene Überlassung des Bodens und des Inventars zu berücksichtigen (2 DM je Bodenpunkt und Jahr pro Hektar bzw. 3% Zinsen jährlich). Übersteigt der überschießende Betrag die anzurechnende Mindestvergütung, so ist die Hälfte des Restbetrages auf die LPG-Mitglieder entsprechend der Dauer ihrer Tätigkeit in der LPG aufzuteilen. Die andere Hälfte verbleibt der LPG bzw. deren Rechtsnachfolger. Reicht das Eigenkapital der LPG zur Deckung der Inventarbeiträge bzw. der Pacht- und Zinszahlungen nicht aus, so erfolgt eine anteilige Kürzung der jeweils betroffenen Zahlungen. Die nicht gedeckten Ansprüche bleiben unberücksichtigt[7].

Obwohl in der gegenwärtigen Umstrukturierung der ostdeutschen Landwirtschaft die große Chance liegt, wettbewerbsfähige Betriebsgrößen zu schaffen, ist bei der Wiedereinrichtung von Familienwirtschaften eher die Tendenz zu beobachten, daß die Betriebe gegenüber dem Stand vor der Kollektivierung kaum ausgeweitet werden. Bei solcher Selbstbescheidung (Beschränkung auf 20-30 ha LN, Inanspruchnahme nur der angebotenen Starthilfe; weitgehender Verzicht auf Beratung, Flächenzupacht und günstige Investitionskredite) erscheint ein späteres Scheitern vorprogrammiert, erfordert doch die Auslastung einer Arbeitskraft im landwirtschaftlichen Haupterwerb im allgemeinen mindestens das Fünffache der genannten Fläche.

Lediglich in Regionen mit besonders günstigen natürlichen Produktionsbedingungen überwiegt die Tendenz, die Betriebsgröße durch Flächenzukauf und -pacht bis an die Grenze des arbeitswirtschaftlich und finanziell Tragbaren auszuweiten. Landwirtschaftliche Betriebe von mehreren Hundert Hektar Größe sind hier keine Seltenheit, doch stößt ihre Entstehung bei Agrarpolitikern des Bundes und der Länder keineswegs auf ungeteilte Zustimmung.

Kritiker einer solchen 'ungesunden' Entwicklung verweisen auf angeblich drohende Gefahren sowohl für den sozialen Frieden im Lande als auch für die Umwelt. Abgesehen von der höchst zweifelhaften Berechtigung solcher Befürchtungen ist dem jedoch entgegenzuhalten, daß die Schaffung

7 Mit guten Böden und reichlich Vieh ausgestattete LPGen können die gesetzlichen Vorschriften zur Abfindung ausscheidender Mitglieder vermutlich problemlos erfüllen. Unter Veräußerung ihrer Viehbestände können sie sich zu reinen Ackerbaubetrieben entwickeln. Die Verringerung der regionalen Viehdichte hat jedoch unmittelbar Rückwirkungen auf die Wettbewerbsfähigkeit der Fleisch und Milch verarbeitenden Unternehmen, und deren Entwicklung kann die übrigen Veredlungsbetriebe in derselben Region deutlich beeinträchtigen (Steffen 1991, S. 166).

wettbewerbsfähiger landwirtschaftlicher Betriebe mit vorherrschender Familienarbeitsverfassung ein wichtiges agrarpolitisches Ziel der Bundesregierung ist und eine dem technischen Entwicklungsstand und der betrieblichen Arbeitskapazität entsprechende Dimensionierung der Nutzfläche und der Viehbestände zwingend erforderlich macht. Wo allerdings ein 'Ausverkauf der besseren Flächen und Objekte' an Westbürger stattfindet und einheimische Mitbewerber auf sogenannte Problemfälle abgedrängt werden, könnte eine gewisse Bevorzugung einheimischer Landwirte (verbunden mit intensiver Beratung) berechtigt sein.

Die Zurückhaltung ehemals selbständiger Bauern und deren Nachkommen bei der Gründung eigener landwirtschaftlicher Betriebe ist in mancher Hinsicht verständlich. Ein Grund liegt sicherlich in der langjährigen Beschränkung der LPG-Mitglieder auf spezielle produktionstechnische Tätigkeiten und in dem Fehlen umfassender betriebs- und marktwirtschaftlicher Kenntnisse. Angesichts bisher nicht unter Beweis gestellter unternehmerischer Fähigkeiten werden die Risiken der Unternehmensführung zumal bei großer Kapitalbelastung[8] subjektiv natürlich besonders hoch bewertet.

Weitere Ursachen können in dem bei unreflektierter Betrachtung entmutigenden Bild der westdeutschen Landwirtschaft, in den (vor dem Hintergrund von GATT-Verhandlungen und Reformbestrebungen) längerfristig eher begrenzten Möglichkeiten der EG-Agrarmarktpolitik sowie in den zunehmenden umweltpolitischen Restriktionen für landwirtschaftliche Produzenten gesehen werden. Dabei mag bezüglich der Situation der westdeutschen Landwirtschaft vor allem die Tatsache abschrecken, daß dort die Zahl der Vollerwerbsbetriebe um jährlich ca. 10.000 Einheiten oder 2,5% abnimmt und etwa ein Drittel des jeweiligen Bestandes regelmäßig Verlust macht[9], während ein weiteres Drittel nicht in der Lage ist, das betriebsnotwendige Eigenkapital zu bilden. Daß diese Fakten weitgehend strukturbedingt sind und gut geführte Betriebe bei ausreichender Faktorausstattung (im erfolgreichen Drittel aller Vollerwerbsbetriebe) sehr wohl prosperieren konnten, wird demgegenüber offenbar zu wenig beachtet.

Bei den eingetragenen Genossenschaften als quasi natürlichen Rechtsnachfolgern der LPGen liegt die langfristige Perspektive nicht unbedingt im Bereich eigener landwirtschaftlicher Produktionstätigkeit. Hier dürfte es

8 Bei überschlägigen Rechnungen wird bereits für die technische Ausstattung relativ einfach strukturierter Ackerbaubetriebe bei ca. 200 ha Größe ein Kapitalbedarf von ca. 3.000 DM/ha zugrundegelegt.

9 Dank hoher Bodenpreise können auslaufende Betriebe trotz anhaltendem Substanzverzehr oft jahrelang existieren. Bei einem Verzicht auf volle Deckung der Fixkosten besteht sogar eine bedingte Wettbewerbsfähigkeit.

auf längere Sicht eher Schwierigkeiten geben, wenn unterschiedliche wirtschaftliche Interessen der Mitglieder, die Notwendigkeit einer Verringerung der Zahl der mitarbeitenden Genossen oder eingeschränkte Möglichkeiten der Kapitalbeschaffung die ohnehin begrenzte Flexibilität des genossenschaftlichen Managements weiter beeinträchtigen.

Trotzdem werden genossenschaftliche Lösungen der Umstrukturierung insbesondere dort favorisiert, wo Einzelbetriebe und Partnerschaften (noch) nicht flächendeckend entstehen. Unmittelbare Aufgabe dieser Genossenschaften ist die Aufrechterhaltung der Produktion als Mittel zur Erhaltung von Arbeitsplätzen und Vermögenswerten. Ihre Zukunft dürfte jedoch eher darin bestehen, die ihnen zur Nutzung überlassenen bzw. eigenen Flächen und Gebäude an nach und nach entstehende Einzelbetriebe zu verpachten und für die aus den Genossenschaftsmitgliedern im Status von Landarbeitern hervorgehenden selbständigen Bauern ein attraktives Spektrum vielfältiger Dienstleistungen vorzuhalten. Die Wandlung der zunächst noch vorrangig auf Produktion ausgerichteten, eingetragenen landwirtschaftlichen Genossenschaften in Verpachtungs- und Servicegenossenschaften kann (anders als die Umwandlung in eine Kapital- oder Personengesellschaft) allmählich erfolgen und dürfte dabei vor allem im Generationswechsel der Mitglieder kräftige Impulse erfahren.

Während die Vorteilhaftigkeit einer zentralen Clearingstelle für Verpachtungen mit zunehmender Etablierung selbständiger Familienbetriebe abnehmen und ein regulärer Pachtmarkt mit direkten Pächter/Verpächter-Beziehungen entstehen dürfte, braucht das parallel dazu wachsende Dienstleistungsangebot nicht auf 'traditionelle' Funktionen beschränkt zu sein. Vielmehr bietet es sich bei entsprechendem Engagement aller Beteiligten an, Buchhaltung und Beratung, kooperative Maschinennutzung sowie koordinierte Beschaffung, Erzeugung und Vermarktung einer umfassenden Marketingstrategie unterzuordnen und durch weitere Aktivitäten zu ergänzen. Dazu gehören die Gewährleistung kontrollierter Anbau- bzw. Mastbedingungen, die Landschaftspflege und -gestaltung (wichtig im Hinblick auf eine Neuaufteilung der Schläge, ungenutzte Randflächen oder brachfallende ertragsarme Böden) und - möglichst in Zusammenarbeit mit anerkannten Umweltgruppen der Region - besondere Aktivitäten im praktischen Umweltschutz sowie (wenn dies im Einzelfall sinnvoll erscheint) im Tourismus- und Freizeitbereich. Für Planung und Durchsetzung solcher Konzepte ergibt sich geradezu zwingend die Forderung nach einer Ergänzung durch intensive Öffentlichkeitsarbeit nach innen und außen, um sowohl die Leistungen als auch die Erträge der Anstrengungen durch allseitige Anerkennung abzusichern.

Mit der Änderung der Rechtsform und der Reprivatisierung des Grund- und Anlagevermögens eng verbunden sind der Wandel der Arbeitsverfassung und der Produktions- und Vermarktungsstruktur. Selbständige Landwirte und mithelfende Familienangehörige, Manager und Lohnarbeiter werden die Arbeitsverfassung der ostdeutschen Landwirtschaft künftig in dem Maße kennzeichnen wie sich die Betriebe nach Unternehmensform, Größe und Erwerbscharakter differenzieren. Der Anteil flächenreicher und viehstarker Betriebe sowie die wirtschaftliche Bedeutung von Pacht und Kooperation werden vermutlich weitaus größer sein und bleiben als in jedem westlichen Bundesland.

Die Produktionsstruktur ganzer Regionen ändert sich nach Wegfall zentraler Planvorgaben und kleinräumiger Autarkiebestrebungen entsprechend den relativen Vorzügen der Standorte für die Produktion unterschiedlicher Erzeugnisse sowie aufgrund der drastisch veränderten Preisrelationen. Außerdem dürfte ein großer Teil der ertragsärmeren Flächen entweder ganz aus der landwirtschaftlichen Nutzung herausgenommen oder durch großflächige extensive Weidewirtschaft genutzt werden. Bei der regionalen Konzentration der ertragsärmeren Böden auf Mecklenburg-Vorpommern und Brandenburg sowie auf die Mittelgebirgslagen im Süden und einem vorsichtig auf 1-1,5 Mio. ha veranschlagten Gesamtumfang werden Auswirkungen auf die regionale Wirtschaftsstruktur und Bevölkerungsdichte nicht zu vermeiden sein.

Bezüglich der Produktion einzelner Erzeugnisse wird bei Getreide, Ölsaaten und Hülsenfrüchten mit einem steigenden Angebot gerechnet. Vor allem infolge von Flächenstillegung bzw. Umwidmung ertragsarmer Anbauflächen dürfte der Roggenanbau allerdings eingeschränkt werden. Parallel zur Produktionsausweitung dürfte die Inlandsverwendung von Brot- und Futtergetreide zurückgehen, so daß insgesamt die Überschüsse zunehmen werden. Aufgrund steigender Hektarerträge werden für die Produktion von Kartoffeln und Zuckerrüben weniger Flächen benötigt. Außerdem ist mit stark rückläufigem Bedarf an Speise- und Futterkartoffeln zu rechnen.

Bei tierischen Erzeugnissen ist zunächst von einer drastischen Verringerung der Viehbestände auszugehen, deren Ursachen teils in der Höhe der Milchquote (−30% gegenüber der Produktion von 1989), teils in der prekären Absatzsituation und der Umstrukturierung der landwirtschaftlichen Betriebe zu sehen sind. Auch der Pro-Kopf-Verbrauch von Fleisch dürfte abnehmen. Inwieweit Umschichtungen und Verbrauchssteigerungen bei Milcherzeugnissen der ostdeutschen Landwirtschaft zugute kommen und nicht aus der Zufuhr westlicher Produkte gespeist werden, ist eine Frage, die sich weitgehend im Verarbeitungssektor entscheidet.

Ganz erhebliche Schwierigkeiten für das Entstehen einer wettbewerbsfähigen Landwirtschaft resultieren schließlich aus dem fast völligen Fehlen leistungsfähiger Verarbeitungsunternehmen. Während im Bereich der Getreidewirtschaft noch relativ brauchbare Produktionsanlagen (Mühlen, Mischfutterwerke) vorhanden sind und Lagerkapazitäten relativ schnell ergänzt werden konnten, steht die ostdeutsche Zuckerindustrie nach Übernahme durch fünf westliche (vier deutsche, eine dänische) Firmengruppen vor einem völligen Neuaufbau (Investitionssumme voraussichtlich 3-4 Mrd. DM).

Bei Milch und Fleisch ist die Situation weitaus schlimmer. Die Aufrechterhaltung eines Mindestbestandes von Molkereien, Schlacht- und Fleischverarbeitungsanlagen ist für die Landwirtschaft absolut notwendig, obwohl deren technische Ausrüstung den westlichen Anforderungen bei weitem nicht genügt. Angesichts der Ungewißheit bezüglich des Ausmaßes der in der Landwirtschaft bevorstehenden regionalen Produktionseinschränkung und -verlagerung hält sich jedoch auch das Engagement im Grunde investitionsbereiter Westfirmen in Grenzen. So sind bisher offenbar erst an wenigen Standorten vorhandene Molkereien mit (teilweise gebrauchten) Produktions- und Verpackungsanlagen ausgerüstet worden, um wenigstens bei relativ unproblematischen Standarderzeugnissen (H-Milch, Butter, Trockenmilch) Marktanteile zu halten. Zahlreiche kleine Molkereien und Schlachthöfe sind dagegen teils wegen unhaltbarer hygienischer Zustände, teils wegen zu hoher Betriebskosten geschlossen worden.

Die Qualität, Verpackung und Aufmachung der Erzeugnisse ostdeutscher Lebensmittelhersteller bedürfen noch der Verbesserung, obwohl seit der ersten Konfrontation mit westlichen Konkurrenzprodukten schon deutliche Fortschritte erzielt und auch erste Absatzerfolge verzeichnet wurden. Einheimische Erzeugnisse sind in Ostdeutschland wieder gefragt und werden von den Handelsketten zunehmend gelistet. Ostdeutsche Spezialitäten sind darüber hinaus auch dabei, sich im Westen des Bundesgebietes Märkte zu erschließen. Ohne das Engagement westdeutscher Firmen hätten diese Änderungen nicht so schnell realisiert werden können. Auch sind viele Produktionsstätten nur auf diese Weise vor dem Konkurs bewahrt worden. Gleichzeitig dürfte sich die Wettbewerbsstellung der westdeutschen Handels- und Verarbeitungsunternehmen, die durch Kooperation oder Übernahme ihre Marktposition haben ausweiten können, verbessert haben.

4. Ausblick

Für die ostdeutsche Land- und Ernährungswirtschaft ergeben sich im europäischen Binnenmarkt durchaus positive Perspektiven. Diese werden jedoch nur erschlossen, wenn schon im gegenwärtigen Prozeß der Umstrukturierung die künftige Wettbewerbsfähigkeit konsequent zum Maßstab der Unternehmensgründung gemacht wird, denn im europäischen Binnenmarkt und nach einer Reform der EG-Agrarpolitik werden diesbezüglich verschärfte Bedingungen herrschen. Aus diesem Grunde sollte auch gar nicht erst versucht werden, die Bewirtschaftung marginaler Flächen mit Hilfe staatlicher Förderung fortzusetzen, sondern eine erhebliche dauerhafte Kontraktion der Landwirtschaft bewußt eingeplant werden. Der Verzicht auf eine weitere Belastung der EG-Agrarmärkte, der Beitrag zur Landschaftsgestaltung und Ökologie sowie Nutzungsmöglichkeiten im Freizeit- und Tourismusbereich bieten dafür zusätzliche Argumente.

Generell dürfte sich ferner herausstellen, daß in der ostdeutschen Landwirtschaft (wie überall sonst unter vergleichbaren Bedingungen) infolge eines erhöhten Anteils von Lohnarbeit, Pachtflächen und Fremdkapital eine ausgeprägte Empfindlichkeit der Betriebe gegen Preis- und Ertragsschwankungen gegeben ist. Im Hinblick auf die Unternehmensführung bedeutet das eine geringere Fehlertoleranz und unterstreicht die Notwendigkeit hoher Qualifikation.

Vor allem in den ostdeutschen Bördegebieten haben ausreichend groß dimensionierte, gut geführte Ackerbaubetriebe reale Chancen, in die Spitzengruppe der EG-Landwirtschaft vorzustoßen. Gute Erfolgsaussichten dürften aber auch Betriebe anderer Standorte haben, wenn der Neuanfang für eine Kombination von Produktionsfaktoren genutzt wird, die eine weitgehende Ausschöpfung möglicher Kostenvorteile (Größeneffekte) erlaubt. Flächenärmere Familienbetriebe mögen Existenzmöglichkeiten in der Spezialisierung auf arbeitsintensive Erzeugnisse, in der alternativen Wirtschaftsweise oder Nebenerwerbslandwirtschaft finden. Solche Chancen sind allerdings stark von lokalen Bedingungen (Marktnischen, außerlandwirtschaftlichen Erwerbsmöglichkeiten) abhängig, ohne daß deshalb an die Betriebsführung und -organisation geringe Anforderungen gestellt würden.

Ob eingetragene Genossenschaften in der landwirtschaftlichen Produktion unter verschärften agrarpolitischen Rahmenbedingungen wettbewerbsfähig sein werden, wird die Zukunft zeigen. Langfristig dürfte ihre Existenz durch Trittbrettfahrer ebenso in Frage gestellt sein wie durch Mitglieder, die ihre eigenen Fähigkeiten und Leistungen in der Gemeinschaft schlecht entlohnt sehen und deshalb ausscheiden. Diese und andere Nachteile (Kapitalbeschaffung, Interessenausgleich der Mitglieder, Schwierigkeiten bei Freisetzung von Arbeitskräften) müßten durch objektive Vorteile (Management, Größenvorteile der Produktion, Beschaffung und Vermarktung etc.) zumindest kompensiert werden. Schließlich müßte wohl auch (zumindest 'im Westen') die agrarpolitische Akzeptanz von Unternehmensgröße und Unternehmensform noch wachsen.

Im Hinblick auf den Absatz bietet sich der ostdeutschen Landwirtschaft nicht nur die Versorgung der 'eigenen' Bevölkerung (einschließlich Berlins), sondern darüber hinaus auch die Lieferung von Qualitätserzeugnissen (wie z.B. Qualitätsweizen, Braugerste, Brotroggen, Speisekartoffeln, Saatgut, Gewürz- und Heilpflanzen) sowie von Verarbeitungserzeugnissen (Spezialitäten) in weitere Regionen der Gemeinschaft. Dabei und im Wettbewerb mit den Anbietern von Erzeugnissen anderer Provenienz bedarf sie der Mitwirkung leistungsfähiger Handels- und Verarbeitungsunternehmen. So scheint vielen der in Westdeutschland als Mittler zwischen Landwirtschaft und Verarbeitungsindustrie verbreitete Landhandel für Ostdeutschland wegen der Größe der landwirtschaftlichen Betriebe und der Vorteile kurzer Absatzwege entbehrlich zu sein. Beim überregionalen Absatz von Agrarerzeugnissen findet der Handel aber dennoch seine Berechtigung.

Der Export von Nahrungsmitteln in osteuropäische Länder hätte für die ostdeutsche Land- und Ernährungswirtschaft zwar gewisse Transportkostenvorteile gegenüber weiter entfernten Regionen der Gemeinschaft. Die langfristigen Interessen der Länder Osteuropas liegen aber gerade umgekehrt in der Steigerung der eigenen Agrarproduktion und der Entwicklung von Exporten in die EG, so daß ostdeutsche Lieferungen in diese Richtung zeitlich und mengenmäßig eher begrenzt sein dürften.

Literatur

Alvensleben, R. von (1990): Probleme der DDR-Landwirtschaft, in: Wirtschaftsdienst 70, S. 406-410.

Balz, M. (1990): Probleme einer Integration der DDR-Landwirtschaft in den EG-Agrarmarkt, in: ifo-Schnelldienst 43, Nr. 19, S. 9-18.

Gollnick, H./Wissing, P./Heinrich J. (1990): Die Landwirtschaft der DDR Ende der achtziger Jahre - Bestandsaufnahme und Übergang zur Marktwirtschaft. Agrarwirtschaft Sonderheft 126, Frankfurt/Main.

Hagedorn, K. (1991): Gedanken zur Transformation einer sozialistischen Agrarverfassung, in: Agrarwirtschaft 40, Nr. 5, S. 138-148.

Kommission der Europäischen Gemeinschaften (1990): Die Europäische Gemeinschaft und die deutsche Vereinigung. Bulletin der Europäischen Gemeinschaften, Beilage 4/90.

Lambrecht, H. (1990): DDR-Landwirtschaft vor erneutem Umstrukturierungsprozeß, in: DIW-Wochenbericht 57, Nr. 33, S. 468-472.

Lorenz, H.-J. et al. (1990): Die ökonomische Entwicklung der Nahrungsgüterwirtschaft in der DDR. Hochschule für Landwirtschaft und Nahrungsgüterwirtschaft 'Thomas Müntzer', Bernburg.

Manegold, D. (1990): Die Nahrungswirtschaft der DDR im Übergang zu Marktwirtschaft und Binnenmarkt, in: Landbauforschung Völkenrode 40, S. 307-323

Steffen, G. (1991): Schwerpunkte betriebswirtschaftlicher Arbeit bei der Umstrukturierung landwirtschaftlicher Unternehmen in den neuen Bundesländern, in: Agrarwirtschaft 40, Nr. 6, S. 165-166.

Weber, A. (1991): Zur Agrarpolitik in der ehemaligen SBZ/DDR. Rückblick und Ausblick, in: Merl, S./Schinke, E. (Hrsg.): Agrarwirtschaft und Agrarpolitik in der ehemaligen DDR im Umbruch. Osteuropastudien der Hochschulen des Landes Hessen Reihe I, Gießener Abhandlungen zur Agrar- und Wirtschaftsforschung des Europäischen Ostens, Bd. 178, S. 53-70.

Optionen kurzfristiger Stabilisierungspolitik in den neuen Ländern

von Ulrich Schempp

1. Systemtransformation im verengten Handlungsraum

In seinem 1961 veröffentlichten Artikel, der die Diskussion um optimale Währungsräume einleitete, arbeitete Mundell (1961) einen Tatbestand heraus, der auch im deutsch-deutschen Kontext Beachtung verdient: Angenommen, innerhalb eines Staates D mit der Währung DM verlagert sich die Güternachfrage hin zu Produkten der Region W und weg von Produkten der Region O. Herrscht in W Vollbeschäftigung, dann werden dort die Preise anziehen, während in O der Beschäftigungsgrad sinken wird. Aus der Existenz einer einheitlichen Währung für O und W folgt logisch, daß "[...] the pace of inflation is set by the willingness of central authorities to allow unemployment in deficit regions" (Mundell 1961, S. 659). Kommt einem stabilen Preisniveau eine hohe Präferenz zu, liegen die Beschäftigungskonsequenzen auf der Hand.

Andere Perspektiven eröffnen sich, wenn O eine eigene Währung und außenwirtschaftliche Souveränität besitzt. O könnte beispielsweise seine Währung abwerten oder zollpolitisch aktiv werden, um seinen Beschäftigungsproblemen zu begegnen. O könnte flankierend von W auch eine Devisenhilfe zur Umstrukturierung seiner Wirtschaft erhalten, ohne auf einen gewissen monetären und außenwirtschaftlichen Spielraum verzichten zu müssen. Überlegungen dieser Art geben einen Hintergrund ab für die vor gut einem Jahr vielfach geäußerte Skepsis hinsichtlich eines sofortigen Übergangs zu einer deutsch-deutschen Wirtschafts- und Währungsunion (Filc 1990, Necker 1990, Ohr 1990, Pohl 1990, Watrin 1990). Die Dramatik der seitherigen Entwicklung des Arbeitsmarktes in den neuen Bundesländern stützt die damals vorgebrachten Befürchtungen, und die tatsächliche Situation ist weitaus komplexer und heikler, als es das obige Beispiel von Mundell einfangen kann.

Aus stabilisierungspolitischer Sicht hat der durch den Fall der Mauer provozierte abrupte Vollzug der Wirtschafts- und Währungsunion und die nachfolgende staatsrechtliche Wiedervereinigung, verbunden mit der praktisch ohne Übergangsregelungen vollzogenen Eingliederung der einstigen DDR in die Europäische Gemeinschaft (Kuschel 1991), zwei Instrumentalbereiche zur Abfederung der mit der Transformation der ostdeutschen Wirtschaft gekoppelten Probleme auf einen Schlag vernichtet: eine eigenständige monetäre Politik im Innern (die im wesentlichen - wie so vieles - erst noch zu etablieren gewesen wäre) und die breite Palette der außenwirtschaftspolitischen Instrumente, von der Zollpolitik über die Kontingentierungspolitik bis hin zur Währungs- und Wechselkurspolitik. Das Problem der Systemtransformation wurde damit in letzter Konsequenz zu einer nationalen Aufgabe der gesamtdeutschen Regionalpolitik degradiert, die Anpassungslast also nationalisiert, von der europäisierten Komponente in Form von Mitteln des EG-Struktur- und Regionalfonds einmal abgesehen.

2. Monetärer Globalismus

Die Einführung der DM im Gebiet der früheren DDR und die entsprechende Übertragung der währungspolitischen Funktionen auf die Deutsche Bundesbank ist gleichbedeutend mit der Akzeptanz einer globalen Geldpolitik mit dem Hauptziel einer Erhaltung der Geldwertstabilität als gesamtwirtschaftlichem Fokus. Ein regionalisierter Einsatz der Geldpolitik zur Steuerung raumspezifischer Probleme wird in der Literatur aufgrund des Charakters der geldpolitischen Instrumente sowie der hohen Kapitalmarktintegration, die bezogen auf die BRD auch heute schon die neuen Bundesländer einschließt (Denning 1991), grundsätzlich ausgeschlossen (Müller/Röck 1985, S. 225; Zabel 1975, S. 13ff.).

Das heißt aber zum einen nicht, daß die global betriebene Geldpolitik völlig raumneutral wirkt, sondern nur, daß sie in aller Regel nicht gezielt raumaneutral eingesetzt werden kann. Es heißt zum anderen natürlich auch nicht, daß keine regionalen Impulse auf globale monetäre Aggregate und somit auf das Verhalten der zentralen Notenbank existieren, ergibt sich doch die gesamtwirtschaftliche Dimension aus der Summe aller regionalen Aktivitäten. Und eben letzteres macht ja auch die Aufgabe der Deutschen Bundesbank, die schon vor der deutsch-deutschen Wirtschafts- und Währungsunion diffizil genug war, jetzt nicht gerade einfacher; in diesem Zusammenhang können die überschießende Geldmengenexpansion, die auf

Hochtouren laufende Westkonjunktur, der Entsubventionierungsschub der Ostpreise, der Kostenschub der Ostlöhne und die durch die Finanzierung der Deutschen Einheit bedingte politische Inflation in Form von Erhöhungen der indirekten Steuern angeführt werden. Schon aus diesem Grunde käme die hypothetische Forderung nach einem regionsspezifischen Einsatz geldpolitischer Instrumente im Dienste der Bewältigung der Anpassungsprobleme der neuen Bundesländer einer Überforderung der Bundesbank gleich.

Eine dem Gesetzesauftrag der Währungssicherung folgende Geldpolitik muß sehr viel mehr vor dem internationalen Hintergrund gesehen werden. Im Spannungsfeld von binnenwirtschaftlichen Inflationsgefahren, der Einbindung ins Europäische Währungssystem und den Rückwirkungen von Schwankungen des DM-$-Wechselkurses muß die Bundesbank schon in ihrem eigenen Interesse als politische Institution ihre Währung attraktiv, das heißt möglichst knapp halten, damit sie von den nationalen und internationalen Geldvermögensdisponenten akzeptiert wird; eine starke Position im Währungswettbewerb stärkt die eigene Machtposition und erweitert den Handlungsspielraum (Spahn 1988).

Ohne Zweifel ist das Regime flexibler Wechselkurse gegenüber dem US-Dollar und damit gegenüber dem Währungsraum, in dem in der Vergangenheit die größten währungspolitischen Unruhen ihren Ausgangspunkt nahmen, ein wichtiger Garant für die außenwirtschaftliche Absicherung einer nationalen stabilitätsorientierten Geldmengenpolitik. Allerdings entläßt der wechselkursautomatische Ausgleich der Devisenbilanz gegenüber dem außereuropäischen Raum die Bundesbank nicht völlig aus der wechselkurspolitischen Verantwortung, etwa dann nicht, wenn die Anpassungskosten exzentrischer Kursfluktuationen unerträglich erscheinen; in der Vergangenheit wurde dies besonders offenkundig im Zusammenhang mit der Gefahr eines Inflationsimports aufgrund einer merklichen Stärkung des Dollars. Gleichwohl hat mit dem Übergang zu flexiblen Wechselkursen vor knapp 20 Jahren eine neue Ära der Geldpolitik begonnen. Die Bundesbank wurde gegenüber einem breiten Spektrum von Währungen prinzipiell von der außenwirtschaftlichen Interventionsfessel befreit, die infolge hochgradiger Integration der internationalen Kapitalmärkte zunehmend enger wurde. Damit wurde die monetaristisch-neoklassische Rollenzuweisung an die Geldpolitik, für ein stabiles Preisniveau zu sorgen, institutionell abgestützt.

Mit der Erfüllung des durch den flexiblen Wechselkurs automatisch herbeigeführten Ausgleichs der Devisenbilanz im Kontext des internationalen Zahlungsverkehrs, unter anderem mit dem besonders 'störanfälligen' Dollarraum, kann eine Erfüllung der im Gesetz zur Förderung der Stabilität und des Wachstums der Wirtschaft verankerten Zielvorstellung des Außenwirtschaftlichen Gleichgewichts assoziiert werden. Das entspricht der neoklassisch-monetaristischen Denkweise und der daraus erwachsenden Rollenverteilung auf die stabilisierungspolitischen Handlungsträger, wie sie der Sachverständigenrat zur Begutachtung der gesamtwirtschaftlichen Entwicklung seit Mitte der siebziger Jahre vertritt (Pätzold 1989, S. 179ff.); das Außenwirtschaftliche Gleichgewicht wird Vorziel für Preisniveaustabilität und der flexible Wechselkurs der Erfüllungsgehilfe.

Das impliziert zwar eine recht spezifische Einengung des Blickfeldes, ist aber vom instrumentellen Potential her gedacht nicht inkonsequent, denn infolge der Übertragung weitreichender Kompetenzen auf die Europäische Gemeinschaft und der Einbindung in die entsprechenden Integrationsbestrebungen ist der nationale außenwirtschaftliche Spielraum stark ausgehöhlt und reduziert sich im Kern tatsächlich auf die Ausgleichsfunktion des flexiblen Wechselkurses gegenüber dem Nicht-EG-Bereich. Deshalb erscheint es müßig, mit Blick auf die Übergangsprobleme der östlichen Bundesländer nach eventuellen regionsspezifischen Perspektiven im Einsatz des außenwirtschaftspolitischen Instrumentariums der deutsch-deutschen Wirtschafts- und Währungsgemeinschaft zu suchen. Die Chancen, die außenwirtschaftlichen Instrumente gezielt zur Abfederung der Transformationsphase in den neuen Ländern zu nutzen, wurde - wie schon vermerkt - mit der Volleingliederung dieser Länder in die EG vertan. Also muß die Folgerung gezogen werden, daß sich zwei der vier herkömmlichen stabilisierungspolitischen Instrumentalbereiche - nämlich die Geld- und die Außenwirtschaftspolitik - einer regionalisierten Anwendung im Dienste einer Abmilderung der mit der Strukturanpassung in den neuen Ländern einhergehenden Probleme entziehen; sie stehen in einer globalsteuernden Tradition im strengen Sinne. Mit dem Entfallen dieser beiden Optionen müssen also raumspezifische Handlungsspielräume bei den beiden verbleibenden Instrumentalbereichen der Stabilisierungspolitik, das heißt der Lohn- und der Fiskalpolitik (einschließlich der parafiskalischen Einrichtungen), ausgemacht werden.

3. Fiskalischer Regionalismus - der große Handlungsbedarf

Der Rollenzuweisung des Sachverständigenrates an die stabilisierungspolitischen Handlungsträger folgend sind die Tarifvertragsparteien im Rahmen der grundgesetzlich nach Artikel 9 (3) garantierten Tarifautonomie dafür zuständig, mit ihren Lohnabschlüssen über die entsprechend rentable Arbeitsmenge den Beschäftigungsgrad der Volkswirtschaft zu stützen. Ein Blick auf die faktische Lohnpolitik in den neuen Bundesländern offenbart, daß man dieser neoklassischen Denkweise nicht einmal sehr nahe stehen muß, um einen Arbeitsmarkt-Crash vorherzusagen. Das aber impliziert bereits eine Herausforderung für die Fiskalpolitik - allein durch den automatischen Anfall von Unterhaltszahlungen an die betroffenen Arbeitnehmer -, noch ehe ihre eigentlichen Aufgaben im Bereich der Daseins- und Wachstumsvorsorge ins Auge gefaßt sind! Dem monetären Globalismus steht also zwangsläufig ein ausgeprägter Einsatz fiskalischer Instrumente mit regionalem Zuschnitt gegenüber.

Der Fiskalpolitik obliegt in der Sachverständigenratskonzeption prinzipiell die Rolle, einen günstigen Rahmen für privatwirtschaftliche Initiative und den Wachstumsprozeß der Volkswirtschaft zu gewährleisten, insbesondere eine angemessene Versorgung mit öffentlichen Gütern sicherzustellen. Aus dem im Grundgesetz für die Bundesrepublik Deutschland geforderten Grundsatz der Gleichheit der Lebensbedingungen im gesamten Bundesgebiet (Artikel 72 Abs. 2 (3) und Artikel 106 Abs. 3 (2)) folgt angesichts des großen diesbezüglichen Nachholbedarfs in den neuen Bundesländern eine große fiskalische Regionalaufgabe.

Die Modernisierung der öffentlichen Infrastruktur, die im übrigen sehr gut mit den jüngst im ostdeutschen Kontext verstärkt propagierten arbeitsmarktentlastenden Arbeitsbeschaffungsmaßnahmen gekoppelt werden kann (Günther 1991, Engelen-Kefer 1991, Siegers 1991), wird durchweg als vordringliche Aufgabe staatlichen Handelns hervorgehoben. Das mit guten Grund, kann doch angenommen werden, daß der zweite Pfeiler der gegenwärtigen Entwicklungsstrategie für die östlichen Bundesländer allenfalls dann richtig trägt, wenn der erste schon steht. Konkret gesprochen: Solange die infrastrukturellen Bedingungen sich nicht wesentlich verbessert haben, wird der privatwirtschaftliche Investitionsschub, der durch eine entsprechende Steuer- und Subventionspolitik initiiert werden soll, sich schon allein aus diesem Grund in Grenzen halten. Das dürfte der momentane Stand der Dinge zur Jahresmitte 1991 sein.

In kurzfristiger stabilisierungspolitischer Sicht interessieren zunächst einige Nachfrageaspekte im Zusammenhang mit dem derzeit eingesetzten Instrumentarium der Infrastruktur- und Anreizpolitik; die aktuelle Programmvielfalt zeigt Klodt (1990b) auf. Etwas weiter weg vom eigentlichen regionalspezifischen Thema stellt sich die Frage der Finanzierung der Ostprogramme, genauer: die Refinanzierung der Ostfinanzierung mittels Steuererhöhungen oder Staatsverschuldung. Folgt man Presseberichten, d.h. ist die Inanspruchnahme bereitgestellter Fördermittel für investive Zwecke in den neuen Bundesländern aufgrund vielfältiger Barrieren nicht gewährleistet, dann werden steuerfinanzierte Programme einen gesamtdeutschen Nachfrageentzug auslösen, natürlich mit restriktiven Rückwirkungen auf die besonderen Problemgebiete. Mit Blick auf einen relativ ergiebigen Weltkapitalmarkt und die sich in engen Grenzen haltenden Crowding-out-Effekte schneidet aus der Nachfrageperspektive eine Verschuldungsvariante also besser ab. Eine Simulationsstudie des Deutschen Instituts für Wirtschaftsforschung (1991a) dokumentiert die deutliche Überlegenheit der Verschuldungsvariante, allerdings für den Fall der Verausgabung bereitstehender Mittel. Neben dieser globalen Nachfragesicht ist mit Blick auf den unter starkem Freisetzungsdruck stehenden ostdeutschen Arbeitsmarkt die Stimulierung von regionaler Güter- und Arbeitsnachfrage von besonderem Belang. Zu denken ist hierbei an die Kreislaufinjektionswirkungen staatlicher Infrastrukturinvestitionen, die zwecks Ankurbelung lokaler und regionaler Aktivitäten von ostdeutschen Unternehmen abgewickelt werden sollten. Das kommt - der Natur von Infrastrukturinvestitionen entsprechend - überwiegend einem von der Bauwirtschaft ausgehenden Expansionskonzept gleich; da anzunehmen ist, daß Ausrüstungsinvestitionen aus dem Westen bezogen werden, wirken auch private Investitionsaktivitäten primär über den ostdeutschen Bausektor. Damit kommt mit der Bauwirtschaft die tragende Rolle bei der Umsetzung expansiver Erstimpulse einem Sektor zu, dem das Deutsche Institut für Wirtschaftsforschung (1991b) verhältnismäßig gute Existenz- und Entwicklungsaussichten bescheinigt.

Eine rasche Stützung des regionsspezifischen Nachfrageklimas und der Massenkaufkraft in den ostdeutschen Ländern kann als eine Vorbedingung für die teilweise Erhaltung vorhandener Potentiale an Kapitalbeständen und gut ausgebildeten Arbeitskräften (Deutsches Institut für Wirtschaftsforschung 1991b, S. 126) sowie vielfältiger Verflechtungsstrukturen, verbunden mit den agglomerationstypischen Synergieeffekten, angesehen werden. Diese wiederum sind einer der Anreizfaktoren für Neuansiedlungen von Betrieben und überhaupt für investive Engagements (Heine/Walter 1990), wobei vor allem der Dienstleistungssektor mit vielen ortsgebundenen Angeboten einen guten Verstärker abgeben kann (Spahn 1991, S. 78). Eine gezielte Stimulierung der regionalen Nachfrage durch fiskalische Investitionen kann also als ein wesentlicher Faktor gesehen werden, der der frühzeitigen und unwiederbringlichen Zuschüttung von Entwicklungspotentialen entgegenwirkt; er bedarf zwar im besonderen Falle der ostdeutschen Bundesländer einer Unterstützung durch Maßnahmen, wie sie im folgenden Abschnitt propagiert werden, wirkt jedoch auch bereits für sich genommen auf vielschichtigen Wegen befruchtend auf die Wirksamkeit einer Politik der Investitionsanreize. Gerade mit Blick auf die praktizierten Formen der Anreizpolitik muß vor dem Hintergrund des Postulats der Erhaltung ausgewählter vorhandener Betriebe und Strukturen noch auf einen Tatbestand hingewiesen werden: Im Sinne einer Gleichbehandlung von vorhandenen

Unternehmen und Newcomern müssen nämlich steuerliche Vergünstigungsregelungen wie z.B. Abschreibungserleichterungen problematisiert werden, da sie nur in Abhängigkeit von existierenden Gewinnen greifen. Dadurch werden gewinnstarke Newcomer bevorzugt, was gegen eine solche Anreizgestaltung und für steuerunabhängige Subventionslösungen wie die 12%ige Investitionszulage und den bis zu 23%igen Investitionszuschuß spricht.

Bewertet man die kurzfristigen Beschäftigungswirkungen des Nachfrageschubs einer Infrastrukturoffensive in Ostdeutschland im Hinblick auf das inzwischen aufgetretene Ungleichgewicht am Ost-Arbeitsmarkt, dann hält sich die Euphorie in Grenzen - um nicht zu sagen, macht sich Ernüchterung breit. Ein im Jahre 1988 durchgeführtes hypothetisches Infrastrukturprogramm von 15 Mrd. DM hätte im Osten der Republik einen Beschäftigungseffekt von maximal 200.000 Personen bis zum Jahre 1991 erbracht, wie Berechnungen des Deutschen Instituts für Wirtschaftsforschung (1991a) zeigen. Angesichts einer in dieser Studie für 1991 im Jahresdurchschnitt geschätzten Gesamtzahl an Arbeitslosen und Kurzarbeitern von 3,2 Millionen (bei einer Erwerbstätigenzahl von 6,5 Millionen!) nehmen sich die genannten Beschäftigungswirkungen recht bescheiden aus. Zweifellos müssen sie im Kontext aller beschäftigungspolitischen Anstrengungen gesehen werden; das erprobte Instrumentarium der Arbeitsmarktpolitik in Form von Vorruhestandsregelungen, Altersübergangsgeld, Arbeitsbeschaffungsmaßnahmen und Maßnahmen der beruflichen Bildung und Weiterbildung kann zusätzlich für vielfältige Entlastung am ostdeutschen Arbeitsmarkt sorgen.

So wird für das Jahr 1991 ein Entlastungseffekt infolge von Vorruhestandsregelungen von rund 300.000 Personen angenommen, hinsichtlich Qualifizierungsmaßnahmen beläuft sich die Entlastungswirkung auf knapp 200.000 Personen und für das Altersübergangsgeld werden ca. 100.000 Personen angegeben (Autorengemeinschaft 1990, S. 464ff.). Das Programm an Arbeitsbeschaffungsmaßnahmen lief indes aufgrund einer Vielzahl von spezifischen Hindernissen (Huebner/Krafft/Ulrich 1990, S. 531ff.) nur zögerlich an und bot 1990 bis zum Jahresende nur ca. 20.000 Arbeitsplätze, soll aber 1991 auf ehrgeizige 130.000 neue Förderfälle hochgefahren werden. Arbeitsbeschaffungsmaßnahmen sind aus fiskalischer Sicht eine attraktive Form der Arbeitsmarktentlastung, da die gesamtfiskalische Belastung infolge eines hohen, oftmals nahe an 100% heranreichenden Selbstfinanzierungsgrades vergleichsweise gering ist (Bach/Kohler/Spitznagel 1986, S. 372f.; Schmid 1987, S. 102). Im Hinblick auf die besonderen Erfordernisse in den neuen Bundesländern bietet sich auf der anderen Seite eine verstärkte Kombination mit Qualifizierungskomponenten an (Siegers 1991, S. 119).

Nun darf aber nicht übersehen werden, daß alle diese genannten Maßnahmen der Arbeitsmarktpolitik einer Verschleierung der tatsächlich vorhandenen Arbeitslosigkeit dienen. Werden ihre Entlastungserfolge den Arbeitslosen- und Kurzarbeiterzahlen hinzuaddiert, dann gewinnt die Dramatik der Entwicklung des ostdeutschen Arbeitsmarktes eine neue Dimension. Die sich dahinter verbergende massive Vernichtung von Arbeitsplätzen, die sich der 50%-Marke der alten Ostarbeitsplätze nähert, sowie die wachsende fiskalische Belastungswirkung durch zunehmende Lohnersatzleistungen und die Ausgaben für Maßnahmen der Arbeitsmarktentlastung lassen es gerechtfertigt erscheinen, die Frage nach weitreichenden Überbrückungsmaßnahmen zur zeitlich befristeten Arbeitsplatz*erhaltung* zu stellen.

Zweifelsohne fällt die jüngst von der Bundesregierung prolongierte Kurzarbeitergeldregelung (mit dauerhafter Finanzierung von bis zu 100% Arbeitsausfall) in diese Maßnahmenkategorie; aber abgesehen davon, daß sie verhältnismäßig kostspielig ist, trägt diese Maßnahme nichts zur Steigerung der Rentabilität des Arbeitseinsatzes bei (Klodt 1990a, S. 18). Und gerade hier liegt das spezifische Problem des Arbeitsmarktes in den östlichen Bundesländern. Deshalb erscheinen Lohnsubventionen an Unternehmen situationsangemessener als Transfers an die betroffenen Arbeitnehmer, wobei - wie schwedische Exempel zeigen (Gruppe Politikinformationen 1980) - gerade Kurzarbeitslösungen kombiniert mit staatlich geförderten Qualifizierungsanstrengungen der Unternehmen ausgesprochen gute Ergebnisse erbringen können.

4. Fiskalischer Regionalismus - die Option der Lohnsubventionierung

Es besteht kein Zweifel: Die Lohnpolitik hat sich der kurzfristigen Aufgabe, die Systemtransformation für die Unternehmen insgesamt und für die Ost-Unternehmen im besonderen erträglich zu gestalten, entzogen; sie hat sozusagen politisch abgehoben. Die resultierende lohnpolitische Vorgabe kann im deutsch-deutschen Sonderfall hingenommen werden, impliziert aber - die antizyklische Vorbehaltsklausel bemühend - eine größere Aufgabe für die Fiskalpolitik. Die Konzeption des Sachverständigenrates sieht in Ausnahmefällen eine solche Sonderrolle für den Fiskus vor. Das darf jedoch keinesfalls als Belohnung für lohnpolitisches Fehlverhalten gedeutet werden, sondern ist vor dem Hintergrund zu sehen, daß die im gemeinsamen Wirtschaftsraum ohnehin unumgängliche Nivellierung des Lohniveaus im Sinne des 'law of one price' lohnpolitisch nur zeitlich beschleunigt vollzogen wurde, was im besonderen Kontext toleriert werden kann.

Das Wohlstandsgefälle zwischen den beiden deutschen Staaten war jahrzehntelang offenkundig und allgegenwärtig, und Abhilfe wurde politischerseits für den Fall der Wiedervereinigung in Aussicht gestellt. Aus diesem Grund kann die aus ökonomischer Sicht bemängelte überstürzte einkommenspolitische Aufholjagd letztlich nicht verübelt werden und mit Verweis auf anstehende marktliche Bereinigungsprozesse nun plötzlich ein langer, steiniger Weg verheißen werden. Die keynesianische Botschaft der langen Sicht, in der wir alle tot sind, hat hier ihre besondere Berechtigung, zumal es Marktkräfte sind, die den Ausgleich des Lohnniveaus zwischen alten und neuen Bundesländern mittragen und weiter vorantreiben (Klodt 1990b, S. 619; Spahn 1991, S. 78).

Also kann es nur darum gehen, die mit dieser Entwicklung verbundenen Risiken (Härtel 1991, S. 9f.) einzudämmen und eine sozial akzeptable Einkommensregelung im Sinne einer Übergangslösung befristet durch Teilfiskalisierung zu finanzieren, mittel- bis langfristig aber auch realwirtschaftlich abzusichern. Das bedeutet, den Produktivitätsvorgriff der Lohnpolitik im Rahmen der Einmaligkeit der Situation tatsächlich als Vorgriff zu akzeptieren und damit verbundene Kosten wenigstens teilweise und zeitweise zu sozialisieren, um nachlaufend unmittelbar entsprechende Leistungsanstrengungen einzufordern und damit eine Reprivatisierung der Kosten zu verbinden. Prinzipell haben sich die Tarifvertragsparteien auch für solche Überbrückungslösungen ausgesprochen (Engelen-Kefer 1991, S. 117).

Um die wahre Bedeutung der Lohnpolitik eruieren zu können, müssen verschiedene Facetten Beachtung finden. Es steht zum einen außer Frage, daß die völlig von der Produktivität und ihrer Entwicklung abgekoppelte Lohnpolitik rentabilitätsmindernde Effekte ins ostdeutsche Produktions- und Investitionskalkül eingebracht hat, auch wenn man konzedieren muß, daß die Produktivität nicht das Maß aller Dinge sein kann (Kalmbach 1991). Auf der anderen Seite zeigen ökonometrische Arbeiten eine wachsende Bedeutung des Kaufkraftarguments von Lohnerhöhungen in mittelfristiger Perspektive; negative Beschäftigungseffekte aus Kostensteigerungen werden durch Beschäftigungszuwächse aus Nachfragesteigerungen weitgehend ausgeglichen, manchmal sogar mehr als das (Schuster/Weiß 1991). Dieser Aspekt ist wichtig im Hinblick auf eine Nachfrageabstützung der Fortentwicklung der sozio-ökonomischen Strukturen in den neuen Bundesländern, führt aber erneut zum Überbrückungsproblem des letzten Abschnitts zurück.

Das hat folgenden Grund: An Lohnerhöhungen geknüpfte merkliche Nachfrageeffekte sind an dauerhaft höhere volkswirtschaftliche Lohnzahlungen gebunden. Wenn aber die Überlebensfähigkeit vieler ostdeutscher Betriebe durch die rentabilitätsgefährdende Entwicklung der Lohnstückkosten kurzfristig nicht mehr gewährleistet ist, werden die mittelfristig zu erwartenden absatzbelebenden Nachfragesteigerungen zum einen zu spät für diese Betriebe greifen, zum anderen müßten sie aufgrund der lediglich temporär erhöhten Lohnsumme ohnehin bescheiden ausfallen. Unter solchen Umständen ist der Kosteneffekt von Lohnerhöhungen ausschlaggebend, und die Devise muß folglich auf anderweitige Kostenentlastung für die Unternehmen lauten, so daß diesen ein Überstehen der Durststrecke bis zur Steigerung der Leistungsfähigkeit und der Belebung des Nachfrageklimas ermöglicht wird. Natürlich wird ein nicht unwesentlicher Teil der Nachfragebelebung als spill-over in den alten Bundesländern spürbar werden, dennoch sind vor allem im Dienstleistungsbereich örtliche beschäftigungsstützende Nachfrageeffekte in Ostdeutschland zu erwarten.

Die Forderung nach temporärer Kostenentlastung der ostdeutschen Unternehmen kommt der Forderung nach Abwendung einer Schocktherapie für einen Halbtoten gleich. Die Kosten-Erlös-Relation der maroden Unternehmen in den neuen Bundesländern steht sowohl unter dem strengen Weltmarktdiktat hinsichtlich der Absatzpreise der Produzenten und der finanzierungsrelevanten Zinssätze als auch unter dem nationalen Druck der Lohnnivellierung. Da die bisherigen Maßnahmen der Bundesregierung einer einseitigen Subventionierung der Kapitalbildung gleichkommen, ergo dem Druck des Weltmarktzinses entgegenwirken, erscheint es konsequent, im Sinne einer Gleichberechtigung von Arbeit und Kapital auch eine entsprechende Lohnsubventionierung als Überbrückungsmaßnahme zu fordern, um die politisch überhöhten Lohnkosten für die Unternehmen zu reduzieren (Klodt 1990a, 1990b). Dahinter steht die oben schon anklingende Idee, ein aus politischer und sozialer Sicht vertretbares Lohnniveau mit einem tragbaren Lohnkostenniveau für die Unternehmen zu verbinden.

Da eine solche Maßnahme bereits heute für viele Betriebe und ihre ehemaligen Mitarbeiter zu spät kommt, kann man angesichts der ausgeprägten Krise fragen, ob es nicht sinnvoll gewesen wäre, die Wirtschafts- und Währungsunion von Anfang an durch ein umfangreiches Programm von Lohnsubventionen abzusichern, auch wenn damals niemand die tatsächliche Lohnentwicklung voraussehen konnte. Je mehr die Arbeitslosigkeit im Osten der Bundesrepublik zunimmt und die Lohnersatzleistungen im Gesamtumfang steigen, desto mehr greift auch die Logik, wonach es - extrem formuliert - gesamtfiskalisch gesehen billiger sein kann, durch sich zum Teil selbst finanzierende Lohnsubventionen alle Arbeitnehmer in einem Beschäftigungsverhältnis zu halten, als viele davon arbeitslos werden zu lassen. Diese Idee wird offensichtlich auch in einer Studie von Akerlof und anderen Autoren verfolgt, die errechnet haben, daß Lohnkostenzuschüsse des Fiskus an ostdeutsche Unternehmen in Höhe von drei Viertel der anfallenden Lohnkosten für rund 77% der Arbeitnehmer zunächst einmal die Beschäftigung sichern können (Piper 1991); eine langfristig beschäftigungssichernde Funktion kann dann vermutet werden, wenn der Zeitgewinn während der Laufzeit des Subventionsprogramms zur Effiziensteigerung und/oder Produktionsumstellung genutzt wird. Die hochdimensionierte und unmittelbar ersichtliche Ausgabewirksamkeit derartig umfassender Subventionierungen macht verständlich, weshalb ein solcher Vorschlag beim Übergang zur Wirtschafts- und Währungsunion - also vor der Bundestagswahl - nicht auf politische Gegenliebe gestoßen wäre. Die Kosten der Einheit wären offenkundig geworden. Diese Sichtweise ignoriert allerdings den Tatbestand, daß genau wie bei Arbeitsbeschaffungsmaßnahmen ein hoher Selbstfinanzierungsgrad vorliegen kann, beziehungsweise die Alternativkosten von vergrößerter Arbeitslosigkeit sehr viel mehr zu Buche schlagen würden.

Zum einen unterbleiben die parafiskalischen Ausgaben in Form von Lohnersatzleistungen, wenn andernfalls Arbeitslose in einem Beschäftigungsverhältnis verweilen, zum zweiten fallen auf der Einnahmeseite des Fiskus Lohn- und Einkommenssteuern sowie Sozialversicherungsbeiträge an. In einem schwedischen Beispielsfall von beschäftigungserhaltenden Lohnsubventionen kam eine Evaluationsstudie zu dem Schluß, daß sich die staatlichen Aufwendungen mit hoher Wahrscheinlichkeit gelohnt haben, "[...] weil die sonst ansteigende Arbeitslosigkeit den Staat mehr gekostet hätte als das Subventionsprogramm selbst" (Gruppe Politikinformationen 1980, S. 32). Die bereits genannte Stellungnahme von Akerlof und Koautoren überträgt diese Ergebnisse auch in den ostdeutschen Kontext. Die positive Einschätzung ist sehr sensibel im Hinblick auf die Bedeutung von Mitnahmeeffekten. Unter der Hypothese, alle ostdeutschen Arbeitsplätze seien existenzgefährdet, erreicht die umfassende Lohnkostensubventionierung die höchste Effizienz, da die Mitnahmeeffekte gleich Null anzusetzen sind. Die rasante Zunahme und die bereits existierende Zahl der Arbeitslosen in den östlichen Bundesländern läßt mit gutem Grund annehmen, daß Mitnahmeeffekte in diesem Fall nicht stärker zu Buche schlagen, als es die auf Schweden bezogene, oben zitierte Untersuchung schon berücksichtigt hat; dort wird ein Mitnahmeeffekt von 70% der subventionierten Fälle angenommen.

Die günstige Bewertung ist maßgeblich abhängig von der Gestaltung der Lohnsubventionierung, die auf einen Beschäftigungserhalt zielt. Anders sind beschäftigungsschaffende, sogenannte marginale Lohnsubventionsprogramme zu bewerten, da hier Mitnahmeeffekte - in deutlicher Abhängigkeit von der Größe der geförderten Unternehmen (Internationale Chronik 1981a, 1981b) - noch sehr viel stärker ins Gewicht fallen. Die Wirksamkeit solcher auf zusätzliche Beschäftigung gerichteter Subventionen wird im allgemeinen sehr in Zweifel gezogen (Gruppe Politikinformationen 1980, Internationale Chronik 1982a).

Natürlich unterscheidet den hier betrachteten Fall der neuen Bundesländer sehr vieles von der Situation jener Staaten, aus denen reichhaltige Erfahrungen mit Lohnsubventionierungen vorliegen - die Palette reicht hier von Japan (Internationale Chronik 1987, S. 11) über Österreich bis hin zu Nordamerika (eine Übersicht gibt Calame 1979). Dennoch lassen sich weitere Anhaltspunkte für die Beurteilung auch im deutschen Kontext gewinnen. So zieht beispielsweise der übliche Einwand des Verdrängungseffektes von Lohnsubventionen im Sinne eines beggar-my-neighbour-Einsatzes im Falle Ostdeutschlands nicht, da hier gerade umgekehrt das Listsche Zollschutzargument ins Feld geführt werden muß: Die subventionierten Arbeitsplätze verdrängen nicht, sondern sie werden durch die Subventionierung vor ihrer eigenen Verdrängung bewahrt.

Die beschäftigungserhaltende Funktion von Lohnsubventionsprogrammen hat auf die ostdeutsche Situation bezogen die zentrale humanitäre Implikation, einen Ersatz der bisherigen politischen Existenzangst durch eine ökonomische Existenzangst zu vermeiden. Verhinderte Massenarbeitslosigkeit ist überhaupt gleichzusetzen mit der Vermeidung hoher volkswirtschaftlicher Kosten, die zu einem Gutteil mit jenen Faktoren identifiziert werden können, die im Rahmen der Diskussion um Hysterisis-Phänomene am Arbeitsmarkt zutage gefördert wurden (Adams 1988, S. 392f.); zur Verfestigung von Arbeitslosigkeit tragen demnach ein Verfall des Humankapitals bei den Arbeitslosen, eine im Zuge von Unterbeschäftigung auftretende Nachfrage- und Investitionsschwäche sowie der von den Arbeitenden monopolisierte Lohngestaltungsprozeß bei.

Gerade die beiden erstgenannten Punkte müssen an die im Abschnitt 3 angestellten Überlegungen zur Interdependenz von Nachfrageeffekten, existierendem Produktionspotential und dessen Entwicklungschancen erinnern. Lohnsubventionen können hier aus nachfrage- wie angebotsseitiger Sicht dazu beitragen, einen Zeitgewinn zur Umstrukturierung und Rationalisierung vorhandener Betriebe mit weitaus geringeren Beschäftigungsrisiken zu schaffen, als es eine alternative 'Roßkur' mit sich bringt (Internationale Chronik 1984). Hinzu kommen die bereits früher angesprochenen Gerechtigkeitserwägungen im Anschluß an die faktisch einseitige Subventionierung der Kapitalbildung und damit der Rationalisierungs- und Freisetzungskapazität der Unternehmen, ein Vorgehen, das im Hinblick auf die zusätzliche Tatsache der Bilanzunwirksamkeit von Personal- und Humankapitalinvestitionen gegenüber aktivierbaren maschinellen Investitionen unbedingter Korrektur bedarf (Scharpf 1980, S. 12f.). Neben dem Gleichstellungsbeitrag, den Lohnsubventionen in dieser Hinsicht leisten können, bieten diese auch die Chance für den Fiskus, in einer Art von konzertierter Aktion den Tarifparteien für zukünftige lohnpolitische Vernunft etwas Akzeptables feilbieten zu können.

Alle die genannten Funktionen hätten Lohnsubventionen ohne Zweifel wirksamer erfüllen können, hätte man sie mit dem Übergang zur Wirtschafts- und Währungsunion gekoppelt. Angesichts der voranschreitenden Arbeitsmarktkrise in den östlichen Bundesländern kann jetzt nur noch versucht werden, zu retten, was zu retten ist. Hinsichtlich der technischen Ausgestaltung des prinzipiell ordnungskonformen Instruments der Lohnsubventionierung (Semlinger 1982, S. 74) bleiben indes einige Fragen zu klären. Man kann diese auf die folgende Kurzform bringen: Wer zahlt an wen, was, wie lange? Die erste Frage dürfte noch am einfachsten zu beantworten sein.

Welche fiskalische beziehungsweise parafiskalische Institution die Durchleitung und Auszahlung der von der Bundesregierung bereitgestellten Subventionsmittel übernimmt, ist letztlich eine verwaltungstechnische Frage; die Länder selbst, die Treuhand und die Arbeitsmarktverwaltung sind denkbar, und diese Auflistung ist keineswegs erschöpfend.

Angesichts des Arbeitsmarkteinbruchs auf breiter Front und im Dienste einer raschen und gerechten Gestaltung erscheint ein pauschaler Lohnkostenzuschuß für alle ostdeutschen Unternehmen vorzugswürdig gegenüber Lösungen, die Beschränkungen der anspruchsberechtigten Unternehmen vornehmen. Branchenspezifische Subventionierungen verbieten sich wegen intersektoraler Verzerrungseffekte, und die Abgrenzung, wer warum noch in den Genuß des Staatszuschusses kommen soll, muß immer ein gewisses Maß an Willkür einschließen. Das gilt auch für ein strenges Koppeln mit branchenbezogenem lohnpolitischem Wohlverhalten, wie es jüngst von Necker vorgeschlagen wurde (Piper 1991), da es dafür kein unstrittiges Maß gibt. Abgesehen davon könnte dies so ausgelegt werden, als ob der Staat auf diesem Wege die Tarifautonomie untergraben wolle; er kann eine pauschale Subventionierung anbieten und mit einigem Grund auf breite Unterstützung durch die Tarifparteien bauen - selektive Lösungen bringen aber Verzerrungseffekte ins Spiel, deren letztliche Auswirkungen schwer zu bewerten sind.

Neben der Höhe des Satzes der Lohnsubvention ist für die Wirksamkeit zunächst die Tatsache einer Gestaltung als echter Subvention von Bedeutung, da eine gewinnabhängige Steuerabzugslösung, wie früher im Zusammenhang mit Einstellungssubventionen in den USA (Internationale Chronik 1986) und teilweise auch in Belgien (Internationale Chronik 1989) praktiziert, den ostdeutschen Verhältnissen nicht Rechnung tragen würde. Weiterhin kann die Möglichkeit einer Fiskalisierung von Sozialabgaben als Anknüpfungspunkt von Lohnsubventionen diskutiert werden. Diese Lösung wurde in vielen Ländern im Zusammenhang mit marginalen Lohnsubventionsprogrammen gewählt, da die Lohnnebenkosten als zentrales Hemmnis für Neueinstellungen vermutet wurden. Im Zusammenhang mit beschäftigungserhaltenden Lohnsubventionen kommt diesem Argument also keine spezifische Bedeutung zu. Einer staatlichen Übernahme von Sozialleistungen sollte aber prinzipiell mit Skepsis begegnet werden, da diese eine Verminderung der einkommensabhängigen Lohnnebenkosten in Relation zu den fixen Lohnnebenkosten (Ausbildungskosten, Fahrgeldzuschüsse, Kosten der Betriebskantine u.ä.) bewirkt, womit sogar negative Beschäftigungseffekte assoziiert werden können (Internationale Chronik 1982b, S. 4).

Ein pauschaler staatlicher Zuschuß zu den gesamten Lohnkosten erscheint damit präferabel, wobei die Bemessungsgrundlage das feste Kostenniveau eines Basisjahres abgeben sollte, da andernfalls eine Allianz der Tarifpartner drohen könnte, wenn es möglich wäre, überhohe Lohnsteigerungen zu sozialisieren. Eine Kopplung der Lohnsubventionierung mit Qualifizierungsmomenten, wie sie am Ende von Abschnitt 3 angesprochen wurden, bleibt überlegenswert.

Abschließend stellt sich die Frage nach der zeitlichen Erstreckung eines solchen Lohnsubventionierungsvorhabens. Eine Befristung ist schon allein aus Gründen der politischen Akzeptanz unabdingbar, zusammenhängend mit der erfahrungsgetragenen Angst vor Subventionspersistenz. Zudem sollte die Lohnsubvention in ökonomischer Perspektive so wenig wie möglich Leistungsanstrengungen unterlaufen und strukturelle Wandlungsprozesse behindern. All dieses spricht für einen von Anfang an programmierten Zeitplan auf Abbau der Subvention, um eine gewisse 'Rationalisierungspeitsche' zu installieren.

Vorstellbar ist eine feste und inverse Verknüpfung der Subventionshöhe mit dem Nivellierungsprozeß zwischen Ost- und Westlöhnen. Denkbar ist auch eine vorgegebene und allgemein bekannte zeitabhängige, z.B. jährliche, Abbaurate oder eine Subventionsreduktion entsprechend dem durchschnittlichen ostdeutschen Fortschritt der Arbeitsproduktivität, vielleicht sogar eine Kombination der beiden Varianten. In beiden Fällen ist ein Anreiz zur Forcierung der Leistungsanstrengungen impliziert, da ein die bekannte feste Abbaurate oder den durchschnittlichen Produktivitätsfortschritt übersteigender unternehmensspezifischer Produktivitätszuwachs die Kostensituation subventionsbedingt entspannt: Die Lohnstückkosten sinken schneller als die auf die Outputeinheit gerechnete Lohnsubvention[1]. Natürlich beinhalten Produktivitätssteigerungen immer Freisetzungspotentiale, aber sie werden um so weniger zu Arbeitslosigkeit führen, je besser c.p. die Absatzlage ist. Das verweist noch einmal auf die elementare Bedeutung der begleitenden Stimulierung eines guten Nachfrageklimas.

Literatur

Adams, Ch. (1988): Hysterisis Effects and Unemployment. Beitrag 19, in: Cross, R. (Hrsg.), Unemployment, Hysterisis and the Natural Rate Hypothesis. Oxford, S. 392ff.

Autorengemeinschaft (Bach, H.U./Brinkmann, Ch./Kohler, H./Spitznagel, E.) (1990): Zur Arbeitsmarktentwicklung 1990/1991 im Vereinten Deutschland, in: Mitteilungen aus der Arbeitsmarkt- und Berufsforschung 4/90, S. 455ff.

Bach, H.-U./Kohler, H./Spitznagel, E. (1986): Arbeitsmarktpolitische Maßnahmen: Entlastungswirkung und Kostenvergleiche, in: Mitteilungen aus der Arbeitsmarkt- und Berufsforschung 3/86, S. 370ff.

Calame, A. (1979): Arbeitsplätze durch Lohnsubventionierung. Programme und Erfahrungen aus Belgien, Kanada, Österreich, Schweden, USA und Groß-

1 Die effektiven Lohnkosten eines Unternehmens lassen sich angeben als die zu zahlende Lohnsumme W abzüglich des staatlichen Subventionierungsbetrages S, wobei sich die Lohnsumme als Produkt aus der Zahl der eingesetzten Arbeitsstunden A und dem durchschnittlichen Stundenlohnsatz w ergibt, worauf wiederum der Subventionssatz s Anwendung findet:

$$K = W - S = wA - swA = wA\,(1 - s)$$

Die effektiven Lohnstückkosten k folgen unter Zugrundelegung der Produktionsmenge X:

$$k = \frac{wA}{X} - \frac{swA}{X} = \frac{wA}{X}\,(1 - s) = \frac{wA}{X}\,p = \frac{w}{X/A}\,p$$

Steigt der privat zu tragende Anteil p an den Lohnstückkosten als Spiegelbild eines fallenden Subventionssatzes im Gleichschritt mit der Arbeitsstundenproduktivität X/A, dann bleiben c.p. die effektiven Lohnstückkosten des Unternehmens konstant; aus $\hat{k} = \hat{p} - \widehat{(X/A)}$ folgt für $\hat{k} = 0$ näherungsweise $\hat{p} \stackrel{!}{=} \widehat{(X/A)}$. Sinkt der Subventionssatz langsamer und steigt infolgedessen der privat aufzubringende Anteil langsamer als die Arbeitsstundenproduktivität, dann sinken die effektiven Lohnstückkosten. Bemißt sich also die Entwicklung des Subventionssatzes nach einer durchschnittlichen Arbeitsproduktivitätssteigerung, dann profitieren Unternehmen mit überdurchschnittlichen individuellen Zuwachsraten der Arbeitsstundenproduktivität.

britannien. Discussion Paper dp/79-50, International Institute of Management, Wissenschaftszentrum Berlin.

Denning, W. (1991): Zur Finanzstruktur in den neuen Bundesländern, in: Wirtschaftsdienst 1991/III, S. 125ff.

Deutsches Institut für Wirtschaftsforschung (1991a): Wochenbericht 10/91: Eine Infrastrukturoffensive für Ostdeutschland: Finanzierungsaspekte und gesamtwirtschaftliche Wirkungen, Berlin.

Deutsches Institut für Wirtschaftsforschung (1991b): Wochenbericht 12/91: Gesamtwirtschaftliche und unternehmerische Anpassungsprozesse in Ostdeutschland, Berlin.

Engelen-Kefer, U. (1991): Die Arbeitsbeschaffungsmaßnahmen müssen ausgeweitet werden, in: Wirtschaftsdienst 1991/III, S. 114ff.

Filc, W. (1990): Devisenhilfe statt einer sofortigen Währungsunion, in: Wirtschaftsdienst 1990/III, S. 133ff.

Gruppe Politikinformationen am IIMV/Arbeitsmarktpolitik (1980): Wirksamkeit und Kosten von Lohnsubventionsprogrammen: Erfahrungen in Großbritannien, Schweden und USA. IIM papers, IIM/80-1, Veröffentlichungsreihe des Internationalen Instituts für Management und Verwaltung, Wissenschaftszentrum Berlin.

Günther, H. (1991): Arbeitsbeschaffungsmaßnahmen werden den Beschäftigungsaufschwung in Ostdeutschland unterstützen, in: Wirtschaftsdienst 1991/III, S. 111ff.

Härtel, H.-H. (1991): Lohnpolitik im Vereinten Deutschland, in: Wirtschaftsdienst 1991/I, S. 7ff.

Heine, M./Walter, D. (1990): Sektorale und räumliche Auswirkungen der Strukturanpassung in der DDR, in: Wirtschaftsdienst 1990/VIII, S. 402ff.

Huebner, M./Krafft, A./Ulrich, G. (1990): Allgemeine Maßnahmen zur Arbeitsbeschaffung - Ein Geschäft auf Gegenseitigkeit?, in: Mitteilungen aus der Arbeitsmarkt- und Berufsforschung 4/90, S. 519ff.

Internationale Chronik (1981a): Lohnsubventionen für kleine Unternehmen, in: Internationale Chronik zur Arbeitsmarktpolitik, hrsg. vom Wissenschaftszentrum Berlin, Nr. 4/1981, S. 8f.

Internationale Chronik (1981b): Umfassendes Beschäftigungsprogramm verabschiedet, in: Internationale Chronik zur Arbeitsmarktpolitik, hrsg. vom Wissenschaftszentrum Berlin, Nr. 6/1981, S. 5.

Internationale Chronik (1982a): Marginales Lohnkostenzuschußprogramm wenig erfolgreich, in: Internationale Chronik zur Arbeitsmarktpolitik, hrsg. vom Wissenschaftszentrum Berlin, Nr. 7/1982, S. 9f.

Internationale Chronik (1982b): Lohnnebenkosten und Beschäftigung, in: Internationale Chronik zur Arbeitsmarktpolitik, hrsg. vom Wissenschaftszentrum Berlin, Nr. 8/1982, S. 1ff.

Internationale Chronik (1982c): Lohnsubventionen wenig wirksam, in: Internationale Chronik zur Arbeitsmarktpolitik, hrsg. vom Wissenschaftszentrum Berlin, Nr. 9/1982, S. 11.

Internationale Chronik (1984): Abfederung von Massenentlassungen, in: Internationale Chronik zur Arbeitsmarktpolitik, hrsg. vom Wissenschaftszentrum Berlin, Nr. 17/1984, S. 10.

Internationale Chronik (1986): Einstellungsförderung durch Steuererleichterungen in den USA, in: Internationale Chronik zur Arbeitsmarktpolitik, hrsg. vom Wissenschaftszentrum Berlin, Nr. 26/1986, S. 13.

Internationale Chronik (1987): Beschäftigung und Arbeitsmarktpolitik in Japan, in: Internationale Chronik zur Arbeitsmarktpolitik, hrsg. vom Wissenschaftszentrum Berlin, Nr. 29/1987, S. 10ff.

Internationale Chronik (1989): Arbeitsmarktpolitik der neuen Regierung, in: Internationale Chronik zur Arbeitsmarktpolitik, hrsg. vom Wissenschaftszentrum Berlin, Nr. 36/1989, S. 7.

Kalmbach, P. (1991): Die Produktivität ist kein geeigneter Maßstab für die Lohnentwicklung, in: Wirtschaftsdienst, 1991/I, S. 11ff.

Klodt, H. (1990a): Government Support for Restructuring the East German Economy. Kieler Arbeitspapiere, Nr. 450.

Klodt, H. (1990b): Wirtschaftshilfen für die neuen Bundesländer, in: Wirtschaftsdienst 1990/XII, S. 617ff.

Kuschel, H.-D. (1991): Die Einbeziehung der ehemaligen DDR in die Europäische Gemeinschaft, in: Wirtschaftsdienst 1991/II, S. 80ff.

Müller, R./Röck, W. (1985): Konjunktur- und Stabilisierungspolitik. Theoretische Grundlagen und wirtschaftspolitische Konzepte. 3. Auflage, Stuttgart u.a.

Mundell, R.A. (1961): A Theory of Optimum Currency Areas, in: American Economic Review, Vol. 51, S. 657ff.

Necker, T. (1990): Ein Fünf-Stufen-Plan für die Wirtschafts- und Währungsgemeinschaft, in: Wirtschaftsdienst 1990/II, S. 65ff.

Ohr, R. (1990): Währungsunion zur Lösung realwirtschaftlicher Probleme?, in: Das Wirtschaftsstudium, 1990, S. 217ff.

Pätzold, J. (1989): Stabilisierungspolitik, 3. Auflage, Bern/Stuttgart.

Piper, N. (1991): Wenn der Staat die Lohntüte füllt, in: Die Zeit, Nr. 22, 24. Mai 1991, S. 23.

Pohl, R. (1990): Die Preisreform ist der erste Schritt zur Währungsunion, in: Wirtschaftsdienst 1990/II, S. 72ff.

Scharpf, F.W. (1980): Beschäftigungsorientierte Strukturpolitik. Discussion Paper IIM/dp 80-42. International Institute of Management, Wissenschaftszentrum Berlin.

Schmid, G. (1987): Arbeitsmarktpolitik im Wandel. Entwicklungstendenzen des Arbeitsmarktes und Wirksamkeit der Arbeitsmarktpolitik in der Bundesrepublik Deutschland. Discussion Paper IIM/LMP 87-17, Forschungsschwerpunkt Arbeitsmarkt und Beschäftigung (IIMV) am Wissenschaftszentrum Berlin für Sozialforschung.

Schuster, H./Weiß, Ch. (1991): Lohnhöhe und Beschäftigung. Kaufkraft- und Kostenargument, in: Zeitschrift für Wirtschafts- und Sozialwissenschaften 111 (1991), S. 55ff.

Semlinger, K. (1982): Die Wiedereingliederung schwervermittelbarer Arbeitslo-ser, in: Scharpf, F.W. (Hrsg.), Aktive Arbeitsmarktpolitik. Erfahrungen und neue Wege, Frankfurt a.M./New York, S. 63ff.

Siegers, J. (1991): Zu einem ABM-Großeinsatz gibt es keine brauchbare Alterna-tive, in: Wirtschaftsdienst 1991/III, S. 117ff.

Spahn, H.-P. (1988): Bundesbank und Wirtschaftskrise, Regensburg.

Spahn, H.-P. (1991): Das erste und das zweite deutsche Wirtschaftswunder, in: Wirtschaftsdienst, 1991/II, S. 73ff.

Watrin, Ch. (1990): Voraussetzungen und offene Fragen einer Wirtschafts- und Währungsunion, in: Wirtschaftsdienst 1990/II, S. 68ff.

Zabel, G. (1975): Möglichkeiten selektiver Konjunkturpolitik. Dargestellt am Beispiel einer Regionalisierung der Instrumente, Köln.

Geldmengenpolitik in der Bundesrepublik

Theoretische Grundlagen, empirische Erfahrungen und neue Probleme

von Heinz-Peter Spahn

Der Wiederaufbau in den fünf neuen Ländern, aber auch die ökonomische Entwicklung Gesamtdeutschlands und seine veränderte Stellung im europäischen Wirtschafts- und Währungsraum wird in den kommenden Jahren nicht zuletzt von der Geldpolitik der Bundesbank bestimmt werden. Dies nicht nur wegen des starken Einflusses des Kurses der Notenbank auf die Konjunktur, sondern vor allem, weil die Orientierung der Geldpolitik über diese eher kurzfristigen Wirkungen hinaus auch die langfristige Wirtschaftsentwicklung prägt. Die institutionelle Stellung einer Notenbank, das Selbstverständnis und die Zielvorstellungen ihrer Akteure, die Regelmäßigkeiten im Muster der geldpolitischen Praxis - all diese Faktoren sind immer auch Ausdruck eines bestimmten Verhältnisses zwischen Staat und Ökonomie, sie formen einen Rahmen für die Interaktion politischer und ökonomischer Interessengruppen, beeinflussen das Muster innerbetrieblicher Kooperation sowie langfristige Strategien der Unternehmen einer stark weltmarktorientierten Volkswirtschaft (vgl. Riese/Spahn 1990). Die Aufgaben der Geldpolitik nach dem Beitritt der DDR und die damit verbundenen Probleme der Strategie einer Geldmengensteuerung lassen sich somit nur aus einer weit gespannten Perspektive angemessen beurteilen. Der folgende Beitrag zeichnet deshalb kurz die Entstehungsgeschichte dieses geldpolitisches Konzepts nach (I) und beleuchtet seine theoretischen Hintergründe (II). Nach einer Schilderung der bisherigen Erfahrungen (III) sind dann die neuen Herausforderungen der deutschen Geld- und Währungspolitik zu analysieren (IV).

I. Die Entstehungsgeschichte: Geldmengenpolitik als Ausweg aus einem keynesianischen Dilemma

Die gesetzliche Verpflichtung der Bundesbank, die allgemeine Wirtschaftspolitik der Bundesregierung zu unterstützen, findet ihre Grenze in der Nebenbedingung, daß dabei ihre eigentliche Aufgabe der "Währungssicherung" nicht gefährdet werden dürfe (Art. 3 und 12, Bundesbankgesetz). Die institutionelle Ausgestaltung der Wirtschaftspolitik in der Bundesrepublik nach dem zweiten Weltkrieg hat damit der Notenbank ein im internationalen Vergleich hohes Maß an Regierungsunabhängigkeit beschert (vgl. Caesar 1981). Der geradezu ordnungspolitische Rang der Notenbankautonomie (die nicht zuletzt von den Alliierten als Vorsorge gegen ein Wiedererstarken eines homogenen politisch-ökonomischen Machtapparats durchgesetzt wurde) erschien in wirtschaftspolitischer Sicht jedoch oft als Fremdkörper. Bereits zu Beginn der 50er Jahre registrierte die Regierung überrascht und verärgert ihre eigene Ohnmacht angesichts der unverblümten Weigerung der Frankfurter Währungshüter, den in Gang gekommenen Wachstumsprozeß stets bedingungslos geldpolitisch zu unterstützen. Man kann vermuten, daß in rationaler Erwartung dieser und späterer Konflikte zwischen Notenbank und Regierung (vgl. Emminger 1986) wohl eine andere Kompetenzverteilung in geld- und währungspolitischen Angelegenheiten gewählt worden wäre, wenn dies allein in der Hand der nationalen Politiker gelegen hätte.

In den 60er Jahren war dann die Position der Bundesbank schon so konsolidiert, daß das von der (reichlich verspätet rezipierten) 'keynesianischen Botschaft' beseelte Stabilitätsgesetz konzeptionell im wesentlichen auf eine finanzpolitische Konjunkturlenkung abzielte. Die naheliegende Reform, im Zuge der gesetzlichen Verankerung der Globalsteuerung zugleich auch eine stärkere Einbindung der Notenbank in die wirtschaftspolitische Willensbildung zu institutionalisieren, blieb aus. Mehrere Erklärungen sind denkbar: Zum einen läßt sich die Nichtantastung der Position der Bundesbank als Kompromiß in dem politisch-ideologischen Streit um die neue keynesianische Konzeption interpretieren, die sich sogar gegen den Vorwurf eines planwirtschaftlichen Dirigismus zu verteidigen hatte. Zum anderen schien den Befürwortern einer aktiven Konjunkturpolitik ein stärkerer Einfluß in geldpolitischen Entscheidungen möglicherweise ohnehin weniger wichtig, da die zeitgenössische keynesianische Lehre der Finanzpolitik eine sehr viel bedeutendere Rolle in bezug auf die Beschäftigungssicherung zumaß. Zu diesem theoretischen Streitpunkt lieferte die Bundesbank zeitgleich einen eher praktischen Beitrag, indem sie 1966 (als Reaktion auf

Preissteigerungen, Haushalts- und Leistungsbilanzdefizite) mit einfachen geldpolitischen Mitteln die erste Wirtschaftskrise in der Nachkriegszeit auslöste, die dann der Bundesregierung die Chance gab, das neue Stabilitätsgesetz 1967 gleich auszuprobieren.

Bis zum Zusammenbruch des Bretton-Woods-System 1973 war die Bundesbank dann aber faktisch doch zur allgemeinen wirtschaftspolitischen 'Kooperation' gezwungen. Erst nachdem die Verpflichtung zur Konstanthaltung des DM-Dollar-Wechselkurses gefallen war, konnte sie sich der inflationstreibenden Lohn- und Finanzpolitik mit kräftigen Zinserhöhungen in den Weg stellen, ohne einen die Geldverknappung konterkarierenden Zustrom von Auslandsgeld befürchten zu müssen. Das Ergebnis der neu gewonnenen geldpolitischen Handlungsfreiheit war dann die Wirtschaftskrise der Jahre 1974/75. Dabei war freilich das Ausmaß des Konjunktureinbruchs von den Folgen der ersten Ölkrise geprägt.

Damit war im Hinblick auf das oft beschworene Ziel der Kooperation in der Wirtschaftspolitik eine verfahrene Situation entstanden. Einerseits hatte die Bundesbank mit der Erzeugung bzw. Hinnahme von Arbeitslosigkeit ein 'nicht friedliches' Mittel gegen die akzelerierende Lohn-Preis-Spirale gewählt, das ganz offensichtlich die implizite Norm der keynesianischen Globalsteuerungskonzeption verletzt hatte. Andererseits aber war deutlich geworden, daß eben diese Norm sich nicht mit den Funktionsmechanismen einer Geldwirtschaft vertrug. Gerade die politische 'Nähe' zwischen den Gewerkschaften und einer an Vollbeschäftigung orientierten sozialdemokratischen Regierung erzeugte eine in stabilitätspolitischer Hinsicht instabile Situation, da sich die gewerkschaftliche Lohnpolitik bei Fehlen von Beschäftigungsrisiken auf Umverteilungsziele richten mußte, wenn sie nicht Gefahr laufen wollte, ihren organisatorischen Rückhalt in der Basis zu verlieren. Die inflatorischen Ergebnisse einer derartigen Lohnpolitik, auch wenn sie ihre verteilungspolitischen Ziele nicht erreichte, verpflichteten die Gewerkschaften dann zumindest zu einer Politik der Realeinkommenssicherung, wobei Inflationserwartungen über ihren Effekt auf die Nominallohnforderungen zunehmend i.S. einer 'self-fulfilling prophecy' wirken mußten.

In dieser Lage bot die neue Geldmengenpolitik der Bundesbank einen Ausweg, der die Spielregeln in der wirtschaftspolitischen Koordination entscheidend modifizierte: Indem der Kurs der Geldpolitik (ausgedrückt in einem öffentlich leicht nachvollziehbaren Geldmengenziel) nun jährlich *vorab* angekündigt wurde, ging die Verantwortung für makroökonomische Fehlentwicklungen scheinbar auf die übrigen Akteure der Lohn- und Finanzpolitik über, die sich mit ihren Ansprüchen an das Sozialprodukt innerhalb des monetär abgesteckten 'Ordnungsrahmens' halten mußten - oder aber Krise und Arbeitslosigkeit hinzunehmen hatten, wenn die Geldpolitik die nachträgliche Finanzierung überhöhter Lohnforderungen und Haushaltsdefizite verweigerte[1]. Entgegen den keynesianischen Verheißungen wurde das Beschäftigungsrisiko gleichsam wieder privatisiert.

Es bleibt die Frage, warum Gewerkschaften und Regierung die mit diesem Schwenk von einer 'demokratischen' zur 'monopolistischen' Koordination einhergehende Beschränkung ihrer Handlungsmöglichkeiten akzeptierten. Die wissenschaftliche Autorität 'neuer Erkenntnisse' in der Nationalökonomie, die zur Legitimation der veränderten Rollenverteilung in der Wirtschaftspolitik bemüht wurde (Schlesinger 1985), dürfte kaum als Erklärung ausreichen. Zudem war auch deutlich, daß die monetaristische Theorie, die zu sich zu dieser Zeit im akademischen Bereich durchsetzte, nur bedingt als Fundament der Geldmengenpolitik taugte: Während der Monetarismus in quantitätstheoretischer Tradition die Inflation monokausal auf eine zu großzügige Geldversorgung zurückführte und die Gewerkschaften von jeglicher Mitschuld freisprach, war die Institutionalisierung der Geldmengensteuerung in der Bundesrepublik eher als vorbeugend-disziplinarische Maßnahme gerade gegen die Lohninflation gedacht.

Versucht man eine eher politologische Erklärung, so kann für die Akteure im wirtschaftlichen wie im politischen Raum eine letztlich freiwillige Einengung ihres Aktionsspielraums dann rational (und politisch mehrheitsfähig) sein, wenn sie erkennen, daß sie mit einer unbeschränkten, vorwiegend kurzfristig orientierten Interessenverfolgung ihren eigenen langfristigen Zielen schaden können. Die politischen und ökonomischen Kosten anhaltend hoher und steigender Inflationsraten waren jedoch nicht nur den Parteien, sondern auch den Gewerkschaften bewußt. Die einen befürchteten angesichts der besonderen Inflationserfahrungen in der deutschen Wirtschaftsgeschichte verschlechterte Wahlchancen; die anderen hatten langfristig Einbußen bei Einkommen und Beschäftigung im Auge, wenn die preisliche Wettbewerbsfähigkeit deutscher Produkte auf dem Weltmarkt nachließ und eine als 'unfair' erachtete unternehmerische Preispolitik die betriebliche Basis für Produktivitätskoalitionen zerstörte. Es ist mithin nicht verwunderlich, daß die noch gestärkte Machtposition der Bundesbank in den 70er Jahren trotz gelegentlicher, eher rhetorischer Klagen nicht ernstlich politisiert und in Frage gestellt wurde.

---

1 Die Bundesbank "gewann damit den spieltheoretisch entscheidenden Vorteil des ersten Zuges. Von nun an konnte sie mit voller Autorität für bessere Koordination in der Wirtschaftspolitik eintreten - die Sozialpartner waren ja nun vorab informiert über den im kommenden Jahr verfügbaren Geldrahmen. Deren Sache war es also, die eigenen Entscheidungen an dieser Vorgabe zu orientieren" (Scharpf 1987, S. 176; vgl. 212ff.).

II. Die Theorie: Zur Diskussion um Notenbankautonomie und (In-) Stabilität in der Geldwirtschaft

In der modernen Theorie der Stabilisierungspolitik[2] werden auch heute noch Regierung und Notenbank zumeist als *ein* Akteur behandelt, der - über Wahlen an gesellschaftliche Präferenzen rückgebunden - eine Art sozialer Wohlfahrtsfunktion mit den Elementen Geldwertstabilität und Beschäftigungsgrad maximiert, d.h. je nach Situation diskretionär eine optimale Zielkonstellation anstrebt. Dabei wird grundsätzlich von einem Arbeitsmarktgleichgewicht ausgegangen, das jedoch aufgrund gewisser Marktunvollkommenheiten unterhalb eines hypothetischen Vollbeschäftigungsoptimums liegt. Die Politik versucht daher, die Beschäftigung zu erhöhen, was aber wegen der unterstellten Markträumung nur dann gelingt, wenn die Anbieter von Gütern und Diensten von einer höheren als der erwarteten Inflationsrate überrascht werden. Der Beschäftigungsgewinn ist damit immer nur temporär. Bei rationalen Erwartungen bleibt er völlig aus und langfristig wird der 'Erfolg' aktiver Beschäftigungspolitik nur in vermehrter Geldentwertung bestehen.

Weiterhin wird behauptet, daß ein derartiges Regime nicht effizient ist: Ein heutiges Bekenntnis der Regierung zur Preisstabilität ist 'zeitinkonsistent', weil es bei dadurch bewirkten niedrigen Inflationserwartungen morgen für sie optimal ist, über expansive Politik die Beschäftigung zu steigern. Aus diesem Grund werden rationale Marktakteure einer Versicherung der Regierung, keine Preissteigerungen zulassen zu wollen, keinen Glauben schenken können. Langfristig ist dann die erwartete und (damit) tatsächliche Inflation höher als im Wohlfahrtsoptimum. Allerdings wird die Ineffizienz des diskretionären Regimes dadurch gemildert, daß eine Notenbank langfristig Reputation einbüßt, wenn sie immer wieder versucht, niedrige Inflationserwartungen beschäftigungspolitisch auszunutzen. Der drohende Glaubwürdigkeitsverlust in Form höherer Inflationserwartungen kann so teuer sein, daß sich beschäftigungspolitische Aktivitäten vor dem Hintergrund der verfolgten Zielfunktion schlicht nicht lohnen. Gleichwohl besteht der sicherste Weg in der Empfehlung, die Geldversorgung seitens der Währungsbehörde einer strikten Regelbindung zu unterwerfen, die jegliche Orientierung an einer teleologischen Wohlfahrtsfunktion und daraus ableitbaren Beschäftigungszielen ausschließt.

Berücksichtigt man nun aber die Möglichkeit des Auftretens von Schocks, deren nachteilige Wirkungen auf Güter- und Arbeitsmärkten

2 Einen Überblick mit weiterführenden Literaturangaben bietet Wagner (1989).

durch eine geeignete diskretionäre Politik aufgefangen werden könnten, so wird das Plädoyer für eine unbedingte Regelbindung relativiert. Es hängt dann von der Art der Störungen, der Informationsverteilung in der Ökonomie und anderen Faktoren ab, ob der Vorteil der Erwartungsstabilisierung auf seiten der Marktakteure oder der Vorteil flexibler Handlungsmöglichkeiten auf seiten der Regierung überwiegt.

Im wesentlichen bietet die Theorie zwei Auswege aus diesem Dilemma. Der erste wird durch das Konzept der "contingent rules" beschrieben (vgl. Barro 1986). Hier wird die Währungsbehörde im Grundsatz zu einer regelgebundenen Politik verpflichtet, von der sie jedoch in 'außergewöhnlichen Situationen' abweichen kann. Die Konzeption zielt darauf ab, der Geldpolitik sowohl Glaubwürdigkeit als auch Flexibilität zu verschaffen. Der Gedanke dabei ist, daß diskretionäre Reaktionen der Notenbank auf große und einmalige Störungen von den Marktakteuren begrüßt und nicht als Ausnutzung ihres Vertrauensvorschusses gewertet sowie mit künftig höheren Inflationserwartungen 'bestraft' werden. Es liegt jedoch auf der Hand, daß mit der hier nötigen Klassifikation der Art der Störung die Unsicherheiten des diskretionären Regimes durch die Hintertür wieder eingeführt werden.

Ein zweiter Ansatz plädiert für eine 'personalistische' Lösung, indem die Leitung einer weitgehend regierungsunabhängigen Notenbank einer Person übertragen wird, die für eine höhere - vom Gesellschaftsdurchschnitt abweichende - Präferenz für Preisstabilität bekannt ist (vgl. Rogoff 1985). Auch hier wird offensichtlich ein optimaler Kompromiß zwischen den Vorteilen von Regelbindung und Interventionismus angestrebt; der Unterschied gegenüber der Strategie der "contingent rules" besteht hier darin, daß die Entscheidung zu einer regelabweichenden Politik direkt in das Ermessen einer in der "financial community" als glaubwürdig erachteten Person gestellt wird.

Kritisch ist zu vermerken, daß dieser Ansatz die grundlegende Prämisse der modernen Theorie der Stabilisierungspolitik, die Steuerung der Regierungsaktivität durch gesellschaftliche Interessen, stillschweigend außer Kraft setzt oder zumindest modifiziert: Entweder ist die Wirtschaftspolitik vom allgemeinen Wählervotum abhängig - dann ist nicht klar, auf welchem Wege die Bestellung eines Notenbankchefs mit 'abweichenden' Präferenzen gelingen kann; wenn aber der Staat umgekehrt eine Instanz bzw. eine Person mit der Wahrung *langfristiger* Funktions- und Effizienzbedingungen der Geldwirtschaft beauftragen kann - dann wäre zu analysieren, ob und wie dieses Konzept unter demokratischen Spielregeln tragfähig ist. Es stellt sich dann wiederum die oben nur ansatzweise beantwortete Frage, auf welche Weise die Individuen zwischen ihren kurz- und langfristigen Interessen unterscheiden (können) und ob sie gewillt sind, sich in rationaler Kenntnis ihrer eigenen möglicherweise überhöhten Zeitpräferenz einer Selbstbindung zu unterwerfen und bestimmte grundsätzliche Entscheidungen vorsichtshalber einer wohlmeinenden, übergeordneten Instanz zu übertragen.

Festzuhalten ist an dieser Stelle noch, daß sich das theoretische Muster stabilitätspolitischen Handelns im Vergleich zur keynesianischen Sichtweise grundlegend geändert hat. Das Szenario der Globalsteuerung leitete die Notwendigkeit konjunkturpolitischer Aktivität aus einer immanenten Instabilität und Krisenanfälligkeit des Marktsystems ab. Der moderne Ansatz thematisiert dagegen - wie oben erwähnt - ein auf den ersten Blick künstliches Problem, indem die Regierung ein aus Marktmechanismen resultierendes Vollbeschäftigungsgleichgewicht noch verbessern will, weil dieses wohlfahrtstheoretisch nicht optimal ist (z.B. bewirken Steuer- und Transferzahlungen eine Differenz zwischen den privaten und sozialen Kosten der Arbeitslosigkeit und damit ein 'verzerrtes' Arbeitsangebot). Die Anwendung des makroökonomischen Instruments der Nachfragepolitik zur Lösung mikroökonomischer Probleme ist freilich selbst kein effizientes Verfahren, so daß das Ergebnis immer wieder nur eine Inflationszunahme ist.

Die Relevanz dieses der Stabilitätspolitik gleichsam unterschobenen Problems und die Originalität der theoretischen Erkenntnisse sind leicht bestreitbar: Schließlich wird kein Keynesianer leugnen, daß der Versuch, die Beschäftigung auf geldpolitischem Wege über die Vollbeschäftigung hinaus zu steigern, Inflation zur Folge haben wird; gefordert war aktive Nachfragepolitik *unterhalb*, nicht oberhalb der Vollbeschäftigung[3]. Aber angesichts hartnäckiger Dauerarbeitslosigkeit trotz eines langjährigen Wirtschaftsaufschwungs hat die moderne Position doch einiges für sich: Ersetzt man die etwas gekünstelte Argumentation einer Fehlallokation aufgrund falscher Anreizmechanismen durch die schlichtere Annahme struktureller Arbeitslosigkeit, so ist eine wirtschaftspolitische Neigung durchaus nachvollziehbar, letztere (auch) auf dem Wege monetärer Expansion abzubauen, obwohl die konjunkturelle Arbeitslosigkeit bei Null liegen mag (und somit im makroökonomischen Sinne Vollbeschäftigung herrscht).

Schließlich kann dem keynesianischen Szenario seinerseits empirische Irrelevanz vorgehalten werden, denn die Vorstellung, das Marktsystem gerate allein aufgrund seiner labilen Funktionsmechanismen immer wieder in

3 Es zählt jedoch zu den Merkwürdigkeiten der makroökonomischen Theoriedebatte seit den späten 60er Jahren, daß die Keynesianer die monetaristische Kritik an der negativ geneigten Phillips-Kurve *zurückzuweisen* versuchten und damit tatsächlich den Eindruck erweckten, es gehe ihnen darum, mittels Inflation mehr Beschäftigung als Vollbeschäftigung zu erzeugen.

ökonomische Krisen, hat sich als ein Mythos erwiesen. Konjunktureinbrüche und steigende Arbeitslosigkeit wie 1967, 1975 und 1982 waren im wesentlichen stets die Folge einer vorhergehenden restriktiven Geldpolitik mit dem Ziel der Inflationsbekämpfung.

Damit stellt sich die Frage nach Stabilität oder Instabilität des Geldwirtschaft anders: Entweder - so die monetaristische Sicht - ist das Auftreten von Inflation allein auf eine falsche, weil zu expansive Geldpolitik zurückzuführen; dabei wird angenommen, daß der reale Sektor auch im Wachstumsprozeß keine systematischen Veränderung des Preisniveaus hervorbringt (weil insbesondere der Arbeitsmarkt stets im Gleichgewicht ist). Mit einer Antiinflationspolitik muß die Notenbank hier ihre eigenen Fehler in der Vergangenheit korrigieren. Oder - dies wäre die Gegenposition - die Inflation ist eine unvermeidliche Begleiterscheinung konjunktureller Aufschwungprozesse, die früher oder später auf Angebotsbeschränkungen stoßen und damit Lohn- und Preissteigerungen auslösen. Die Notenbank kann dies nur durch eine rechtzeitige bzw. permanente Restriktionspolitik verhindern; die Beibehaltung eines nicht zu hohen Beschäftigungsgrades ist dann notwendig, um einer Lohninflation vorzubeugen.

III. Die Erfahrungen: Das Problem der Glaubwürdigkeit einer formal regelgebundenen und praktisch diskretionären Geldpolitik

Die Geldpolitik der Bundesbank wurde von 1975 bis 1987 auf ein Wachstumsziel für die Zentralbankgeldmenge[4], danach auf das Geldmengenwachstum von M3[5] ausgerichtet. Beide Aggregate sind letztlich Spiegelbild

4 Sie besteht vereinfacht ausgedrückt aus dem Bargeldumlauf und den Mindestreserveverpflichtungen, die die Geschäftsbanken auf ihre Sicht-, Termin- und Spareinlagen bei der Bundesbank halten müssen, und entspricht damit in etwa der Passivseite der Bundesbankbilanz.

5 M3 umfaßt Bargeld sowie Sichteinlagen, Spareinlagen mit gesetzlicher Kündigungsfrist und Termineinlagen bis zu vier Jahren. Es ist darauf hinzuweisen, daß derartige Geldmengendefinitionen letztlich arbiträr bleiben und die Entwicklung der Liquiditätsausstattung der Wirtschaftssubjekte keineswegs vollständig erfassen. So hat das Aggregat M3 insbesondere deshalb keine gute Indikatorqualität, weil die kurzfristigen Einlagen deutscher Unterneh men und Privatpersonen im Ausland (vor allem am Euromarkt) nicht einbezogen werden, deren Liquiditätsgrad durchaus mit dem inländischer Termineinlagen vergleichbar ist. Gemessen an M3 haben diese Posten eine Größenordnung von 10% erreicht. Das Wachstum einer entsprechend erweiterten

der monetären Wirtschaftsaktivität und ihre Kontrolle erfolgt indirekt durch die Beeinflussung der Dispositionen von Banken und Nichtbanken. Das wichtigste Instrument ist dabei die Variation der Konditionen, zu denen sich die Geschäftsbanken bei der Bundesbank mit Zentralbankgeld versorgen können. Damit ist Geldpolitik in erster Linie *Zins*politik; eine Variation der kurzfristigen Zinsen schlägt sich i.d.R. in einer gegenläufigen Änderung des Geldmengenwachstums nieder (vgl. Abbildung 1). Die Realisierung einer bestimmten Geldmenge stellt ein Zwischenziel dar, das für eine gewisse 'Steuerung' des nominalen Bruttosozialprodukts steht, weil und wenn eine hinreichend enge statistische Beziehung zwischen der Geldmengen- und Sozialproduktsentwicklung beobachtbar ist. Die Festlegung des anvisierten Geldmengenwachstumsziels (bzw. Zielkorridors) erfolgt unter Berücksichtigung der erwarteten Zunahme des Produktionspotentials, der erwarteten bzw. gewünschten Steigerung seines Auslastungsgrades, der erwarteten Änderung der Geldumlaufsgeschwindigkeit sowie eventuell einer 'unvermeidlichen' Inflationsrate[6].

Der geldpolitische Entscheidungsprozeß unterliegt damit möglicherweise einem fatalen Mechanismus, der zu einer tendenziell fortschreitenden Einschränkung des Geldmengen- und Wirtschaftswachstums führen kann (Flassbeck 1982, S. 130ff.): Das Bestreben, keine Nachfrageexpansion zu finanzieren, die kurzfristig Überforderungen des Produktionspotentials und damit Preissteigerungen nach sich ziehen könnte, bedeutet eine doppelte Beschränkung der Investition. Zum einen impliziert eine vorsichtige Geldpolitik tendenziell hohe Zinsen. Zum anderen signalisiert das Ausbleiben des Auftretens von Kapazitätsengpässen (also der Erfolg der Geldmengenpolitik!) den Investoren, daß Kapazitätserweiterungen unnötig sind. Damit wächst aber das Produktionspotential mit einer vergleichsweise geringeren Rate, was in der Zukunft wieder eine geringere 'Geldmengenvorgabe' nach sich ziehen müßte.

Faktisch ist die Geldmengenentwicklung phasenweise jedoch immer wieder über das selbstgesetzte Ziel hinausgeschossen (vgl. Abbildung 1). Insoweit ist damit der wachstumshemmende Effekt der Geldmengenpolitik nicht eingetreten; aber zu fragen ist, ob das an eigenen Kriterien gemessene

---

Geldmenge M3e liegt im Trend auch um 1-2 Prozentpunkte über dem Wachstum des enger definierten M3-Aggregats (vgl. Jahresgutachen 1990/91, Zf. 193ff.).

6 Bezeichnet man das reale Wirtschaftswachstum (der kombinierte Effekt aus Potentialzunahme und Auslastungsänderung) mit y, die Inflationsrate mit p und die Änderung der Umlaufsgeschwindigkeit mit u, so bildet die 'Vorgabe' eines Geldmengenwachstums m die tautologische Quantitätsgleichung ab: $m = y + p - u$.

Abb. 1: Geldmengenziele, Geldmengenrealisierung und Zinsentwicklung in der Bundesrepublik

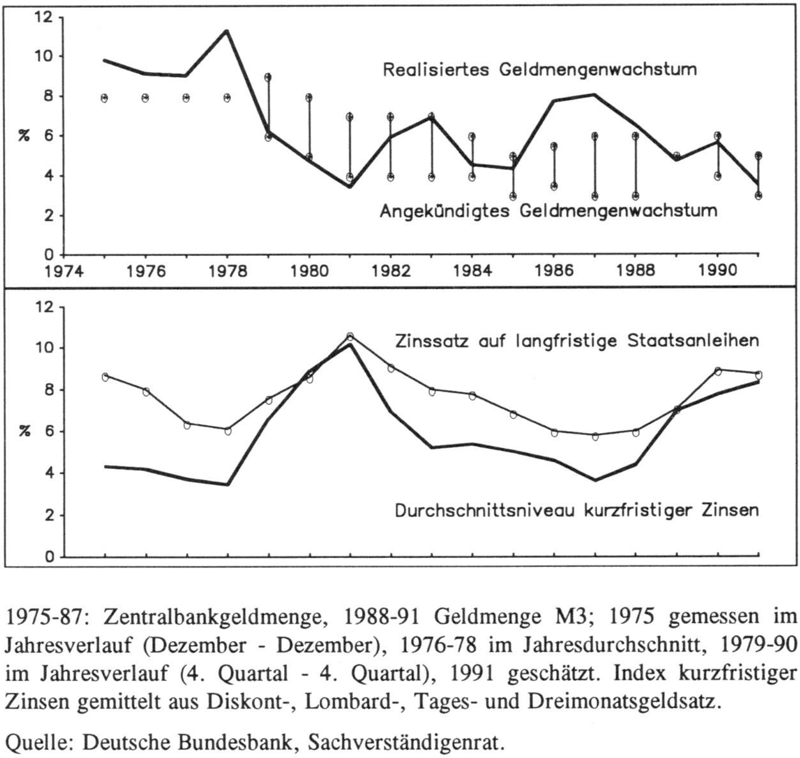

1975-87: Zentralbankgeldmenge, 1988-91 Geldmenge M3; 1975 gemessen im Jahresverlauf (Dezember - Dezember), 1976-78 im Jahresdurchschnitt, 1979-90 im Jahresverlauf (4. Quartal - 4. Quartal), 1991 geschätzt. Index kurzfristiger Zinsen gemittelt aus Diskont-, Lombard-, Tages- und Dreimonatsgeldsatz.

Quelle: Deutsche Bundesbank, Sachverständigenrat.

'Versagen' der Politik nicht andere nachteilige Folgen hatte. Insbesondere der akademische Monetarismus hat stets einen engen Zusammenhang zwischen dem Grad der Treffsicherheit, mit dem die Notenbank ihre selbstgesetzten Geldmengenziele einhält, und ihrer Glaubwürdigkeit behauptet. Dieser Theorie zufolge sollte eine Überschreitung des Wachstumsziels (über entsprechende Inflationserwartungen) zu steigenden Preisen führen. Je erfolgreicher eine Notenbank darin ist, die Öffentlichkeit davon zu überzeugen, daß die Inflation durch die Geldmengenentwicklung bestimmt und kontrolliert ist, desto mehr sollte sich dieser propagierte Zusammenhang dann destabilisierend auswirken.

Als Beleg wurde auf die nach 1978 steigende Inflationsrate verwiesen (vgl. Abbildung 2); dem waren vier Jahre eines 'überschießenden' Geldmengenwachstums vorausgegangen (vgl. Abbildung 1). Aber zum einen war die Inflationszunahme eine normale Begleiterscheinung des konjunkturellen Aufschwungs und wäre insoweit nur dadurch zu verhindern gewesen, daß dieser Aufschwung selbst verhindert bzw. stärker gebremst worden wäre. Zum anderen schlug die zweite Ölpreiskrise auf das Preisniveau durch. In ähnlicher Weise befürchtete man nach den Zielüberschreitungen der Jahre 1986-88 eine deutlich stärkere Geldentwertung. Jedoch blieb der Wiederanstieg der Inflationsrate auf zunächst ca. 2,5% moderat und die jüngste Preisentwicklung ist Reflex der mit dem DDR-Beitritt noch akzentuierten Nachfragedynamik und wohl kaum die Spätfolge einer Geldmengenzielverfehlung.

Abb. 2: Ausgewählte Daten zur gesamtwirtschaftlichen Entwicklung in der Bundesrepublik

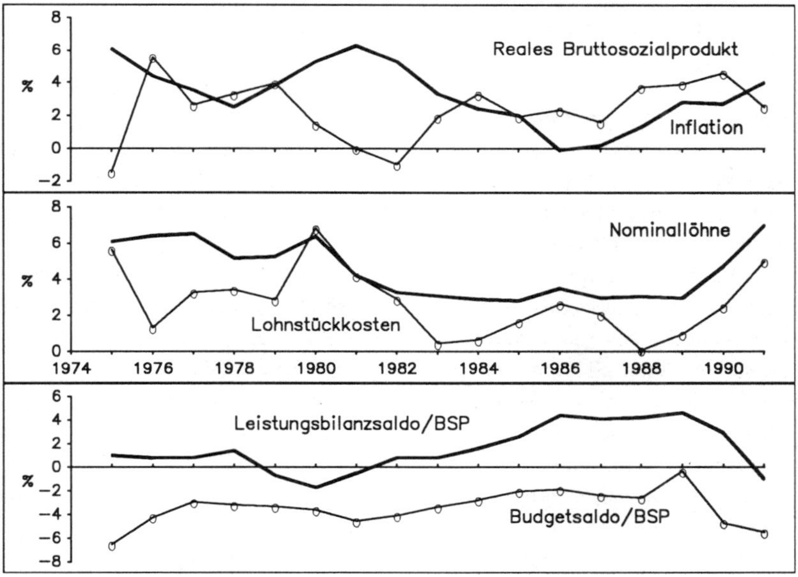

1991 geschätzt

Quelle: Deutsche Bundesbank, Sachverständigenrat.

Die Bundesbank nahm das mit der Überschreitung selbst gesetzter Geldmengenziele drohende Glaubwürdigkeitsproblem durchaus ernst. Schon der frühe Übergang zu Ziel*korridoren* ab 1979 diente der besseren Außendarstellung ihrer Politik; angesichts dieser Modifikation war allerdings die hohe Treffsicherheit der Geldmengenziele, die sich die Bundesbank danach bescheinigte (Monatsbericht 1985/1, S. 25), wenig beeindruckend. Ihre eher technische Reaktion im Jahr 1988 bestand im Wechsel des Steuerungsaggregats von der Zentralbankgeldmenge zur Geldmenge M3, die aufgrund ihrer Definition träger auf monetäre Dispositionen der Marktakteure reagiert und bei der deshalb keine stärkeren Abweichungen von einem realistisch gesteckten Zielkorridor zu erwarten sind[7].

Die Vorstellung, Zielverfehlungen beim Geldmengenwachstum würden zwangsläufig der Reputation einer Zentralbank schaden und (zusätzliche) Inflationserwartungen schüren, folgt einem zu mechanischen Denken. Nimmt man den Anspruch einer Unterstellung *rationaler* Erwartung ernst, so werden 'kluge' Marktakteure wissen, daß Ankündigungen von Geldmengenzielen gleichsam nur symbolische Handlungen darstellen. Das bedeutet keineswegs ihre Irrelevanz. Im Gegenteil: Sie sind zu interpretieren als Selbstverpflichtung der Notenbank, der Wahrung der Geldwertstabilität oberste Priorität zu geben. Diese Sichtweise gibt der Zielankündigung damit ein noch größeres Gewicht, da sich die Selbstverpflichtung nicht auf eine (letztlich für alle Beteiligte direkt uninteressante) Größe bezieht, sondern auf ein konkretes wirtschaftspolitisches Ziel. Diese Interpretation erscheint berechtigt, da die Berechnung des Geldmengenziels zwar auf ein Maximum an Wachstum abzielt, jedoch bei Wahrung einer noch tolerablen Inflation - diese Nebenbedingung stellt damit logischerweise die eigentliche Restriktion und Handlungsanweisung dar.

Die Marktakteure, insbesondere die Halter von Geldvermögen, werden deshalb nicht schon die Verfehlung des 'symbolischen' Zwischenziels des Geldmengenwachstums, sondern erst die Zulassung substantieller Inflationssteigerungen als 'Täuschungsversuch' seitens der Notenbank bewerten. Dann jedoch gerät die Währungsbehörde, wenn sie ihre Glaubwürdigkeit nicht aufs Spiel setzen will, um so mehr in Zugzwang: Über eine monetäre Restriktion, d.h. eine Unterschreitung (!) des verkündeten Geldmengenziels, muß die Wirtschaftsaktivität so gebremst werden, daß angesichts von Unterbeschäftigung und Leerkapazitäten der Lohn-Preis-Mechanismus durchbrochen wird. Abbildung 1 zeigt eine derartige Politik in den Jahren 1980/81, als nicht nur der interne Geldwert, sondern auch der Wechselkurs der D-Mark unter Druck geraten war.

Die Ankündigung des Geldmengenwachstumsziels ist damit nur ein Signal, daß die Geldpolitik ein reales Wirtschaftswachstum, nicht aber bloße Preissteigerungsprozesse finanzieren werde. Faktisch ist aber Inflation mit

7 Im Vergleich zu M3 ist in der Zentralbankgeldmenge der Bargeldumlauf überrepräsentiert, so daß sich hier zeitweilige Änderungen in der Bargeldquote in deutlichen Ausschlägen des Gesamtaggregats bemerkbar machen.

diesem geldpolitischen Konzept kurzfristig nicht direkt zu verhindern. Damit bildet die Steuerung von *Erwartungen* das eigentliche Fundament des Geldmengenkonzepts. Inflationsbekämpfung, d.h. die Dämpfung der Inflationserwartungen, erfolgt dabei über die glaubwürdige Drohung, notfalls auch Arbeitslosigkeit herbeizuführen. Dann wird der tatsächliche Lohn- und Preisauftrieb ebenfalls in Grenzen gehalten - vorausgesetzt, daß eine konjunkturelle Übernachfrage mit der Folge *knappheitsbedingter* Preissteigerungen zinspolitisch verhindert werden kann.

Die Wirkungskette: Glaubwürdigkeit der Notenbank - Vermeidung von Inflationserwartungen - Bewahrung der Geldwertstabilität wird heute von geldpolitischen Praktikern und (mehr oder weniger) allen theoretischen Ökonomen gleichermaßen anerkannt. Die Glaubwürdigkeit der Notenbank wird aber nicht durch das starre Festhalten an einer regelgebundenen Geldmengenversorgung erreicht; notwendig ist vielmehr die - zuweilen auch demonstrierte - Bereitschaft der Geldpolitik, die Geldwertstabilität notfalls auch auf Kosten der Beschäftigung zu verteidigen. Ihre 'Prinzipientreue' dokumentiert die Notenbank also gerade durch das diskretionäre Abweichen von der Geldmengenregel, d.h. durch den kompromißlosen Einsatz einer restriktiven Zinspolitik gegen die Inflationsgefahr. Zu derartigen Entscheidungen dürfte aber nur eine weitgehend regierungsunabhängige Notenbank in der Lage sein, die nicht vermittelt über demokratische Willensbildungsprozesse bei einer steigenden Arbeitslosigkeit politisch zur Rechenschaft gezogen wird. Damit ist der institutionelle Autonomiestatus der Notenbank ein wichtiger Faktor zur Wahrung ihrer Reputation.

Bei rationalen Erwartungen hat dies wiederum eine interessante Implikation: Wenn die Marktakteure wissen, daß eine Notenbank die politische Handlungsfreiheit zu einer notfalls energischen Stabilitätspolitik besitzt und sie diese auch zu nutzen bereit ist, dann werden sie dieser Notenbank einen größeren Spielraum in Entscheidungen zur kurzfristigen Konjunktursteuerung zubilligen, die ja stets mit dem Risiko behaftet sind, Inflationserwartungen auszulösen. Reputation wird indirekt gleichsam als beschäftigungspolitisches Instrument nutzbar. Dies bedeutet, daß eine 'angesehene' Notenbank keineswegs eine permanent restriktive und beschäftigungshemmende Politik verfolgen muß, um eine fortschreitende Geldentwertung zu verhindern. Paradoxerweise kann somit eine regierungsunabhängige Notenbank, die aufgrund dieses Status auf den internationalen Märkten einen vergleichsweise hohen Vertrauensvorschuß besitzt, zeitweilig die Beschäftigung mehr fördern als eine Notenbank, die institutionell in eine wirtschaftspolitische Kooperation mit anderen Akteuren eingebunden ist und dabei Kompromisse zwischen verschiedenen makroökonomischen Zielen mittragen muß.

IV. Die neuen Herausforderungen: Geldmengenpolitik nach der Währungsunion

Im Juli 1990 erfolgte mit der Währungsunion die Ausdehnung des Währungsraumes der D-Mark auf das ehemalige Gebiet der DDR. Alle auf Ost-Mark lautenden Geldforderungen und -verbindlichkeiten[8] wurden auf DM-Basis umgestellt; dabei wurde ein Umtauschkurs von 2:1 benutzt (bei privaten Ersparnissen bis zu bestimmten Festbeträgen galt ein Satz von 1:1). Damit wurde (gemessen in der Geldmengenabgrenzung M3 - vgl. oben Fußnote 5) ein Betrag von 180 Mrd DM geschaffen, d.h. etwa 15% der westdeutschen Geldmenge (Geschäftsbericht 1991, S. 48). Dieser Niveausprung in der Geldversorgung galt aus stabilitätspolitischer Sicht als nicht unproblematisch, da der durch den DDR-Beitritt erfolgte Zuwachs des Produktionspotentials nur auf 10% geschätzt wurde (Jahresgutachten 1990/91, Zf. 203). Allerdings war der gewählte Umtauschsatz zwischen Ost- und Westmark wohl in erster Linie auf politischen Überlegungen begründet und nicht auf einer möglichst exakten Berechnung des Produktionspotentials der neuen deutschen Länder (angesichts des nachfolgenden Zusammenbruchs der Marktfähigkeit der Ostproduktion zeigte sich ohnehin rasch, daß derartige Schätzungen nur auf Spekulation beruhten).

Die stabilitätspolitischen Befürchtungen erwiesen sich zunächst einmal als unbegründet, da die neuen Bundesbürger ihr DM-Finanzvermögen (dessen Ostmark-Pendant zum großen Teil aus Zwangssparprozessen entstanden war) keineswegs überwiegend zur Konsumnachfrage verwendeten. Immerhin flossen jedoch auf diesem Wege, d.h. durch den Kauf von Gütern aus westdeutscher Produktion, erhebliche Beträge in den westdeutschen Wirtschaftsraum zurück. Dadurch trat ein Liquiditätsentzug ein, der durch die Kreditvergabe in die neuen deutschen Länder nicht kompensiert wurde. Gleichzeitig wurden dort liquide Geldforderungen in längerfristige, nicht zur Geldmenge M3 gerechnete Anlagen umgewandelt; es fand somit eine Geldkapitalbildung statt, die früher in der DDR-Wirtschaft praktisch

---

8 Der saldenmechanische Reflex der Tatsache, daß die ostdeutschen Geldvermögensbesitzer Forderungstitel in einer harten Währung erhielten, war somit eine faktische Mehrbelastung der ostdeutschen Unternehmen, die ihre Schulden nun ebenfalls in harter D-Mark zu tilgen und den DM-Zins als Maßstab der Rentabilität ihrer Produktion anzulegen hatten. Es sei dahingestellt, ob eine Entwertung von Geldvermögen und -schulden nach dem Muster der westdeutschen Währungsreform nicht ein ökonomisch vernünftigerer Weg gewesen wäre.

keine Rolle gespielt hatte. Als Folge dieser Geldströme und Portfoliodispositionen schrumpfte die Geldmenge im Ostteil Deutschlands bereits im zweiten Halbjahr 1990 auf 12,5% und im ersten Halbjahr 1991 auf 11,5% der westdeutschen Geldbestände (Geschäftsbericht 1991, S. 49; Monatsbericht 1991/7, S. 15). Die anfangs 'übermäßige' Liquiditätsausstattung in den neuen Ländern korrigiert sich damit schrittweise von selbst.

Die unmittelbaren, technischen Probleme der Währungsunion im Rahmen der Geldmengensteuerung erwiesen sich somit als wesentlich geringer als zunächst vermutet. Das *Niveau* der Geldversorgung paßt sich teilweise dem Bedarf und den Anlagegewohnheiten an, die *Verteilung* der Geldmenge zwischen Ost und West ist für sich genommen (wie üblich in einem integrierten Währungsraum) kein Thema mehr und auch statistisch nicht mehr sinnvoll meßbar. Gleichwohl verbirgt sich hinter einer Ungleichverteilung das regionalpolitische Problem einer Struktur- und Anpassungskrise: Solange Kredite und Transfers in die neuen Länder als Zahlungen für Güterkäufe wieder nach Westdeutschland zurückfließen und dort als Bankeinlagen gehalten werden, ist die Produktion in Ostdeutschland offensichtlich noch nicht markt- und wettbewerbsfähig.

Die Geldpolitik kann dieses Strukturproblem aber nur indirekt im Rahmen der globalen Geldversorgung angehen. Damit rückt wieder das *Wachstum* der Geldmenge und damit der allgemeine Kurs der Zinspolitik in den Blickpunkt. Naheliegend wäre dann die Forderung, über eine expansivere Geldpolitik den Anpassungsprozeß in Ostdeutschland zu erleichtern, indem niedrigere Zinsen die Rentabilitätsschwelle für Investition und Produktion senken und großzügigere Refinanzierungsmöglichkeiten der Banken die Kreditvergabe erleichtern. Damit verbundene Preissteigerungsprozesse könnten die Wettbewerbsfähigkeit der ostdeutschen Produkte erhöhen - wenn die Löhne nicht ebenso steigen.

Aber diese letzte Bedingung zeigt bereits die Grenze eines derartigen Versuchs an, mittels einer global expansiven Geldversorgung die spezifischen Anpassungsprobleme einer rückständigen Region zu mindern. Gerade weil die Lohndynamik dort ohnehin von der fatalen Neigung geprägt ist, die in Jahrzehnten gewachsenen Einkommensdifferenzen zwischen Ost- und Westdeutschland in kürzester Zeit abzubauen, ist nicht damit zu rechnen, daß inflationsbedingte Reallohnverluste widerstandslos hingenommen werden. Nimmt man die Inflationseffekte einer gut gemeinten 'Politik des billigen Geldes' in *ganz* Deutschland ins Blickfeld, so erweist sich eine derartige Strategie als eindeutig kontraproduktiv. Denn steigende Preise müßten die Wettbewerbsfähigkeit des deutschen Exports untergraben und damit die Wirtschaft in einer Phase schwächen, in der sie ohnehin durch den Wiederaufbau im Osten belastet ist.

Der Beitritt der DDR zum westdeutschen Wirtschafts- und Währungsraum fand in einer Phase statt, die konjunkturell bereits durch zunehmende Inflationsgefahren gekennzeichnet war (vgl. Abbildung 2). Nach Meinung mancher Kritiker hatte die Geldpolitik ihren Spielraum zur Unterstützung des Aufschwungs in den Jahren 1986-88 deutlich überzogen; der wieder nach oben gerichtete Zinstrend zeigte denn auch an, daß die Bundesbank bereits 'auf Gegensteuerung' umgeschaltet hatte (vgl. Abbildung 1). Aus all dem ergibt sich, daß die Bundesbank in der gegenwärtigen Situation nicht in der Lage ist, ihre Geldpolitik vorrangig an den besonderen Bedürfnissen der Wirtschaftsentwicklung in Ostdeutschland zu orientieren, d.h. den Aufbau mittels niedriger Zinsen zu fördern. Der Bonus, über den die Bundesbank aufgrund ihrer Reputation generell verfügt und der ihr zeitweilig eine durchaus expansive Geldpolitik erlaubt, war bereits ausgenutzt, als die Währungsunion die neue Aufgabe der Integration der ehemaligen DDR in den westdeutschen Wirtschaftsraum auf die Tagesordnung setzte.

In makroökonomischer Sicht besteht das Hauptproblem der Geldmengensteuerung nach der Währungsunion in der Stabilisierung des Geldwertes: In den 80er Jahren wurde das verhaltene Wachstumstempo immer wieder als unbefriedigend eingeschätzt, weil die hohe Arbeitslosigkeit nur langsam abgebaut wurde; andererseits war eben die *Dauer* des Aufschwungs bei insgesamt stabilen Preisen durchaus auch als ein Erfolg der Wirtschaftspolitik zu verbuchen, die mit dazu beigetragen hatte, daß es nicht zu konjunkturellen Überhitzungserscheinungen kam. Die einigungsbedingte hohe staatliche Neuverschuldung führte nun aber zu einem weiteren kräftigen Nachfrageschub, so daß sich das 'klassische' Bild eines Aufschaukelungsprozesses von Preisen und Löhnen zeigt.

Die preistreibende Überbeanspruchung des Produktionspotentials ist dabei noch maßgeblich dadurch gedämpft worden, daß die Bundesrepublik gleichsam als 'Polster' auf einen beträchtlichen Exportüberschuß zurückgreifen konnte, der ab 1990 rasch abgebaut wurde; netto betrachtet wird dieser Güterstrom nun im Inland genutzt. Anders ausgedrückt: Zwar scheint die gesamtwirtschaftliche Angebotsfunktion doch recht elastisch zu sein, so daß Nachfrageerhöhungen nicht zwingend Preissteigerungen nach sich ziehen müssen; entscheidend war jedoch, daß via Importe ein Rückgriff auf die Auslandsproduktion erfolgte.

Die außenwirtschaftliche Lage der Bundesrepublik hat sich damit fundamental verändert[9]. Die partielle, kurzfristige Entschärfung des Inflationsproblems durch das Abschmelzen des Exportüberschusses kann mittelfristig über die Wechselkursentwicklung das Stabilitätsproblem vertiefen.

9 Vgl. dazu den Beitrag von Renate Ohr in diesem Band.

Die deutsche Leistungsbilanz wird 1991 wahrscheinlich nach zehn Jahren erstmals wieder ein Defizit ausweisen. Entsprechend wäre ein Nettokapitalimport nötig, um den Wechselkurs ohne Verlust an Devisenreserven halten zu können. Wenn jedoch das Ausland das Vertrauen in die Stabilität der D-Mark verliert - was u.a. angesichts der steigenden Staatsverschuldung nicht auszuschließen ist -, käme es über eine Abwendung der internationalen Kapitalbewegungen zu einer DM-Abwertung. Der Vertrauensverlust auf den internationalen Finanzmärkten würde sich vermittelt über die Preiseffekte der Abwertung in einer Verschärfung des binnenwirtschaftlichen Preisauftriebs zeigen[10].

Die denkbare Strategie, das Ausland *dauerhaft* mittels deutscher Importüberschüsse zur güterwirtschaftlichen 'Finanzierung' des Aufbaus in den neuen Ländern heranzuziehen, ist deshalb riskant, weil die Bundesrepublik als ein Land mit einer bedeutenden internationalen Anlagewährung *aus eigener Kraft* für Geldwertstabilität sorgen müßte. Preisstabilität ist in dieser Perspektive die Vorbedingung dafür, daß die internationale Geldfunktion der D-Mark nicht in einem krisenhaften Abwertungsprozeß verlorengeht[11]. Aus dieser Perspektive ähnelt die gegenwärtige Phase derjenigen um 1980, als sich die Bundesbank bei - wie heute - steigenden Inflationsraten, Haushalts- und Leistungsbilanzdefiziten sowie einer DM-Schwäche auf den Devisenmärkten zu einer Restriktionspolitik entschloß, die in erster

10 "Angesichts der hohen DM-Forderungen und -Verbindlichkeiten des Auslands ist es eine fundamentale Aufgabe der Wirtschaftspolitik und insbesondere der Geldpolitik in der Bundesrepublik, dafür Sorge zu tragen, daß das Vertrauen des Auslands in die D-Mark erhalten bleibt. Umfangreiche Abzüge könnten den Wechselkurs der D-Mark unter Druck setzen, das Realeinkommen der Bundesrepublik mindern und über höhere Einfuhrpreise das Preisklima im Inland verschlechtern" (Monatsbericht 1991/5, S. 24).

11 "Für die Bundesrepublik ist es von besonderer Bedeutung, das Vertrauen des Auslands in die D-Mark durch eine konsequente Sicherung der internen Preisstabilität zu erhalten und weiter zu festigen. Die Funktion der D-Mark als internationale Anlage- und Kreditwährung muß bei der Formulierung und Gestaltung der Geld- und Finanzpolitik stets mitberücksichtigt werden, um zu verhindern, daß über Verschiebungen in der Währungsstruktur von Auslandsforderungen und -verbindlichkeiten unangemessene Wechselkursschwankungen mit ihren negativen Folgen für die Waren- und Finanzmärkte ausgelöst werden. Die außenwirtschaftlichen Zwänge sind in einem Land mit einer international bedeutenden Währung kräftiger und rascher zu spüren als in einem Land, dessen Währung weniger stark dem internationalen Währungswettbewerb ausgesetzt ist. Die relativ hohen Zinsen in der Bundesrepublik müssen - neben anderen Bestimmungsfaktoren - auch vor diesem Hintergrund gesehen werden" (Monatsbericht 1991/5, S. 31).

Linie der Wiederherstellung des *außenwirtschaftlichen* Gleichgewichts, d.h. insbesondere der Sicherung des Außenwertes der D-Mark dienen sollte (vgl. Spahn 1988, S. 99ff.).

Während jedoch in der damaligen Situation das Argument eines angeblichen Verlusts der internationalen Wettbewerbsfähigkeit der Bundesrepublik eine große Rolle spielte, weist die Bundesbank heute zu Recht darauf hin, daß von einem generellen Wettbewerbsverlust deutscher Produkte keine Rede sein könne (Geschäftsbericht 1991, S. 34; Monatsbericht 1991/6, S. 41). Der starke Importanstieg beruhte ganz überwiegend auf dem Einkommenseffekt des im Vergleich zum Ausland hohen deutschen Wirtschaftswachstums.

Gleichwohl bleiben die steigenden Budgetdefizite auch aus der Sicht ausländischer Kapitalanleger ein Grund zur Besorgnis, weil eine dauerhaft hohe Staatsverschuldung im allgemeinen bei jeder Regierung das Interesse an vermehrter Geldentwertung weckt: Inflationsbedingt steigende Steuereinnahmen entwerten die reale Last der Staatsschuld; daher wird ein Bekenntnis der Regierung zur Preisstabilität nicht unbedingt hohe Glaubwürdigkeit beanspruchen können. Allerdings hat die Regierung in der Bundesrepublik aufgrund der eingangs beschriebenen Notenbankautonomie keinen direkten Einfluß auf den Kurs der Geldpolitik und damit auf den langfristigen Grad der Geldentwertung, so daß ein direkter Schluß von einer expansiven Finanzpolitik auf Inflation und Abwertung der Währung vorschnell wäre.

Damit ist ein unmittelbarer Vergleich zur Währungskrise der D-Mark zu Beginn der 80er Jahre heute zwar nicht angebracht; aber dennoch hat die Wirtschaftspolitik nicht zuletzt den internationalen Finanzmärkten zu demonstrieren, daß sie prinzipiell in der Lage ist, monetäre Stabilität zu sichern. Die Vorlage glaubwürdiger Konzepte zur mittelfristigen Budgetkonsolidierung ist dazu ebenso notwendig wie ein nachdrückliches Bekenntnis zur Bewahrung der institutionellen Stellung der Bundesbank[12]. Gerade

12 Der von der *Regierung* zu fällenden Entscheidung über die Nachfolge des aus dem Amt scheidenden Bundesbankpräsidenten Pöhl kam deshalb in ihrer Außenwirkung geradezu strategische Bedeutung zu. Die Wahl eines eher dem Regierungslager 'zuzurechnenden' Kandidaten hätte als Signal einer künftig mehr an kurzfristigen Regierungsinteressen orientierten Geldpolitik (miß-) verstanden werden können. Die Ernennung Schlesingers könnte demgegenüber die Bereitschaft symbolisieren, die allgemeine Wirtschaftspolitik auch fortan dem Notenbankkurs unterzuordnen und damit die oberste Priorität der Geldwertstabilität anzuerkennen. Nicht auszuschließen ist freilich, daß die Regierung gerade mit dieser Entscheidung die hohe stabilitätspolitische Reputation Schlesingers auszunutzen trachtet, um die Zinseffekte der Budgetpolitik nicht noch durch Risikoprämien für die D-Mark zu verstärken.

diese Selbstbindung, die kurzfristig ohne Zweifel den Handlungsspielraum der Regierung beschränkt, kann der Wirtschaftspolitik auf den Märkten zumindest eine gewisse Glaubwürdigkeit verleihen, die sie benötigt, um pragmatische und ordnungspolitisch auf den ersten Blick fragwürdige Maßnahmen zur Wirtschaftsförderung durchsetzen zu können. Aber ebenso wenig kann ein Zweifel daran bestehen, daß die ökonomisch rationale Beibehaltung des Hartwährungsstatus der D-Mark in regionalpolitischer Hinsicht grundsätzlich einen harten Kurs impliziert, der den Abbau struktureller Ungleichgewichte zwischen West und Ost kurzfristig nicht gerade fördern wird.

Die Bundesbank wird das Festhalten an der bewährten institutionellen Rollenverteilung in der Wirtschaftspolitik als Auftrag zur "Währungssicherung" (in binnen- und außenwirtschaftlicher Hinsicht) verstehen. Eine Unterstützung des wirtschaftlichen Aufbaus in den neuen Ländern findet danach wie erwähnt seine Grenze in der Nebenbedingung, daß die Reputation der Bundesbank als Währungsbehörde nicht gefährdet werden darf. Damit muß insbesondere die Zinspolitik eine schwierige Gratwanderung zwischen monetärer Restriktion und realwirtschaftlicher Ankurbelung vollführen. Dabei ist festzuhalten, daß die Geldpolitik direkt nur das Niveau der kurzfristigen Zinsen zu steuern vermag. Damit ist zwar prinzipiell ein gleichgerichteter Effekt auf den Kapitalmarktzins verbunden (z.B. weil die Geschäftsbanken bei einer Verteuerung ihrer Refinanzierung bei der Bundesbank nun vermehrt Wertpapiere verkaufen, um ihren Liquiditätsbedarf zu decken). Aber andere Faktoren wie vor allem die Inflationserwartung prägen ebenfalls die Entwicklung der langfristigen Zinsen; dabei kann sich auch die scheinbar paradoxe Konstellation ergeben, daß der Kapitalmarktzins trotz einer Anhebung der Geldmarktzinsen *sinkt*, eben weil die Kursänderung der Notenbank die Inflationsängste dämpft.

Eben in dieser Weise interpretierte denn auch die Bundesbank die Phase leicht sinkender Kapitalmarktzinsen zu Jahresbeginn 1991 trotz einer Verschärfung der geldpolitischen Restriktion: Die Diskont- und Lombardanhebung "stärkte offensichtlich das Vertrauen der Anleger in die längerfristige Stabilität der D-Mark und hatte gerade am 'langen Ende' des Anleihemarktes einen stärkeren Zinsabbau zur Folge" (Monatsbericht 1991/6, S. 17). Eine nähere Betrachtung zeigt freilich, daß der Zinssenkungsprozeß auf dem Kapitalmarkt bereits *vor* der Erhöhung der kurzfristigen Zinsen eingesetzt hatte - im wesentlichen eine Folge einer gewissen Entspannung auf den internationalen Finanzmärkten - und kurz *danach* in der Bundesrepublik zum Stillstand kam. Damit kann man die Argumentation der Bundesbank auch umkehren: Wenn exogene Faktoren, und hier vor allem die Konstellation auf dem Weltkapitalmarkt, eine tendenzielle Absenkung der nationalen langfristigen Zinsen bewirken, dann ist eine restriktivere Gangart der Geldpolitik möglich, ohne daß dies direkt an steigenden Anleihezinsen im Inland ablesbar - und kritisierbar - wird (Pohl 1991).

Aber es geht an dieser Stelle nicht um möglicherweise fragwürdige Begründungen und Rechtfertigungen der auf Stabilität bedachten Zinspolitik der Bundesbank, sondern um die Wirkungen dieser Politik selbst. Es wird eigentlich immer wahrscheinlicher, daß der restriktive Kurs der Geldpolitik wie in der Vergangenheit seine stabilitätspolitische Wirkung auf dem Wege einer mit zunehmender Arbeitslosigkeit verbundenen Konjunkturabschwächung erzielen wird. In diesem Zusammenhang ist bemerkenswert, daß die Bundesbank - nachdem der Pfad des Geldmengenwachstums in der ersten Jahreshälfte am unteren Rand des Zielkorridors von 4-6% lag - im Juli 1991 beschloß, den Korridor auf 3-5% zu beschränken[13].

Die nachträgliche Anpassung der Zielvorgabe an die faktische Entwicklung ist ein in der Geschichte der Geldmengensteuerung in der Bundesrepublik einmaliger Vorgang. Er wurde von der Bundesbank zunächst als eher technische Reaktion auf die oben erwähnte Angleichung der ostdeutschen an die westdeutsche Struktur der Geldvermögenshaltung dargestellt: Eine Umschichtung zu längerfristigen Sparformen, die in M3 nicht mehr enthalten sind, schlägt sich in einem verringerten Geldmengenwachstum nieder, ohne daß dies Ausdruck einer Verschärfung der monetären Restriktion wäre. Aber zugleich wurde die Verringerung des Geldmengenziels explizit als ein weiteres Signal an die Marktakteure verstanden, das eine kompromißlose Haltung der Geldpolitik im Kampf um die Geldwertstabilität anzeigen solle (Monatsbericht 1991/7, S. 14ff.). Damit ist zu vermuten, daß mit der Absenkung des Zielkorridors ein Legitimationsspielraum für weitere Zinsanhebungen vorbereitet wurde (die unmittelbar *vor* dem G7-Gipfel in London das politische Klima gestört hätten). Wenn die Inflation im Jahresverlauf erwartungsgemäß an Dynamik gewinnt, kann so die monetäre Restriktion verschärft werden, ohne daß sich die Bundesbank (wie in den Jahren 1980/81) dem Vorwurf aussetzen müßte, ihre eigene Norm der Geldversorgung zu unterschreiten.

Aber selbst ohne weitere zinspolitische Maßnahmen bedeutet das Anpeilen eines Geldmengenwachstums von ca. 4% (bei einer etwa ebenso hohen Inflationsrate und einer angenommenen Konstanz der Umlaufsgeschwindigkeit des Geldes - vgl. oben Fußnote 6), daß für ein reales Wirtschaftswachstum offenbar kein Finanzierungsspielraum mehr eingeplant wird. Es mehren sich denn auch die Anzeichen dafür, daß die Konjunktur an Fahrt verliert (Monatsbericht 1991/6, S. 5ff., 33ff.); es kann bei einer

13 Dies ist in der Abbildung 1 bereits berücksichtigt.

vorübergehenden Abschwächung der Wirtschaftsaktivität bleiben, die rasch wieder überwunden wird, oder - wenn die Zinsschraube weiter gedreht wird - eine Krise wie 1975 oder 1982 folgen.

Abschließend ist somit festzuhalten, daß neben den regionalpolitischen Problemen der Strukturkrise in Ostdeutschland makroökonomische Probleme wie die steigende Staatsverschuldung und die Inflationsbeschleunigung aufgetreten sind, die letztlich als Konsequenz der Währungsunion betrachtet werden müssen. Zur Währungsunion gab es keine politisch und ökonomisch realisierbare Alternative; ebensowenig gibt es angesichts des Kurses in der Lohn- und Budgetpolitik eine Alternative zu der notwendigen Stabilisierungspolitik der Bundesbank.

Geldmengenpolitik ist ein einfaches, nicht perfektes Konzept zur Wahrung nominaler Stabilität, die - wie sich an der Geschichte der Geldwirtschaft in der Bundesrepublik gezeigt hat - langfristig zur realwirtschaftlichen Wohlstandsmehrung unverzichtbar ist. Wenn eine Lohn- und Preisinflation nicht schon in der Entstehung verhindert werden kann, gehört die zinspolitische Restriktion zu den Spielregeln des Konzepts. Struktur- und regionalpolitische Vorbehalte kann es dann nicht geben.

Geldmengensteuerung ist somit direkt kein Instrument zur wirtschaftlichen Integration der neuen Länder. Gleichwohl erzwingt die Geldpolitik durch ihren Kurs die Anpassung der Wirtschaft Ostdeutschlands an die besonderen makroökonomischen Rahmenbedingungen eines Hartwährungsraumes. Der Ausgleich für die Anpassungslasten kann allein in der Erwartung bestehen, daß langfristig alle von den Erträgen einer derartigen Geld- und Währungspolitik profitieren. Die Regelung der Verteilung der Anpassungskosten ist nicht Aufgabe der Bundesbank. Diese besteht in der gegenwärtigen Situation vielmehr darin, zu verhindern, daß West- *und* Ostbürger gleichermaßen versuchen, die unausweichlichen Belastungen in einem inflationären Prozeß wechselseitig zu überwälzen.

Literatur

Barro, R.J. (1986): Recent Developments in the Theory of Rules versus Discretion, in: Economic Journal, 96, Supplement, 23-37.

Caesar, R. (1981): Der Handlungsspielraum von Notenbanken - Theoretische Analyse und internationaler Vergleich, Baden-Baden.

Emminger, O. (1986): D-Mark, Dollar, Währungskrisen, Stuttgart.

Flassbeck, H. (1982): Was ist Angebotspolitik? In: Konjunkturpolitik, 28, 75-138.

Geschäftsbericht der Deutschen Bundesbank für das Jahr 1990, Frankfurt 1991.

Jahresgutachten 1990/91 des Sachverständigenrates, Bundestagsdrucksache 11/8472, Bonn 1990.

Monatsberichte der Deutschen Bundesbank, Frankfurt 1985, 1991.

Pohl, R. (1991): Vor Zinsanhebungen wird gewarnt - Monetäre Analyse für den Sommer 1991, Institut für Empirische Wirtschaftsforschung, Berlin.

Riese, H./Spahn, H.-P. (Hrsg.) (1990): Geldpolitik und ökonomische Entwicklung - Ein Symposion, Regensburg.

Rogoff, K. (1985): The Optimal Degree of Commitment to an Intermediate Monetary Target, in: Quarterly Journal of Economics, 100, 1169-1189.

Scharpf, F.W. (1987): Sozialdemokratische Krisenpolitik in Europa, Frankfurt.

Schlesinger, H. (1985): Zehn Jahre Geldpolitik mit einem Geldmengenziel, in: Gebauer, W. (Hrsg.): Öffentliche Finanzen und monetäre Ökonomie, Frankfurt, 123-147.

Spahn, H.-P. (1988): Bundesbank und Wirtschaftskrise - Geldpolitik, gesamtwirtschaftliche Finanzierung und Vermögensakkumulation der Unternehmen 1970-1987, Regensburg.

Wagner, H. (1989): Stabilitätspolitik - Theoretische Grundlagen und institutionelle Alternativen, München/Wien.

Außenwirtschaftliche Konsequenzen der Wiedervereinigung

von Renate Ohr

1. Einleitung

Der im Schnellverfahren und daher in weiten Bereichen konzeptionslos vollzogene Wiedervereinigungprozeß mag aus *politischen Gründen* in dieser Form notwendig gewesen sein. Die damit verbundene Vielzahl *ökonomischer Risiken* und Probleme wird in ihren Dimensionen aber immer noch oftmals unterschätzt. Schließlich gibt es kein historisches Beispiel für eine solche unvorbereitete Integration zweier in nahezu jeder Hinsicht unterschiedlicher Wirtschaftsräume: Es differieren ja hier nicht nur Produktionsstruktur, Preisstruktur und gesamtwirtschaftliches Leistungsvermögen, sondern zugleich muß eine der beiden Regionen auch noch den abrupten Übergang von einem Wirtschaftssystem in ein anderes verkraften. Es steht außer Frage, daß ein Wirtschaftssystem nicht von einem Tag auf den anderen friktionslos in sein Gegenteil umgewandelt werden kann, sondern daß damit eine mehr oder weniger lange Periode der Transformation mit großen strukturellen Ungleichgewichten und Anpassungsproblemen verbunden ist.

Schließlich muß noch berücksichtigt werden, daß die beiden Regionen auch in ihren ökonomischen Außenbeziehungen nicht vergleichbar sind. Während Westdeutschland im Jahr 1990 die weltweit führende Exportnation war, hatte sich die ehemalige DDR außenhandelspolitisch von der westlichen Welt nahezu vollkommen abgeschottet. Durch die Wiedervereinigung wird diese Region nun dem vollen Wettbewerb westlicher Industrie- und Schwellenländer ausgesetzt. Die Problematik der Integration relativ rückständiger ehemaliger Staatshandelsländer in den freien Welthandel der Industrie- und Schwellenländer ist daher bei den Perspektiven für die künftige Entwicklung Gesamtdeutschlands miteinzubeziehen. Vor allem mit diesem letzten Problemkreis will sich der vorliegende Beitrag befassen.

2. Außenwirtschaftsbeziehungen vor der Wiedervereinigung

Außenwirtschaftliche Beziehungen entstehen zum einen durch den internationalen Handel mit Gütern und Dienstleistungen, zum anderen durch internationale Finanztransaktionen. In der westlichen Welt sind mittlerweile mehr als 90% der Devisenumsätze durch internationale Finanztransaktionen bedingt[1]. In den Staatshandelsländern prägten dagegen bis in die jüngste Zeit die Handelstransaktionen die außenwirtschaftlichen Beziehungen. Trotz des starken Anstiegs der internationalen Finanzverflechtungen in der westlichen Welt und deren Einfluß auf die Devisenmärkte und die Stabilität der Währungen sind Volumen und Struktur des Außenhandels aber auch dort nach wie vor von hoher Relevanz, da sie wichtige Einflußfaktoren für die nationalen Produktions- und Beschäftigungsentwicklungen sind (Ohr 1991, S. 134).

Die Bedeutung, die der Außenhandel für die jeweilige heimische Wirtschaft hat, ist von Land zu Land verschieden. Die Bedeutung der Exportwirtschaft wird zumeist an der Relation von Exportwert (Güter und Dienstleistungen) zum Bruttosozialprodukt eines Landes gemessen. Diese betrug z.B. 1989 in der Bundesrepublik Deutschland um 35% (IMF 1991), in der DDR ca. 25% (Siebert 1991, S. 14). Die globalen Zahlen verdeutlichen allerdings noch nicht, inwieweit einzelne Sektoren vom Exportgeschäft abhängig sind. Mißt man die Exporte im Verhältnis zur Bruttoproduktion eines Sektors in Prozent, so ergaben sich für die Bundesrepublik Mitte der 80er Jahre folgende sektorale Exportquoten: Maschinenbau mehr als 45%, Straßenfahrzeugbau und Nicht-Eisen-Metallerzeugung knapp 45%, Textilgewerbe, Chemische Industrie und Eisenschaffende Industrie über 40%, Elektrotechnik knapp unter 35% (DIW 1987, S. 55).

Betrachtet man die Regionalstruktur des bundesdeutschen Außenhandels vor der Wiedervereinigung, so zeigt sich, daß mehr als 85% der Exporte in westliche Industrieländer flossen (55% in die EG) und weniger als

1 Es wird geschätzt, daß der Welthandel (gemessen an den Güterexporten) *pro Jahr* einen Wert von etwa 2.100 Mrd. Dollar ausmacht, der Devisenhandel *pro Tag* aber etwa 340 Mrd. Dollar. Die Devisenumsätze aus dem Außenhandel erklären danach allenfalls die Devisenumsätze von 6 Tagen. Der Rest ist durch Finanztransaktionen bestimmt. Allerdings können bei den Finanztransaktionen Mehrfachzählungen vorliegen (Siebert 1991, S. 354).

5% in die ehemaligen Staatshandelsländer. Auf der Importseite sieht es ähnlich aus: Knapp 83% wurden aus westlichen Industrieländern bezogen (51% aus der EG) und ca. 5% aus den ehemaligen Staatshandelsländern. Mehr als 55% der Exporte sind Investitionsgüter, insbesondere Straßenfahrzeuge, Maschinenbauerzeugnisse und elektrotechnische Erzeugnisse. Knapp 25% der Exporte sind Grundstoffe und Produktionsgüter und etwas über 12% Konsumgüter. Auch auf der Importseite spielen Investitionsgüter eine große Rolle (etwas mehr als 35%); es folgen Grundstoffe und Produktionsgüter (knapp 28%) und Konsumgüter (16,5%) (IdW 1991).

Auch wenn der Anteil der Exporte am Bruttosozialprodukt in der ehemaligen DDR rund 25% betrug, so war doch der absolute Wert der Exporte vergleichsweise gering, da auch das Bruttosozialprodukt im internationalen Vergleich niedrig war. Der gesamte Außenhandelsumsatz (Exporte und Importe) machte im Jahr 1989 nur etwa 8% des entsprechenden Umsatzes der Bundesrepublik aus (Statistisches Bundesamt 1990, S. 11f.). Die Importe sollten lediglich der Aufgabe dienen, Lücken im eigenen Warenangebot zu schließen, und die Exporte wurden als "notwendiges Übel zu ihrer Finanzierung" angesehen (Schumacher/Möbius 1990, S. 156). Die Regionalstruktur des DDR-Außenhandels war naturgemäß durch den Handel mit den RGW-Ländern dominiert. Nur knapp ein Drittel des Außenhandels erfolgte mit westlichen Industrieländern; die Hälfte davon wiederum wurde im Rahmen des innerdeutschen Handels abgewickelt.

Eine Analyse der Warenstruktur zeigt, daß die Exporte der DDR zu rund 90% Güter des Verarbeitenden Gewerbes waren, wobei jedoch Erzeugnisse der Grundstoff- und Produktionsgüterindustrie eine größere Rolle spielten als in der Bundesrepublik (Schumacher/Möbius 1990, S. 132). Während im Handel mit den RGW-Staaten die DDR vielfach Investitionsgüter exportierte und Rohstoffe importierte, zeigte sich im Westhandel eine für ein Industrieland eher untypische Spezialisierung (Lorenz 1991, S. 5). So dominierten dort im Export eher Produkte mit relativ geringer Fertigungstiefe und technologisch ausgereifter Produktionsstruktur (Güter der Standardisierungsphase des Produktlebenszyklus). Darüber hinaus spielten auch Ausfuhren im Bereich Textilien und Bekleidung eine wichtige Rolle.

Insgesamt war der Westhandel der DDR durch einen Exportüberschuß im Bereich Grundstoffe und Produktionsgüter gekennzeichnet und durch einen Importüberschuß bei Erzeugnissen der Investitionsgüterindustrien sowie bei Nahrungs- und Genußmitteln. Im Osthandel überwogen zwar Industriegüterexporte, doch waren diese nicht vergleichbar mit den auf den westlichen Weltmärkten angebotenen Investitionsgütern. Schließlich war auch der Anteil an humankapital-, forschungs- und technologieintensiven Gütern am Export relativ gering und der Anteil energieintensiver Güter relativ hoch. Hier spiegelte sich also nicht der vielfach hervorgehobene hohe Humankapitalbestand der DDR wider (Schumacher/Möbius 1990, S. 138).

Nach dieser kurzen Bestandsaufnahme von Volumen und Struktur der Außenwirtschaftsbeziehungen Ost- und Westdeutschlands vor der Wiedervereinigung ergeben sich drei weitere Fragestellungen:

- Welche Veränderungen im Außenhandel werden sich für die Region der ehemaligen DDR ergeben?
- Welche Auswirkungen werden sich für den gesamtdeutschen Außenhandel und die deutsche Leistungsbilanz ergeben?
- Welche Auswirkungen sind für Richtung und Umfang der internationalen Kapitalströme Gesamtdeutschlands zu erwarten?

3. Traditionelle Außenhandelstheorien

Während die Außenhandelsbeziehungen in Ostdeutschland vorrangig komplementärer Natur waren (Industriewaren gegen Primärgüter) und vor allem dazu dienen sollten, den Mitgliedern des RGW eine gewisse Autarkieposition gegenüber dem Rest der Welt zu ermöglichen (Lorenz 1991, S. 7 und 3), bedeutet die Wiedervereinigung nun die ökonomische Anbindung Ostdeutschlands an ein in hohem Maße an internationaler Arbeitsteilung und internationalem Wettbewerb ausgerichtetes Westdeutschland. Welche Folgen für den ostdeutschen Außenhandel werden sich nun durch das neue Leitbild des Freihandels und der internationalen Konkurrenz ergeben?

Für die Erklärung von Außenhandelsstrukturen werden die verschiedensten Ansätze herangezogen. Die *klassische Außenhandelstheorie (Ricardo)* führt den Außenhandel auf internationale Produktivitätsunterschiede zurück, d.h. auf zwischen In- und Ausland divergierende Produktionsfunktionen bei homogenen Produkten (Bender 1990, S. 428). Exportiert werden Güter, die mit komparativen Produktivitätsvorteilen gefertigt werden, die sich in relativen Preisvorteilen widerspiegeln. Importiert werden Güter, die nur mit komparativen Produktivitätsnachteilen und damit relativ teuer im eigenen Land erstellt werden können. Internationale Produktivitätsunterschiede liegen insbesondere bei unterschiedlichen natürlichen Produktionsbedingungen vor, so daß der Außenhandel mit den sogenannten 'Ricardo-Gütern' vor allem den internationalen Handel mit Rohstoffen und landwirtschaftlichen Produkten beschreibt. In Ländern, die reich an natürlichen Ressourcen sind, wird sich ein relativ hoher Anteil ressourcenintensiver

Produkte - also Ricardo-Güter - in der Produktions- und Exportstruktur finden (Preusse 1990, S. 85).

In der *neoklassischen Handelstheorie von Heckscher und Ohlin* werden internationale Unterschiede in der Ausstattung mit Produktionsfaktoren hervorgehoben. Die sogenannten 'Heckscher-Ohlin-Güter' werden mit weltweit gleichartigen Standardtechnologien erzeugt und sind durch ganz spezifische Faktorintensitäten (z.B. arbeitsintensiv hergestellte oder kapitalintensiv hergestellte Güter) gekennzeichnet. Ein Land wird solche Güter vorrangig produzieren und exportieren, bei deren Herstellung genau der Produktionsfaktor besonders intensiv genutzt wird, der in diesem Land reichlich und damit relativ billig vorhanden ist. Ein reich mit Arbeitskräften ausgestattetes Land wird damit vorrangig arbeitsintensiv hergestellte Güter exportieren. Entsprechend werden jene Güter importiert werden, die bei der Herstellung solche Produktionsfaktoren besonders benötigen, die im eigenen Land nur in geringem Umfang und damit nur zu hohen Faktorpreisen verfügbar sind. Mit Hilfe dieses neoklassischen Ansatzes kann zumindest ein Teil des internationalen Handels mit industriellen Zwischenprodukten und Fertigwaren erklärt werden (Bender 1990, S. 428).

Während diese beiden traditionellen Außenhandelstheorien sich mit der Erklärung statischer Außenhandelsstrukturen befassen, erfordert die aktuelle Realität sich wandelnder weltwirtschaftlicher Strukturen Modellansätze zur Beschreibung der dynamischen Entwicklung der internationalen Arbeitsteilung. Eine Alternative stellt die Mitte der 60er Jahre von Vernon und Hirsch auf Basis der Theorie der technologischen Lücke entwickelte *Produktzyklustheorie des Außenhandels* dar (Ohr 1985, S. 27ff.). In einer Welt rascher technologischer Veränderungen, oligopolistischer Marktstrukturen und möglicher Massenproduktionsvorteile ist die Annahme international homogener Produkte oder international identischer Produktionsfunktionen unrealistisch. Sowohl die produktions- als auch die prozeßtechnologischen Informationen sind nicht jederzeit weltweit beliebig verfügbar.

Produktzyklusgüter sind dadurch gekennzeichnet, daß sie mehrere Entwicklungsphasen durchlaufen, in denen jeweils unterschiedliche Produktions- und Absatzbedingungen vorherrschen. Je nach Lebensphase werden dann unterschiedliche Ländergruppen für die Produktion und den Export besonders geeignet sein. Hochentwickelte Industrieländer werden aufgrund ihrer spezifischen Faktorausstattung Ursprungsländer neuer Produkte sein und hier auch zunächst Exportmonopole realisieren können. In der Ausreifungsphase gewinnen die Imitatoren aus anderen Ländern Marktanteile, in der Standardisierungsphase können die Produkte mit weltweit bekannten Produktionstechnologien überall hergestellt werden. Sie werden jetzt mit hohem Kapitaleinsatz (Fließbandherstellung, Roboter), aber relativ gering qualifizierten Arbeitskräften gefertigt, so daß sich Lohnkostenvorteile für die Schwellenländer ergeben können.

Länder, die besondere Vorteile bei der Herstellung technologieintensiver Güter haben, werden sich damit auf die Produktion und den Export von Produktzyklusgütern der Innovationsphase konzentrieren. Da diese Länder zumeist ein relativ hohes Lohnniveau aufweisen, werden sie ihre Marktanteile in der Standardisierungsphase verlieren zugunsten aufstrebender Entwicklungsländer mit Lohnkostenvorteilen. Anfängliche Exportprodukte können also im Laufe der Zeit zu Importprodukten eines Industrielandes werden.

Die bisher vorgestellten traditionellen Außenhandelstheorien (Außenhandel mit Ricardo-Gütern, Außenhandel mit Heckscher-Ohlin-Gütern, Außenhandel mit Produktzyklusgütern) erklären Außenhandelsstrukturen, die zu sektoraler Spezialisierung führen, d.h. zu inter-industriellem Handel. Gerade im Handel zwischen Industrieländern zeigt sich jedoch, daß die Spezialisierung abnimmt und dafür die *intra-industrielle Arbeitsteilung* ausgeweitet wird (DIW 1988, S. 82). Von intra-industriellem Handel spricht man, wenn ein Land innerhalb relativ enger Produktgruppen sowohl exportiert als auch importiert. Dies ist dann der Fall, wenn die internationalen Handelspartner ein ähnliches Industrialisierungsniveau und ähnliche Faktorausstattungen aufweisen. Die Vorzüge des intra-industriellen Handels bestehen in der Möglichkeit einer breiten Produktdifferenzierung und damit der Befriedigung weitgefächerter Verbraucher-Präferenzen, die mit steigendem Einkommen vielfach auftreten. Bei heterogenen Gütern kann intra-industrieller Außenhandel für alle Beteiligte Vorteile bringen, da die Abdekkung vielfältiger Konsumentenpräferenzen verbunden werden kann mit Massenproduktionsvorteilen, indem sich die einzelnen Länder jeweils auf ganz bestimmte Ausgestaltungsformen der gehandelten Güter spezialisieren. Intra-industrielle Arbeitsteilung kennzeichnet damit insbesondere den Handel mit industriell gefertigten Verbrauchsgütern mit hoher Produktdifferenzierung.

Es stellt sich nun die Frage, auf welcher Ebene Unternehmen der ehemaligen DDR in den Welthandel eintreten können. Die bisherige Außenhandelsstruktur war ja in weiten Bereichen komplementärer Natur und entsprach auch sonst nicht unbedingt dem Spezialisierungsmuster komparativer Vorteile (Stehn/Schmieding 1990, S. 71). Werden sich die ostdeutschen Unternehmen jetzt zunächst in Konkurrenz mit Schwellenländern um die Produktion von Produktzyklusgütern der Standardisierungsphase bemühen müssen oder kann auch schon in absehbarer Zeit ein verstärkter Eintritt in den intra-industriellen Handel erfolgen? Ein Ansatzpunkt zur Beurteilung der Frage, wie sich die neuen Bundesländer in den Welthandel integrieren werden und wie sich auch der gesamtdeutsche Außenhandel verändern wird, kann die Analyse der künftigen Entwicklung der internationalen Wettbewerbsfähigkeit Deutschlands sein.

4. Entwicklung der internationalen Wettbewerbsfähigkeit

Der Begriff der internationalen Wettbewerbsfähigkeit einer Volkswirtschaft ist allerdings nicht klar definiert. Ein einzelnes Unternehmen wird allgemein als wettbewerbsfähig gelten, wenn es auf Dauer einen Gewinn erzielen kann, der - gemessen z.B. als Umsatzrentabilität oder Kapitalrentabilität - die Rendite vergleichbarer Anlagemöglichkeiten zumindest nicht unterschreitet. Internationale Wettbewerbsfähigkeit eines einzelnen Unternehmens läge danach vor, wenn solche Renditen ganz oder zum Teil durch das Exportgeschäft oder in importkonkurrierenden Branchen erzielt werden. Für eine gesamte Volkswirtschaft könnte man internationale Wettbewerbsfähigkeit dementsprechend mit der Standortqualität gleichsetzen, international wettbewerbsfähige Unternehmen in der Volkswirtschaft anzusiedeln und/oder zu halten.

Diese Definition ist jedoch wenig operabel, so daß zur Messung der internationalen Wettbewerbsfähigkeit andere Indikatoren herangezogen werden müssen (Fels 1988, S. 136ff.; Löbbe 1991, S. 91ff.).

Als ein Hauptkriterium zur Bestimmung der internationalen Wettbewerbsfähigkeit eines Landes wird vielfach der *Leistungsbilanzsaldo* angesehen. Anhaltende Leistungsbilanzüberschüsse erscheinen danach ein Indikator für hohe Wettbewerbsfähigkeit, Leistungsbilanzdefizite vice versa. Kurz- und mittelfristig ist der Leistungsbilanzsaldo jedoch nur ein schlechter Indikator, zum einen da er stark durch konjunkturelle Schwankungen geprägt sein kann, zum anderen da Wechselkursveränderungen sich kurzfristig invers auf die Leistungsbilanz auswirken: Eine Abwertung der Währung zur Verbilligung eigener Produkte führt kurzfristig nur zu einer Verteuerung der Importe und damit zu einer Verschlechterung der Leistungsbilanz, während die positiven Effekte über einen Exportanstieg und einen Importrückgang erst mittelfristig wirksam werden. Es wäre nun hier falsch, eine aktuell noch ungünstige Leistungsbilanzposition als Indikator für eine schlechte Wettbewerbsposition anzusehen.

Aber auch mittelfristig können sich Leistungsbilanzveränderungen ergeben, die nicht auf die internationale Wettbewerbsfähigkeit zurückzuführen sind. Wertet die Inlandswährung aufgrund zinsinduzierter oder spekulativer Kapitalzuflüsse stark auf, so wird dies - sobald die Gütermärkte reagieren - zu einer Verschlechterung der Leistungsbilanz führen, obwohl sich an der Leistungsfähigkeit der Volkswirtschaft sonst nichts geändert hat.

Als weiterer Ansatzpunkt für die Messung der Konkurrenzfähigkeit eines Landes wird vielfach sein *Weltmarktanteil* berechnet. Oft untersucht man darüber hinaus spezielle Weltmarktanteile bei bestimmten Produkten oder Produktgruppen, wie z.B. bei Hochtechnologiegütern. Konkurrenzfähigkeit zeigt sich jedoch nicht nur an den Weltmarktanteilen im Exportgeschäft, sondern unter Umständen auch daran, inwieweit ausländisches Kapital attrahiert werden kann. Ein *Kapitalbilanzüberschuß* könnte etwa das Vertrauen ausländischer Anleger in die internationale Wettbewerbsfähigkeit eines Landes widerspiegeln. In einem System flexibler Wechselkurse führen solche Kapitalzuflüsse allerdings zu einer Aufwertung der Währung, bis ein entsprechendes Leistungsbilanzdefizit entsteht, und sich damit Devisenangebot und Devisennachfrage wieder entsprechen. Unter solchen Umständen ist es schwierig, ex ante festzulegen, ob das Leistungsbilanzdefizit oder der Kapitalbilanzüberschuß der 'richtigere' Indikator für die Wettbewerbsfähigkeit ist.

Andererseits können auch hohe langfristige *Kapitalexporte* (Direktinvestitionen) positiv interpretiert werden. Zum einen können solche Kapitalabflüsse eine Abwertung der Währung induzieren, die die Exportchancen verbessert. Zum anderen sprechen umfangreiche Kapitalexporte für eine hohe Sparfähigkeit und Sparneigung der Volkswirtschaft. Schließlich dienen die Direktinvestitionen vielfach auch vor allem der Marktpflege im Ausland - unter dem Gesichtspunkt der Absatzbegleitung und Absatzsicherung (Lang/ Ohr 1991, S. 47; Löbbe 1991, S. 94) -, so daß sie hierdurch die internationale Wettbewerbsfähigkeit verbessern können.

Manchmal wird die internationale Wettbewerbsfähigkeit aber auch anhand des realen Wechselkurses bzw. der '*commodity terms of trade*' beurteilt[2]. Die commodity terms of trade geben die Relation des Exportpreisindexes zum Importpreisindex wieder. Nach diesem Kriterium ist eine Volkswirtschaft dann besonders wettbewerbsfähig, wenn sie ihre Ausfuhrpreise stärker erhöhen kann als die Importpreise steigen. Für eine Exporteinheit können nun mehr Importgüter erworben werden.

Die Aussagefähigkeit dieser Kennziffer ist jedoch begrenzt, da daraus nicht hervorgeht, ob die relativ hohen Exportpreise bei gleichbleibendem Absatz oder bei zurückgehendem Exportgeschäft erzielt werden. Trifft letzteres zu, so würde dies nicht für eine verbesserte Konkurrenzfähigkeit sprechen. Dieser Zusammenhang kann jedoch mit dem Konzept der

2 So z.B. vom Sachverständigenrat zur Begutachtung der gesamtwirtschaftlichen Entwicklung in seinem Jahresgutachten 1988/89.

'*income terms of trade*' berücksichtigt werden[3]. Die income terms of trade setzen die Exporterlöse zu den Importpreisen in Relation. Damit ergibt sich eine Aussage, welche Importmengen mit den effektiv erwirtschafteten Exporterlösen erworben werden können. Eine Erhöhung der income terms of trade spricht dafür, daß die betrachtete Volkswirtschaft einen wachsenden Vorteil aus dem Außenhandel zieht.

Die Analyse von Export- und Importpreisen sagt jedoch nichts darüber aus, ob die Anbieter mit diesen Preisen auch langfristig kostendeckend arbeiten können. Die Wettbewerbsposition einer Volkswirtschaft wird daher deutlicher, wenn man die Kostensituation im In- und Ausland vergleicht. Vielfach wird deshalb auch ein Vergleich der *Lohnstückkosten* als Maßstab für die internationale Wettbewerbsfähigkeit genommen (Fels 1988, S. 140).

Auch von Bedeutung, aber weniger operational sind nicht-preisliche Merkmale wie Qualität, Design, Image, Service oder Lieferfähigkeit. Eher dynamische Indikatoren sind das technologische Potential, die Innovationshäufigkeit, die Aufwendungen für Forschung und Entwicklung, die Anzahl der Patente, der Ausbildungsstand der Arbeitskräfte. Schließlich gehören auch noch die allgemeinen wirtschaftspolitischen Rahmenbedingungen dazu, wie Unternehmenssteuern, Maßnahmen der Regulierung oder Deregulierung, Flexibilität des Arbeitsmarktes, Protektionismus usw. Diese Faktoren können auch als ergänzend zu den anfangs genannten Indikatoren gesehen werden, da sie zumeist die Exportmöglichkeiten und/oder die Position der Importsubstitutionsgüterbranchen verbessern und damit tendenziell auch eine Verbesserung der Leistungsbilanz und/oder der terms of trade beinhalten.

Eine Verbesserung der Standortqualitäten und der internationalen Wettbewerbsfähigkeit einer Volkswirtschaft ergibt sich danach dann (Preusse 1990, S. 96f.),

- wenn der Bestand an Humankapital verbessert wird,
- wenn Forschung und Entwicklung intensiviert werden,
- wenn eine ausreichende Infrastruktur vorhanden ist,
- wenn die institutionellen Rahmenbedingungen eine optimale Nutzung der vorhandenen Ressourcen, der vorhandenen Produktionsfaktoren, des vorhandenen Humankapitals und der unternehmerischen Leistungsfähigkeit ermöglichen.

Für eine verbesserte internationale Wettbewerbsfähigkeit ist es also notwendig, Anreize zu setzen, daß mobile Ressourcen wie Sachkapital, Humankapital und Finanzkapital zu den immobilen Ressourcen einer

---

3 Dieses Konzept wird z.B. vom RWI verwendet.

Volkswirtschaft wandern und diese ökonomisch nutzen. Die Bundesrepublik Deutschland galt bisher nach den meisten Kriterien als international wettbewerbsfähig. Sie wies über Jahre hinweg einen Leistungsbilanzüberschuß auf, sie war die weltweit führende Exportnation, die income terms of trade haben sich erhöht, die langfristigen Kapitalexporte dienten vor allem der Pflege traditioneller Exportbasen. Die Vorteile einer differenzierten Produktionsstruktur, breit gestreuter Forschungs- und Entwicklungsaufwendungen, einer guten Humankapitalausstattung, einer ausgebauten Infrastruktur und eines hohen Maßes an sozialer und politischer Stabilität überwogen die Nachteile relativ hoher Lohnkosten, einer geringen Ausstattung mit natürlichen Ressourcen und vieler Regulierungen - z.B. im Energie-, Verkehrs-, oder Finanzsektor und auf dem Arbeitsmarkt (Löbbe 1991, S. 94f.).

Gemessen an diesen Kriterien erscheint die Wirtschaft Ostdeutschlands in keiner Weise international wettbewerbsfähig. Weder Produktpalette, noch Produktivität, noch Infrastruktur sind mit westeuropäischen Standards vergleichbar. Strukturelle Wettbewerbsnachteile aufgrund rückständiger Technologien und eines veralteten Kapitalstockes bestehen aber auch gegenüber den asiatischen Schwellenländern, z.B. bei Produktzyklusgütern der Standardisierungsphase (Stehn/Schmieding 1990, S. 71f.). Hinzu kommt ein derzeit relativ hoher Importbedarf bei abnehmenden Exportmöglichkeiten nach Osteuropa. Durch die Anbindung an die harte D-Mark ist schließlich auch die Alternative einer Verbilligung der eigenen Güter durch Abwertung genommen (Ohr 1990a, S. 218). Bei anhaltend niedriger Produktivität, aber steigenden Lohnforderungen scheint kurz- bis mittelfristig keine Änderung dieser Situation in Sicht. So ist es schwer, zuverlässig zu sagen, wo die neuen komparativen Vorteile Ostdeutschlands unter marktwirtschaftlichen Konstellationen liegen werden (Lorenz 1990, S. 630). Es stellt sich daher die Frage, ob diese mangelnde Wettbewerbsfähigkeit Ostdeutschlands durch die hohe Wettbewerbsfähigkeit Westdeutschlands kompensiert werden kann oder ob die gesamtdeutsche Leistungsfähigkeit abnehmen wird.

5. Zahlungsbilanz als Spiegel der Außenwirtschaftsbeziehungen

Seit Mitte 1990 vollziehen sich in der Handels- und Leistungsbilanz der Bundesrepublik Deutschland dramatische Veränderungen (DIW 1991, S. 372). In den letzten 25 Jahren war die westdeutsche Leistungsbilanz nur während der zweiten Ölkrise (1979-1981) im Defizit, die Handelsbilanz seit 1951 zu keiner Zeit. Seit Beginn des Jahres 1991 weist die Leistungsbilanz jedoch ein deutliches Minus aus, und seit April 1991 ist auch die Handelsbilanz im Defizit. Zwar wird schon lange ein Abbau der weltweiten Leistungsbilanzungleichgewichte gefordert und damit insbesondere auch ein Abbau des anhaltenden deutschen Leistungsbilanzüberschusses. Der rasante Umschwung - innerhalb Jahresfrist hat sich der Leistungsbilanzsaldo um rund 100 Mrd. D-Mark verschlechtert (dito, S. 372) - läßt jedoch vor allem in der Öffentlichkeit die Frage entstehen, ob diese Entwicklung nicht doch für eine deutliche Verschlechterung der internationalen Wettbewerbsfähigkeit Deutschlands spricht.

Analysiert man die bisherige Leistungsbilanzverschlechterung jedoch genauer, so zeigt sich, daß sie weniger durch einen drastischen Exportrückgang, sondern statt dessen mehr durch eine massive Importsteigerung verursacht wird. Der gravierende Konsum-Nachholbedarf der Ostdeutschen konnte und kann kurzfristig nicht durch die relativ hoch ausgelasteten Kapazitäten westdeutscher Firmen befriedigt werden. Hinzu kommt der Nachholbedarf ehemaliger DDR-Bürger im Tourismusbereich, der (qua Dienstleistungsimporte) auch die Leistungsbilanz verschlechtert. Gelingt es jedoch, die Investitionstätigkeit in den neuen Bundesländern anzukurbeln, so wird sich zusätzlich die Inlandsabsorbtion von Investitionsgütern erhöhen (Lang/Ohr 1991, S. 47). Dies bedeutet dann nicht nur einen steigenden Importbedarf (z.B. auch bei Vorleistungsprodukten), sondern ebenso einen Rückgang der Exportfähigkeit deutscher Unternehmen, da ein Teil der bisher exportierten Investitionsgüter im Aufbauprozeß nun in die ostdeutschen Bundesländer umgeleitet werden wird.

Die aktuelle Schwächung des Exportwachstums ist allerdings eher in der derzeitigen Abflachung der Konjunktur bei den wichtigsten westlichen Handelspartnern begründet. Die deutsche Wirtschaft wird relativ stark von Konjunkturschwankungen der Weltwirtschaft betroffen, da die Investitionsgüternachfrage "in konjunkturellen Schwächephasen üblicherweise weit stärker sinkt als die Gesamtnachfrage und die Investitionsgüterexporte mit Abstand das größte Gewicht am Gesamtexport (der Bundesrepublik, d. Verf.) haben" (DIW 1991, S. 372). Andererseits werden an einer konjunkturellen Erholung der Weltwirtschaft die deutschen Exporteure auch besonders stark partizipieren.

Es stellt sich nun die Frage, ob diese aktuelle Entwicklung einen längerfristigen Trendumschwung anzeigt. Noch ist das Leistungsbilanzdefizit nicht durch eine fundamentale Wettbewerbsschwäche der westdeutschen Wirtschaft verursacht, sondern durch die unter Freihandelsbedingungen klar hervortretende internationale Wettbewerbsunfähigkeit der ostdeutschen

Wirtschaft[4]. Seit der deutsch-deutschen Währungsunion und insbesondere seit der Wiedervereinigung kann der langjährige Nachfrageüberhang in Ostdeutschland marktmäßig abgebaut werden. Da die Produktion in Ostdeutschland aber sogar zurückgegangen ist, muß die gestiegene Absorption zumindest zum Teil über das Güterangebot des Weltmarktes befriedigt werden. Die gesamtdeutsche Absorptionsquote ist also deutlich gestiegen. Der damit verbundene Importbedarf wird solange bestehen bleiben, bis auch in Ostdeutschland eine Industriestruktur entstanden ist, die zumindest die Versorgung der Inlandsnachfrage ermöglicht, bzw. bis den Importquoten entsprechende Exportquoten gegenüberstehen (intra-industrieller Handel!). Doch wie sind die kurz- bis mittelfristigen Perspektiven der ostdeutschen Wettbewerbsfähigkeit einzuschätzen?

Die derzeitige Außenhandelsstruktur Ostdeutschlands erscheint nicht als gute Ausgangsposition. Die Exportstruktur ist großteils auf Sektoren ausgerichtet, die "wie die Textil- und Bekleidungsindustrie und die Eisen- und Stahlindustrie in westlichen Industrieländern als schrumpfende Industriezweige gelten und auf den Weltmärkten eine Domäne der asiatischen Schwellenländern darstellen" (Stehn/Schmieding 1990, S. 62). Die weltwirtschaftlichen Wachstumsbranchen finden sich dagegen eher im Investitionsgüterbereich, in dem Ostdeutschland sich mit westlichen Standards noch nicht messen kann.

Es ist zu erwarten, daß in der Anfangszeit die asiatischen Schwellenländer Hauptkonkurrenten ostdeutscher Unternehmen sein werden. Vergleicht man das bisherige Spezialisierungsmuster des Westhandels der ehemaligen DDR[5], der Bundesrepublik Deutschland und Südkoreas Ende der 80er Jahre, so zeigen sich allerdings noch wenig Überschneidungen (dito, S. 72f.). Die DDR zeigte Vorteile im Handel mit rohstoffintensiven und arbeitsintensiv hergestellten Gütern, die Bundesrepublik bei kapitalintensiv hergestellten Gütern und schwer imitierbaren forschungsintensiven Gütern und Südkorea bei arbeitsintensiven und kapitalintensiven Produkten. Der Importschwerpunkt lag in der DDR bei schwer imitierbaren forschungsintensiven Gütern, in der Bundesrepublik bei rohstoffintensiven Produkten und in Südkorea bei rohstoffintensiven Gütern und bei schwer imitierbaren forschungsintensiven Waren. Differenziert man den Westhandel der ehemaligen DDR nach innerdeutschem Handel und Handel mit an-

---

4 Eine Wettbewerbsunfähigkeit, die vor allem unbestreitbar ist, wenn die Produkte zu hohen DM-Preisen angeboten werden müssen.

5 Das relativ geringe Volumen dieses Handels und der große Anteil des innerdeutschen Handels daran, der gewissen politischen Sondereinflüssen unterlag, setzt der Interpretation dieser Werte allerdings gewisse Grenzen.

deren OECD-Ländern, so konnte die DDR mit letzteren auch bei kapitalintensiven Gütern überdurchschnittliche Exportquoten verzeichnen.

Die Vorteile im rohstoffintensiven Sektor, insbesondere beim Export mineralischer Brennstoffe, sind zum Teil in den Liefervereinbarungen mit der Sowjetunion begründet, die den Import von Rohstoffen zu Verrechnungspreisen ermöglichten, die unter den Weltmarktpreisen lagen. Inwieweit die Reformen in den anderen osteuropäischen Ländern die Handelsstruktur zwischen diesen und Ostdeutschland ändern werden, und inwieweit der Übergang dort zu einem marktbestimmten System von Außenhandelspreisen die bisherigen Handelsvorteile Ostdeutschlands beeinflussen wird, ist heute noch nicht vorhersehbar. Sicher erscheint, daß dieser Export rohstoffintensiver Güter nicht dem Ricardo-Theorem komparativer Produktivitätsvorteile zuzurechnen war.

Bisherige Vorteile bei arbeitsintensiv hergestellten Produkten werden sich unter Umständen auch nicht halten lassen. Konkurrierende Schwellenländer sind großteils mit einem deutlich moderneren Kapitalstock ausgestattet, und es besteht dort nicht die Gefahr, daß sich in Kürze die Lohnkosten gravierend erhöhen werden (Lang/Ohr 1991, S. 40). Ein Vorteil der ostdeutschen Wirtschaft gegenüber den traditionellen Schwellenländern ist allerdings ein deutlich höherwertiger Bestand an Humankapital - soweit die Arbeitskräfte nicht schon in den Westen abgewandert sind. Die höher qualifizierten, besser ausgebildeten und vor allem bildungsfähigeren Arbeitskräfte können eine steigende Wettbewerbsfähigkeit bei forschungsintensiven Gütern erwarten lassen, wenn der notwendige Kapitalzufluß und der Ausbau der Infrastruktur vorangeht. Dies scheint allerdings erst auf mittlere Frist in ausreichendem Maße möglich zu sein.

Problematisch könnte es daher werden, wenn auch die bisherige hohe Wettbewerbsfähigkeit Westdeutschlands verloren ginge. Die zur Finanzierung des Wiederaufbaus in Ostdeutschland erhöhten Steuern reduzieren die verfügbaren Realeinkommen in Gesamtdeutschland. Die Erhöhung der Mineralölsteuer hat einen großen Preisschub hervorgerufen. Die Überschußnachfrage aus Ostdeutschland induziert - bei relativ hoch ausgelasteten Kapazitäten - in Westdeutschland weitere inflationäre Impulse. Wird nun versucht, diese negativen Einflüsse auf das verfügbare Realeinkommen durch höhere Lohnforderungen zu kompensieren, so kann dies die künftige internationale Wettbewerbsfähigkeit Westdeutschlands reduzieren. Für das Jahr 1991 ergeben sich schon deutliche Anzeichen für diese Entwicklung: Hohe Lohnsteigerungen treffen mit relativ geringen Zunahmen der Produktivität zusammen. Der reale Wechselkurs der D-Mark - berechnet auf Basis der relativen Lohnstückkostenentwicklung - wird steigen (DIW 1991, S. 373).

Darüber hinaus besteht die Gefahr, daß sich westdeutsche Wirtschaftsaktivitäten in der nächsten Zeit vermehrt auf Ostdeutschland richten, so daß bisherige Exporte nun in die neuen Bundesländer umgelenkt werden und diese Konzentration auf den Binnenraum Gesamtdeutschlands zu einer Vernachlässigung der traditionellen Exporte der westdeutschen Wirtschaft führt (Lang/Ohr 1991, S. 47). Inwieweit dies geschehen wird, hängt allerdings nicht zuletzt auch von der Frage ab, inwieweit das notwendige Kapital für den Aufbau- und Modernisierungsprozeß Ostdeutschlands aus dem Ausland zur Verfügung gestellt wird.

Die Bundesrepublik wies über lange Jahre hinweg langfristige Nettokapitalexporte auf. Auch der kurzfristige Kapitalverkehr war oft durch ein Defizit gekennzeichnet. Durch die Wiedervereinigung ist der Kapitalbedarf Deutschlands sehr stark gestiegen. Der Nettokapitalexport hat sich 1991 auch schon deutlich reduziert. Da die langfristigen Kapitalexporte bisher häufig dem Aufbau von Exportbasen oder der Marktpflege bei schon bestehenden Exportaktivitäten dienten, kann eine Reduktion dieser Auslandsinvestitionen die künftigen Exportchanchen beeinträchtigen. Etablierte oder neue Konkurrenten auf den Weltmärkten könnten diese temporäre Chance zu Lasten traditioneller deutscher Weltmarktsegmente nutzen (dito, S. 47). Bei relativ hohen Markteintrittskosten könnte eine spätere Wiedergewinnung dieser Märkte schwierig werden. Hier liegt die Gefahr für eine dauerhafte außenwirtschaftliche Schwäche Deutschlands.

Hinzu kommt, daß der in absehbarer Zeit eventuell entstehende Kapitalbilanzüberschuß nur zum Teil Kapitalzuflüsse beinhaltet, die in neue moderne Industrien oder in die Bereiche Forschung und Entwicklung investiert werden, zum anderen Teil wird das Kapital statt dessen in 'traditionelle', unproduktivere Verwendungsrichtungen, wie Straßen- und Wohnungsbau gelenkt werden (Spahn 1991, S. 78). Wird das importierte Kapital gar vor allem für Konsumzwecke genutzt, so folgt dem Finanztransfer ein Realtransfer: Das Ausland stellt das Kapital zur Verfügung, mit dessen Hilfe der Importüberschuß Deutschlands (Exporte des kapitalgebenden Auslands) finanziert wird. Als pessimistisches Szenario könnte daher eine auch mittelfristig anhaltende außenwirtschaftliche Schwäche bei wachsender internationaler Verschuldung Deutschlands skizziert werden.

6. Entwicklung des Außenwerts der D-Mark

Bei der Analyse der Entwicklung des Außenwerts einer Währung ist zwischen nominaler und realer Bewertung der Währung zu unterscheiden. Der nominale Wechselkurs ist als Devisenkurs eindeutig definiert. Für den realen Wechselkurs gibt es dagegen unterschiedliche Definitionen. So kann er sich aus dem nominalen Wechselkurs und dem Preisverhältnis zwischen Handelsgütern und Nichthandelsgütern bestimmen.

$$e^r = e \cdot P^t/P^n$$

(e = Devisenkurs; e^r = realer Wechselkurs; P^t = Preisindex für tradables = Handelsgüter; P^n = Preisindex für non-tradables = Nichthandelsgüter)

Diese Definition des realen Wechselkurses dient insbesondere zur Messung der allokativen Wirkungen von Preis- und Wechselkursveränderungen auf die verschiedenen Sektoren. Nach einer anderen Definition bestimmt sich der reale Wechselkurs aus dem nominalen Wechselkurs und dem Preisverhältnis zwischen ausländischen Gütern und inländischen Gütern:

$$e^r = e \cdot P^*/P$$

(P= Index des Inlandspreisniveaus; P^* = Index des Auslandspreisniveaus)

Mit dieser Begriffsbestimmung ist eher ein Indikator zur Messung der internationalen Wettbewerbsfähigkeit geschaffen. Der reale Wechselkurs mißt danach den Wert einer Währungseinheit nach seiner Kaufkraft im Ausland und im Inland. Steigt der reale Wechselkurs, so kann mit einer ausländischen Währungseinheit im Inland mehr gekauft werden als im Ausland selbst. Die Ursache kann in einem Anstieg des (nominalen) Devisenkurses e liegen, in einer hohen Inflation im Ausland oder vergleichsweise geringen Preissteigerungen im Inland. Selbst in einem System fester Wechselkurse kann sich also der reale Wechselkurs ändern, wenn inländische und ausländische Inflationsraten sich unterscheiden. Andererseits kann trotz einer nominalen Wechselkursänderung (bei flexiblen Wechselkursen) der reale Wechselkurs konstant bleiben, wenn die Veränderung des Devisenkurses genau der Inflationsdifferenz zwischen In- und Ausland entspricht. Inwieweit kann sich nun die Wiedervereinigung auf die nominale oder reale Bewertung der D-Mark auswirken? Als ökonomische Begleiterscheinungen, die hier eine gewisse Rolle spielen könnten, sind zu nennen (Ohr 1990b, S. 6f.):

- Die hohe staatliche Nettokreditaufnahme in der Bundesrepublik;
- steigende Konsumausgaben und/oder steigende Investitionsnachfrage der Bürger und Unternehmen Ostdeutschlands und damit steigende Pro-

Kopf-Absorption in Gesamtdeutschland, die sich zum Teil auch auf Auslandsprodukte richtet;
- Unsicherheiten über die künftige Effizienz der deutschen stabilitätsorientierten Geldpolitik und hierdurch induzierte Inflationserwartungen;
- Unsicherheiten über die künftige konjunkturelle Entwicklung in Gesamtdeutschland und über das Ausmaß und die Dauer der strukturellen Probleme;
- Unsicherheiten über die Finanzierung der Wiedervereinigung, d.h. die Befürchtung weiterer Zinssteigerungen oder Lohnsteigerungen (letztere zur Kompensation der steuerbedingten Einkommenseinbußen).

Die derzeitige Wirtschaftspolitik in Deutschland entspricht einer klassischen expansiven Fiskalpolitik. Eine solche Politik wird zu einem Abwertungsdruck auf die Währung führen, wenn hierdurch entweder eine Leistungsbilanzverschlechtung und/oder eine Kapitalbilanzverschlechterung ausgelöst wird. Ersteres ist dann zu erwarten, wenn die wachsenden Staatsausgaben eine kräftige Belebung der Wirtschaft auslösen, die mit deutlichen Preis- und Einkommenssteigerungen einhergeht. Mittelfristig könnte nur dann eine Verbesserung der Leistungsbilanz entstehen, wenn die Staatsausgaben nicht für staatliche Transfers (und damit vor allem für privaten Konsum oder staatliche Konsumausgaben) verwendet werden, sondern für staatliche Investitionen oder zur Anregung privater Investitionstätigkeit. Über eine steigende inländische Produktivität könnte dann mittelfristig eine Verbesserung der internationalen Wettbewerbsfähigkeit und damit auch der Leistungsbilanz eingeleitet werden (Dieckheuer 1983, S. 80ff.; Lipp 1983, S. 401f.). Dies wiederum könnte dann ein Auslöser für eine Aufwertung sein.

Für die Kapitalbilanz gilt, daß normalerweise eine verschuldungsfinanzierte expansive Fiskalpolitik zu inländischen Zinssteigerungen und damit zu Kapitalimporten führen wird. Eine gegenläufige Entwicklung kann sich jedoch dann ergeben, wenn Abwertungserwartungen oder die Erwartung sinkender Realrenditen entstehen. Dies ist dann der Fall, wenn eine anhaltend hohe Staatsverschuldung und eine damit verbundene Ausdehnung des Staatsanteils als Bedrohung für die marktwirtschaftliche Wachstumsdynamik angesehen werden (Krisenhypothese) (Ohr 1990b, S. 10). Je nachdem, welches Szenario zutrifft, können also Aufwertungs- oder Abwertungstendenzen entstehen.

Innerhalb des Europäischen Währungssystems sind nominale Wechselkursänderungen nur innerhalb relativ enger Bandbreiten möglich. Mitte des Jahres 1990 tendierte die D-Mark allerdings gegenüber den meisten EWS-Währungen am unteren Interventionsbereich. Die oben skizzierte Verschlechterung der deutschen Leistungsbilanz wirkte sich zunächst vor allem gegenüber den europäischen Partnern aus. Mittlerweile hat die Zinserhöhung in Deutschland auch positiv auf die Kapitalbewegungen innerhalb des EWS durchgeschlagen, so daß die D-Mark wieder eine stabilere Position im EWS erreicht hat. Bei relativer Konstanz des nominalen Wechselkurses ist allerdings auch im EWS eine Veränderung der realen Bewertung zu erwarten. Bei 'ungebrochener Lohnentwicklung' und anhaltender Produktivitätsschwäche besteht die Gefahr, daß die Bundesrepublik auf einen dauerhaft höheren Inflationspfad einschwenkt (DIW 1991, S. 373). Diese reale Aufwertung über einen Inflationsvorsprung wird die internationale Wettbewerbsposition verschlechtern und kann damit ein weiterer Grund für ein längerfristiges Leistungsbilanzdefizit sein.

Hinsichtlich des Dollar praktiziert die Bundesrepublik ein System flexibler Wechselkurse, auch wenn in den letzten Jahren versucht wird, im Rahmen eines managed floating den Dollar in einer - nicht exakt definierten - Zielzone zu halten. Hinsichtlich des Dollar spielt die Leistungsbilanz eine vergleichsweise geringe Rolle. Die Devisenströme werden hier stärker durch die Kapitalströme determiniert. Die Einflußgrößen auf die Dollarkursentwicklung sind allerdings vielfältig. Die deutsche Wiedervereinigung ist nur *eine* Einflußgröße, die durch andere - insbesondere spekulativer Art - überlagert werden kann. Ceteris paribus gilt jedoch folgendes:

Ein Kapitalbilanzüberschuß und damit Aufwertungstendenzen gegenüber dem Dollar können zum einen durch den deutschen Zinsanstieg ausgelöst werden, zum anderen durch Aufwertungserwartungen, die über den Zinsvorsprung hinaus inländische Kapitalanlagen attraktiv machen. Dies ist z.B. dann der Fall, wenn von der staatlichen Budgetexpansion eine kräftige Belebung der gesamtdeutschen Wirtschaft und damit künftig hohe Realrenditen erwartet werden (Vertrauenshypothese) (Ohr 1990b, S. 12). Wird die steigende Staatsverschuldung und die Ausdehnung des Staatsanteils in der Bundesrepublik von amerikanischer Seite nicht als akute Bedrohung der Wachstumsdynamik angesehen, sondern ein zweites 'deutsches Wirtschaftswunder' erwartet, und weisen alternative Kapitalanlagen in den USA in dieser Hinsicht auch keine günstigeren Rahmenbedingungen auf, so spricht einiges für eine c.p. durch die deutsch-deutsche Vereinigung ausgelöste kapitalbilanzinduzierte Aufwertung der D-Mark gegenüber dem Dollar.

7. Ausblick

Zusammenfassend läßt sich feststellen, daß in absehbarer Zeit eine *reale Aufwertung* der D-Mark zu erwarten ist. Diese kann bedingt sein durch einen Inflationsschub in Deutschland oder - insbesondere, wenn die Notenbank durch eine restriktive Geldpolitik den Inflationsdruck bekämpft - durch eine nominale Aufwertung infolge zins- und erwartungsinduzierter Kapitalzuflüsse (Wyplosz 1991, S. 1). Hierdurch kann neben ein zinsinduziertes crowding out auch noch ein wechselkursinduziertes crowding out, d.h. eine Verschlechterung des realen Außenbeitrags treten. Zwar überwiegen im D-Mark-Dollar-Raum zumeist die positiven Angebotseffekte einer Aufwertung der D-Mark (Verbilligung importierter Rohstoffe), doch kann eine reale Aufwertung im EWS oder gegenüber dem Yen mittelfristig zu Exportproblemen führen (Lang/Ohr 1991, S. 46).

Auch längerfristig könnte die außenwirtschaftliche Position Deutschlands gefährdet sein. Zum einen wird die Dienstleistungsbilanz künftig durch vermehrte Zinszahlungen infolge der verstärkten internationalen Verschuldung belastet. Werden außerdem heute traditionelle Exportdomänen vernachlässigt, so kann auch dies in Zukunft die Leistungsbilanz verschlechtern, da verlorene Marktpositionen schwer wiederzugewinnen sind. Mittel- bis langfristig müßte dann sogar eine reale Abwertung eintreten, um wieder Leistungsbilanzgleichgewicht hervorzurufen (Wyplosz 1991, S. 2). Mit dem Prozeß der Erweiterung und Modernisierung der Industriekapazitäten in Ostdeutschland wird hier darüber hinaus eine Produktionskapazität geschaffen, die wahrscheinlich nicht allein durch inländische Absorption ausgelastet werden kann. Gelingt es nicht, damit international wettbewerbsfähige Produkte herzustellen - und dies müssen auf lange Frist auch in Ostdeutschland schwer imitierbare und forschungsintensive Produkte sein, die einen hohen Technologieaufwand und hohen Bestand an Humankapital erfordern -, so sind anhaltende Beschäftigungsprobleme unausweichlich. Zur Stabilisierung der bisherigen Absatzmärkte Ostdeutschlands muß aber außerdem auch an einem Gelingen der osteuropäischen Reformprozesse Interesse bestehen.

Literatur

Bender, D. (1990): Außenhandel, in: Bender, D. u.a. (Hrsg.), Vahlens Kompendium der Wirtschaftstheorie und Wirtschaftspolitik, Bd. 1, 4. Aufl., München, S. 417-474.

Dieckheuer, G. (1983): Budgetdefizit, Wachstum und Inflation, in: Zeitschrift für die gesamte Staatswissenschaft 139, S. 80-99.

DIW (Hrsg.) (1987): Wochenbericht des DIW 4/1987.

DIW (Hrsg.) (1988): Exportgetriebener Strukturwandel bei schwachem Wachstum, Strukturberichterstattung 1987, Berlin.

DIW (Hrsg.) (1991): Deutschland im Umbruch, in: Wochenbericht des DIW 26-27/91, S. 365-375.

Fels, G. (1988): Zum Konzept der internationalen Wettbewerbsfähigkeit, in: Jahrbuch für Sozialwissenschaft 39, S. 135-144.

IdW (Hrsg.) (1991): Zahlen zur wirtschaftlichen Entwicklung der Bundesrepublik Deutschland, Köln.

IMF (Hrsg.) (1991): International Financial Statistics, Washington, January 1991.

Lang, F.P./Ohr, R. (1991): Realwirtschaftliche Anpassungszwänge der monetären Integration, in: Kredit und Kapital 24, S. 36-49.

Lipp, E.-M. (1983): Steigende Staatsverschuldung in offener Wirtschaft, in: K.-J. Hansmeyer (Hrsg.), Staatsfinanzierung im Wandel, Berlin, S. 401-421.

Löbbe, K. (1991): Standort Deutschland, in: Der Bürger im Staat 41, Heft 2, Außenwirtschaftspolitik, S. 90-95.

Lorenz, D. (1990): West- und Osteuropa - weltwirtschaftliche Probleme des Zusammenwachsens, in: Wirtschaftsdienst 70, S. 627-632.

Lorenz, D. (1991): Konsequenzen für den deutschen Außenhandel aus der Integration West- und Ostdeutschlands, unveröffentlichtes Manuskript, Berlin.

Ohr, R. (1985): Produktzyklustheorie, in: WIST 14, S. 27-30.

Ohr, R. (1990a): Währungsunion zur Lösung realwirtschaftlicher Probleme?, in: WISU 19, S. 217-219.

Ohr, R. (1990b): Zur Bewertung der D-Mark nach der deutsch-deutschen Vereinigung, Diskussionspapiere des Volkswirtschaftlichen Instituts der Universität Hohenheim, Nr. 55/1990.

Ohr, R. (1991): Außenwirtschaftliche Verflechtung und nationale wirtschaftspolitische Autonomie, in: Der Bürger im Staat 41, Heft 2, Außenwirtschaftspolitik, S. 134-138.

Preusse, H.G. (1990): Ist die Frage nach der internationalen Wettbewerbsfähigkeit einer Volkswirtschaft überholt?, in: Aussenwirtschaft 45, S. 81-103.

Schumacher, D./Möbius, U. (1990): Zugang der DDR zum gemeinsamen Markt, in: Fragen zur Reform der DDR-Wirtschaft, Beihefte der Konjunkturpolitik 37, S. 125-161.

Siebert, H. (1991): Außenwirtschaft, 5. Aufl., Stuttgart.

Spahn, H.-P. (1991): Das erste und das zweite deutsche Wirtschaftswunder, in: Wirtschaftsdienst 71, S. 73-79.

Statistisches Bundesamt (Hrsg.) (1990): Außenhandel, Fachserie 7, Reihe 1, Wiesbaden, Dezember 1990.

Stehn, J./Schmieding, H. (1990): Spezialisierungsmuster und Wettbewerbsfähigkeit: Eine Bestandsaufnahme des DDR-Außenhandels, in: Die Weltwirtschaft. Heft 1, S. 60-77.

Wyplosz, Ch. (1991): On the Real Exchange Rate Effect of German Unification, in: Weltwirtschaftliches Archiv 127, S. 1-17.

Der Einfluß der deutschen Vereinigung auf das europäische Währungssystem

von Phillip Arestis[1]

1. Einleitung

Die Frage, ob die deutsche Bundesbank jene Organisation werden könnte oder überhaupt werden sollte, der innerhalb eines europäischen Zentralbankensystems die Schlüsselrolle zukommt, wurde bereits häufig und sehr kontrovers diskutiert. In diesem Aufsatz wird, unabhängig von den Vor- und Nachteilen einer solchen Lösung, versucht, das Argument zu entwickeln, daß das europäische Währungssystem (EWS) als Folge der deutschen Wiedervereinigung wesentlich unempfindlicher auf die Aktivitäten der Bundesbank reagieren wird, als dies bislang der Fall war. Die geschwundene Abhängigkeit von der deutschen Bundesbank macht den Weg frei für eine wirklich unabhängige europäische Zentralbank (EZB), die dringend gebraucht wird, um die sich innerhalb der europäischen Gemeinschaft langsam aber sicher entwickelnde monetäre Union abzusichern. Eine solche Zentralbank sollte eine machtvolle Institution sein, ausgestattet mit hinreichenden Befugnissen zur Intervention in den Finanzmärkten, wann und wo immer dies nötig erscheint. Dieser Gedanke wird im folgenden mit Hilfe eines Blickes auf die Geschichte der Internationalen Währungsvereinbarungen von der Jahrhundertwende bis heute entwickelt. Ein solcher Überblick legt nahe, daß die Zeiträume unter dem Gold- (oder Sterling-) und dem Dollarstandard hinreichend belegen, warum eine europäische Zentralbank stark genug sein muß, um jederzeit zur Intervention in der Lage zu sein. Ich werde zudem vorbringen, daß das Fehlen einer in diesem Sinne starken Institution sehr wohl die geld- und währungspolitischen Störungen erklären kann, denen wir in der europäischen Gemeinschaft seit Beginn der siebziger Jahre ausgesetzt waren.

---

1 Ins Deutsche übertragen von Christof Rühl.

Der zweite Abschnitt dieses Aufsatzes beschäftigt sich kurz mit der internationalen Vorherrschaft Großbritanniens zwischen etwa 1870 und 1914 und mit den Veränderungen, die nach 1914 eintraten; die in unserem Zusammenhang wichtigste dieser Veränderungen betrifft das Verschwinden der britischen Hegemonie. Abschnitt drei ist den Erfahrungen mit dem internationalen Währungsfonds (IWF) und der sich nach dem Zweiten Weltkrieg herausbildenden Vormachtstellung der USA gewidmet. Abschnitt vier thematisiert die ersten Schritte zu einer europäischen Währungsunion (EWU); dort wird auch die Frage der deutschen Vorrangstellung in Europa angesprochen und es werden die Unterschiede gegenüber der britischen und der US-amerikanischen Hegemonie benannt. Abschnitt fünf befaßt sich mit dem europäischen Währungssystem. Die ersten ernsthaften Versuche, ein solches europäisches Währungssystem zu etablieren, werden in Abschnitt sechs diskutiert. Der Einfluß der deutschen Vereinigung auf den Versuch, ein europäisches Währungssystem zu organisieren, ist Gegenstand von Abschnitt sieben. Abschnitt acht schließlich enthält eine Zusammenfassung mit Schlußfolgerungen.

2. Die britische Vorherrschaft und die Entwicklung nach 1914

Allgemein gilt Großbritannien als das Land, das nach 1870 die internationalen Zusammenhänge dominierte. Für unser Thema noch bedeutender ist der fragliche Zeitraum allerdings als das Zeitalter des Goldstandards: Die 'Bank of England' war sowohl willens als auch in der Lage, die damit verbundenen Spielregeln einzuhalten, d.h. eine expansive Geldpolitik zu betreiben, solange die britische Zahlungsbilanz einen Überschuß auswies, und zu deflationieren, sobald die Zahlungsbilanz defizitär wurde. Solange Großbritannien weltweit die politische und ökonomische Landschaft beherrschte und zudem bereit war, das System zu sichern, solange funktionierte der Goldstandard reibungslos und effizient. In diesem Sinne könnte man den genannten Zeitraum durchaus auch als Zeitalter des Sterlingstandards bezeichnen.

Nach dem Ersten Weltkrieg war die Situation durch einer ganze Reihe einschneidender Veränderungen gekennzeichnet. Am wichtigsten in unserem Zusammenhang ist sicher die Tatsache, daß Großbritannien als Schuldnernation aus dem Krieg hervorging, während die USA zur Gläubigernation wurden: Weder konnte Großbritannien wie gewohnt Macht ausüben noch anderen die Politik diktieren. Das inländische

Preisniveau in den zwanziger Jahren lag zudem wesentlich über dem von 1914: Ganz offensichtlich hatte das Pfund Sterling Abwertungen hinnehmen müssen. Dies wurde überdeutlich, als Schatzkanzler Churchill im Juni des Jahres 1925 die Rückkehr zum Goldstandard, und zwar zur Vorkriegsparität, bekanntgab. Viele und überzeugende Gründe sprechen dafür, daß die Ereignisse der späten zwanziger und eines Großteils der dreißiger Jahre auf die Sturheit zurückgehen, mit der britische Wirtschaftspolitiker versuchten, an einem hohen und überbewerteten Pfundkurs festzuhalten. Wie immer dem auch sei - Tatsache ist, daß Großbritannien im September 1931 den Goldstandard aufgab und nie wieder zu ihm zurückkehrte. Andere Länder folgten dem Beispiel. Zu keinem Zeitpunkt erlebten die zwanziger und dreißiger Jahre ein internationales Währungssystem, das so erfolgreich funktioniert hätte wie der Goldstandard vor 1914. Dem hier vorgebrachten Argument zufolge war dies der Tatsache geschuldet, daß niemand in der Lage war, das Währungssystem zu sichern: Es gab kein Land, das stark genug gewesen wäre, diese Rolle zu übernehmen.

Im Kern lagen dem Problem vor allem drei Tatsachen zugrunde: Zum einen die Existenz einer Liquiditätskrise, d.h. einer zunehmenden Knappheit von Gold; das Pfund Sterling, von dem erwartet wurde, die Lücke zu schließen, konnte dies als chronisch schwache Währung nicht leisten. Hinzu kam, gegeben das britische Insistieren auf ein überbewertetes Pfund, ein grundsätzliches Anpassungsproblem dergestalt, daß Großbritannien nicht darauf vorbereitet und vielleicht auch gar nicht mehr in der Lage war, die Spielregeln so einzuhalten wie in den Jahren vor 1914. Die massiven Ströme von 'heißem Geld' schließlich, die alle wichtigen Währungen, vor allem aber das britische Pfund attackierten, verursachten eine Vertrauenskrise als drittes Problem. Ein System ohne die genannten Einschränkungen zu entwerfen, war eines der zentralen Anliegen der Architekten des internationalen Währungssystems nach dem Zweiten Weltkrieg.

3. Die US-Vorherrschaft nach dem Zweiten Weltkrieg

Der Zeitraum nach dem Zweiten Weltkrieg ist durch den Aufstieg der USA zur Weltmacht charakterisiert. Im hier zu behandelnden Zeitraum wurde die Entwicklung von den Ereignissen bestimmt, die zur Gründung des internationalen Währungsfonds führten. Die in Bretton Woods geführten Auseinandersetzungen schließlich kreisten vor allem um zwei Vorschläge: Einen von Keynes vorbereiteten britischen Entwurf (daher auch der Name

'Keynes-Plan') und den - natürlich - von den USA vorgelegten 'White-Plan'. Faßt man beide sehr knapp zusammen, so stand der britische Vorschlag für die Errichtung einer echten internationalen Zentralbank, ausgestattet mit hinreichenden Befugnissen zur effektiven Kontrolle des Währungssystems; der White-Plan hingegen für den Aufbau einer neuen internationalen Institution, des internationalen Währungsfonds (IWF), dessen Reserven durch Beiträge seiner Mitgliedsstaaten alloziiert werden sollten. Die Rolle des IWF bestand weniger in der Sicherung des Währungssystems als vielmehr darin, die Transaktionsfähigkeit seiner Mitgliedsstaaten zu sichern, insbesondere dann, wenn diese in Zahlungsbilanzschwierigkeiten steckten. Bekanntlich machte der White-Plan das Rennen insoweit, als daß das schließlich vereinbarte Währungssystem hauptsächlich auf ihm basierte. Dies gilt jedoch nur mit Einschränkungen, da das System des White-Plans keinen Raum ließ für einen Führungsmechanismus, der seine Funktionsfähigkeit garantiert hätte: Hier sprangen die USA ein.

Die gesamte Nachkriegsperiode bis in die frühen siebziger Jahre war dadurch charakterisiert, daß die USA, alleine schon bedingt durch schiere ökonomische Macht, die Rolle des Hüters des internationalen Währungssystems übernahmen (natürlich dauert die Vormachtstellung der USA bis heute an; nach den frühen siebziger Jahren aber veränderte sich die Situation erheblich, wie weiter unten dargestellt wird). Es entstand, was viele Ökonomen als die Herausbildung des Dollarstandards kennzeichneten. Weltweit hatten die meisten marktwirtschaftlich strukturierten Länder gegen Ende der fünfziger Jahre die Konvertibilität ihrer Währungen in US-Dollar erreicht; der Dollar selbst war konvertibel in Gold in dem Sinne, daß das Federal Reserve System bereit war, Gold gegen Dollar zu kaufen oder zu verkaufen: Der Dollar war so gut wie Gold. Solange die USA bereit und in der Lage waren, ihr Verhalten diesem Währungsmechanismus anzupassen, solange funktionierte das System mehr oder weniger störungsfrei.

In den frühen sechziger Jahren jedoch offenbarte es deutliche Zeichen der Schwäche. Es entbehrt nicht einer gewissen Ironie, daß die Gründe, die schließlich zum Zusammenbruch der internationalen Währungsordnung nach dem Zweiten Weltkrieg führten, im Grunde genau die gleichen waren, deren Überwindung von den Architekten dieser Ordnung angestrebt worden war; es handelte sich in der Tat um die drei Problemkreise, unter denen bereits das Währungssystem zwischen den Weltkriegen gelitten hatte und die schließlich dessen Zusammenbruch herbeigeführt hatten: Wiederum existierte eine Liquiditätskrise, diesmal hervorgerufen durch ungenügende Reserven des IWF zur Finanzierung des ständig zunehmenden Welthandels; Problem Nummer eins war daher einmal mehr mangelnde 'internationale Liquidität'. In Zusammenhang damit standen Anpassungsschwierigkeiten im Gefolge von Zahlungsbilanzungleichgewichten: Staaten mit defizitärer Zahlungsbilanz gerieten unter starken Abwertungsdruck, dem sie zunächst nur widerwillig Folge leisteten, während Überschußländer keinem vergleichbaren Aufwertungsdruck ausgesetzt waren. Die in den IWF-Vereinbarungen vorgesehenen Anpassungsmechanismen, die die Verantwortung für die nötigen Adjustierungsprozesse sowohl den Überschuß- als auch den Defizitländern zuwiesen, wurden niemals umfassend implementiert. Wiederum bestand das dritte Problem in einem Mangel an Vertrauen, diesmal begründet in der Tatsache, daß Dollars benutzt werden konnten, um die Rolle des Goldes in internationalen Vereinbarungen zu ergänzen. Der Einsatz von US-Dollars zu diesem Zweck hing von ihrer Konvertibilität in Gold ab; Versuche, in großem Stil Dollars in Gold zu tauschen (geschuldet normalerweise mangelndem oder gar nicht vorhandenem Vertrauen in die Kapazität des Dollars als Reservewährung) fanden gelegentlich ihren Niederschlag in massiven Spekulationen gegen den Dollar (und gegen das britische Pfund Sterling, das zu dieser Zeit in einem geringen Ausmaß zur Reservewährung wurde) und verursachten auf diesem Weg Störungen des internationalen Handels und der internationalen Zahlungsströme.

Als Präsident Nixon in den frühen siebziger Jahren die Aufgabe der Konvertibilität des Dollars in Gold bekanntgab, brach das auf dem US-Dollar basierende System von Bretton Woods, das nach allgemeiner Ansicht der internationalen Gemeinschaft bis dahin gute Dienste geleistet hatte, zusammen. Es folgte eine Periode, die am ehesten als das Zeitalter *gelenkter* Wechselkurse charakterisiert werden kann. Zentral für diesen in den frühen siebziger Jahren beginnenden Zeitraum war der Versuch der europäischen Gemeinschaft, ein eigenständiges Währungssystem zu entwickeln; Ziel dieses Unternehmens war es, die europäischen Währungen enger aneinanderzukoppeln.

4. Frühe Ansätze zu einer europäischen Währungsunion

Zu diesem Zeitpunkt stand erstmals die Frage einer spezifisch europäischen Währungsordnung auf der Tagesordnung. Der einzige Versuch, vor den frühen siebziger Jahren für monetäre Koordination (noch nicht für eine Währungsunion!) zu sorgen, bestand in der von den USA initiierten und vorangetriebenen 'europäischen Zahlungsunion'; der Grund für diesen Versuch lag in der US-amerikanischen Erkenntnis der Unmöglichkeit, gleichzeitig den Marshall-Plan zu implementieren und die vollständige Konvertibilität der europäischen Währungen gegenüber dem Dollar durchzusetzen. Zu diesem Zeitpunkt waren die europäischen Volkswirtschaften zu schwach, als daß - als Folge des dann unbegrenzten Zugriffs auf die US-Währung - die Möglichkeit einer vollständigen Konvertibilität nicht unweigerlich Zahlungsbilanzdefizite in einem Ausmaß nach sich gezogen hätte, das nicht mehr handhabbar gewesen wäre. Die europäische Zahlungsunion wurde demnach geschaffen, um den Dollar zu rationieren, indem Konvertibilität nur für bestimmte Import-Prioritäten, wie z.B. Fabrikausrüstungen, zugelassen wurde. Konvertibilität unter den europäischen Währungen hingegen wurde gefördert. Dieses Vorgehen bereitete den Weg zur vollständigen externen Konvertibilität, die schließlich 1959 erreicht wurde. (Auch diese Entwicklung mag beispielhaft für die Vorherrschaft der USA in der Nachkriegszeit stehen.) Aus den geschilderten Gründen und aufgrund der Tatsache, daß die Förderung von Handel und Industrie wichtiger waren als monetäre und finanzielle Aspekte des Wirtschaftssystems, stellte sich die Frage einer Währungsunion im Europa der Nachkriegszeit kaum.

Die Mitgliedsstaaten der europäischen Gemeinschaft übernahmen erst nach dem Abdanken des Dollarstandards die im Werner-Report von 1970 enthaltenen Vorschläge zur vollständigen ökonomischen und monetären Integration. 1980 wurde als das Zieljahr der Vollendung der monetären Union gewählt: Gemeint war damit die Einführung einer gemeinsamen Währung.

1972 beschlossen die EG-Mitgliedsstaaten sowie Großbritannien, Irland und Dänemark, die kurz vor dem EG-Beitritt standen, die Wechselkurse ihrer Währungen untereinander zu stabilisieren - eine Übereinkunft, die unter dem Stichwort 'Währungsschlange' bekannt werden sollte. Eingeführt wurde sie nach der Auflösung des Systems von Bretton Woods. Nach den 'Schlangen'-Vereinbarungen sollten die Wechselkursparitäten innerhalb der europäischen Gemeinschaft nur mehr in einem schmalen Korridor von +/- 2,25% flukturieren. Dies war als der erste Schritt auf dem Weg zur Einrichtung einer europäischen Währungsunion geplant, deren Aufbau laut Werner-Bericht im Jahre 1980 abgeschlossen sein sollte. Das System der Währungsschlange sollte demnach auf folgendem Prinzip beruhen: Aufgabe der westdeutschen Geldbehörde war es, den Kurs der DM gegenüber dem Dollar in einer festen Relation zu halten, während alle anderen EG-Staaten dafür Sorge zu tragen hatten, die Wechselkurse ihrer Währungen gegenüber der DM zu fixieren. Bedingt durch die starke Position der Bundesrepublik im internationalen Handel und auf den internationalen Finanzplätzen bedeutete diese Form der 'Schlange' in der Praxis nichts anderes als die Einrichtung einer DM-Zone. Im Laufe der folgenden Periode unterlag der Dollar gegenüber der DM starken Abwertungstendenzen. Die Bundesrepublik jedoch folgte den anderen EG-Staaten nicht bei dem Versuch, der Dollar Abwertung durch Wechselkursanpassungen zu begegnen. Statt dessen initiierte sie erfolgreich einen massiven Prozeß industrieller Restrukturierung; technischer Fortschritt half, die Kosten niedrig zu halten und dies führte dazu, daß die bundesrepublikanische Wettbewerbssituation gewahrt, wenn nicht sogar verbessert werden konnte. Die starke DM versetzte die westdeutsche Industrie zudem in die Lage, auf breiter Ebene Auslandsinvestitionen durchzuführen - auch in den USA selbst.

Demgegenüber verschlechterte sich die ökonomische Situation der anderen EG-Staaten. Einige verließen die 'Schlange', andere griffen zur Wahrung der Wettbewerbsfähigkeit auf Abwertungen ihrer Währungen zurück. Die bundesrepublikanische Wirtschaft wurde immer stärker; das vereinbarte Währungssystem hingegen war nicht mehr aufrechtzuerhalten: Die Bundesrepublik war nicht bereit, das System so zu sichern, wie dies von Großbritannien und den USA vorexerziert worden war. Es ist möglich, daß sie dazu nicht in der Lage war; wahrscheinlicher ist jedoch, daß politische Absicht und der Wille fehlte, sich entsprechend zu verhalten. Vielleicht gab auch einfach Vorsicht den Ausschlag. Als Ergebnis jedenfalls standen keine hinreichenden Rücklagen zur Unterstützung der einzelnen Währungen zur Verfügung und es gab keinen Versuch mehr, die europäische Geldpolitik zu koordinieren: Probleme, die an die Vergangenheit erinnern. Und in der Tat stand wieder einmal keine Institution zur Verfügung, die in der Lage gewesen wäre, umfassend einzugreifen, um die Überlebensfähigkeit des Systems zu sichern. Es kann daher kaum überraschen, daß das System der Währungsschlange allgemein als Fehlschlag eingeschätzt wird. Die unglücklichen Erfahrungen mit den geldpolitischen Vereinbarungen im Rahmen der 'Schlange' sollten nicht ohne Auswirkungen auf das ihnen nachfolgende europäische Währungssystem bleiben.

5. Das europäische Währungssystem

Das europäische Währungssystem wurde 1978 gegründet und 1979 in die Praxis umgesetzt. Im wesentlichen stützt es sich auf fünf zentrale Vereinbarungen: Zunächst eine Gruppe von Vorkehrungen, die das System fester Wechselkurse betreffen. Dies bedeutete vor allem einen Interventionsmechanismus, der dazu dienen sollte, den Wechselkurs jeder beteiligten Währung innerhalb einer Bandbreite von +/- 2,25% gegenüber der Zentralparität zu halten, obwohl diese selbst Gegenstand von Verhandlungen und damit von Realigments sein kann und obwohl für schwache Währungen Ausnahmen zugelassen wurden (Italien, Spanien und Großbritannien z.B. wurde eine Bandbreite von 6% zugebilligt). Zum zweiten wurde die Bereitstellung eines zentralen Fonds mit hinreichenden Kreditfascilitäten beschlossen, um bei Bedarf jederzeit in den Devisenmärkten intervenieren zu können. An dritter Stelle steht die Übereinkunft, eine aus den Währungen der Mitgliedsstaaten in angemessenen Proportionen zusammengesetzte Korbwährung EG-weit als Recheneinheit einzusetzen; diese 'European Currency Unit' (ECU) setzt sich aus gewogenen Anteilen der Währungen der Mitgliedsstaaten zusammen. Viertens wurde Einigung über die Notwendigkeit eines Indikators erzielt, der bei Abweichungen einer Währung von der zentralen Parität das Signal für korrektive Eingriffe liefert. Fünftens schließlich wurde die Verantwortung sowohl für das Aufrechterhalten wie auch für Anpassungen des Paritätengitters gleichmäßiger an die Mitgliedsstaaten verteilt und nicht, wie noch im System der Währungsschlange oder unter dem Gold- bzw. Dollarstandard, der Eigenverantwortlichkeit der einzelnen Länder überlassen. Die gerade skizzierten Vereinbarungen zielten vor allem darauf, die völlige Kontrolle der Wechselkurspolitik durch die Bundesrepublik zu verhindern. Dennoch gelang es nur graduell, die geldpolitische Hegemonie der Bundesbank zu beschränken. Es wäre auf der anderen Seite sicher übertrieben, wollte man behaupten, das System sei vollständig von Westdeutschland dominiert worden.

Im Zeitraum zwischen 1979 und 1983 kennzeichneten zahlreiche Realigments und substantielle Unterschiede zwischen den nationalen Inflationsraten das europäische Währungssystem. Unter den damals vorherrschenden Umständen wurde die Möglichkeit des Realigment häufig eingesetzt, um die Wettbewerbsposition einzelner Länder zu schützen; das System selbst kann für diesen Zeitraum als reines 'crawling peg' beschrieben werden. Langsam jedoch veränderten sich die Prioritäten der Mitgliederstaaten, die zunehmend eine entschlossenere Haltung der Inflationsbekämpfung und entschiedeneren Widerstand gegenüber Abwertungen an den Tag legten. Als Ergebnis wurden die Realigments seltener: Es folgte eine Periode hoher Wechselkursstabilität, in der der DM eine so herausragende Rolle zukam, daß das europäische Währungssystem wiederum als erweiterte DM-Zone beschrieben werden konnte. Seit 1985 gab es nur wenige Realigments und in den letzten vier Jahren überhaupt keine mehr. Obwohl der politische Anpassungsprozeß zumindest theoretisch in dem Sinne symmetrisch konstruiert war, daß Abweichungen unabhängig von ihrer Richtung zu korrigieren waren, wies die praktisch betriebene makroökonomische Politik einen anti-inflationären Bias auf. Dies konnte geschehen, da die politischen Anpassungsprozesse innerhalb des im EWS vorgesehenen Wechselkursmechanismus ungleichgewichtig gehandhabt wurden: Im allgemeinen mußte ein größerer Teil der Anpassungskosten von Ländern mit einer vergleichsweise schwachen Währung als von denjenigen mit starker Währung übernommen werden. Speziell die deutschen Behörden waren generell unwillig, die geldpolitischen Zügel wenigstens in solchen Perioden ansatzweise etwas zu lockern, in denen die DM sehr stark war. Dies zwang die anderen Mitglieder des Wechselkursmechanismus zu einer restriktiveren Geldpolitik als sie es andernfalls vielleicht gewünscht hätten. Es ist kaum ein Wunder, daß die Abneigung, sich gemäß den Spielregeln zu verhalten, Probleme ankündigte, die den bereits diskutierten früheren Erfahrungen nicht unähnlich sind.

Ein angebliche Erfolg des europäischen Währungssystems kann nur hinsichtlich der kurzfristigen Stabilisierung der Wechselkurse konzidiert werden. Insbesonders die Jahre seit 1979 waren durch zu hohe Realzinsen (um die Inflationsrate bereinigte Nominalzinsen) gekennzeichnet. Die Finanzierungsmöglichkeiten innerhalb dieses Zeitraumes waren dazu höchst instabil und dies von einer Art, die im weltweiten Börsendebakel des Oktober 1987 kulminierte - einem Ereignis, das seinen Teil zur wachsenden Sorge um den Zustand der Finanzsektoren der westlichen Volkswirtschaften beitrug. In diesem Zusammenhang ist besonders die Notwendigkeit von Bedeutung, die Finanzierung von Investitionen sicherzustellen: Die entsprechenden Finanzierungsmöglichkeiten wurden weltweit zunehmend dereguliert, instabil und teuer. Zwar konnte das europäische Währungssystem die europäischen Wechselkurse vor den Folgen dieser Instabilität schützen wie auf einer Insel; die kurzfristigen Zinssätze blieben folglich stabiler als sie es ohne die Existenz des EWS gewesen wären. Aber die europäischen Volkswirtschaften sind nach wie vor jener Art von Schocks ausgesetzt, die der Börsenkrach von 1987 so trefflich illustriert. Genau aus diesem Grunde ist ein eher interventionistisch ausgerichtetes System von Nöten - wie es ja vielleicht im Rahmen der europäischen Währungsunion entwickelt werden kann.

6. Vom europäischen Währungssystem zur europäischen Währungsunion: Die europäische Zentralbank

Die konventionellen Argumente zugunsten der Einrichtung einer europäischen Währungsunion lassen sich kurz zusammenfassen: Ein solches System, so lautet eine der zentralen Rechtfertigungen, kann die Existenz von Wechselkursunsicherheit und von Risikoprämien eliminieren. Es läßt sich belegen, daß stabile Wechselkurse einen positiven Einfluß auf ausländische Direktinvestitionen haben; dies stimmt mit den Ergebnissen von Umfragen überein, die zeigen, wie sehr diese Art der Stabilität von Industriellen begrüßt wird. Zudem würde eine Währungsunion den durch das Halten von Auslandswährungen bedingten Transaktionskassenbedarf entscheidend verringern. Es liegt auf der Hand, daß die mit einer Senkung des Transaktionskassenbedarfs verbundenen Vorteile größer werden, je höher das Handelsvolumen zwischen den Mitgliedsstaaten ist. Zusätzlich wird daher oft argumentiert, daß ein gemeinsamer Markt das Handelsvolumen und damit die mit einer solchen Senkung des Transaktionskassenbedarfes verbundenen Einsparungen erhöhen wird. Als dritter Vorteil wird häufig die Sicherung eines stabilen Preisniveaus ins Feld geführt: Dies läßt sich, so das Argument, am effizientesten erreichen, wenn eine unabhängige, gesetzlich zur Wahrung der Preisstabilität verpflichtete Zentralbank eingerichtet wird. Die glaubhafte politische Verpflichtung auf ein Zentralbanksystem, das sich schnell eine Reputation als Hüter der Preisniveaustabilität verschafft, ist in der Tat ein Schlüssel zur Senkung der transnationalen Kosten der Inflationsbekämpfung - dies gilt zumindest, solange man annimmt, daß Erwartungen den Kern des Inflationsprozesses ausmachen. Gegner der europäischen Währungsunion können demgegenüber jedoch auf die westdeutschen Erfahrungen verweisen, die belegen, daß sich Glaubwürdigkeit und Preisstabilität auch ohne eine solche Währungsunion erreichen lassen.

Der wichtigste Einwand gegen die Bildung einer europäischen Währungsunion beruft sich darauf, daß die Mitgliedsländer jede Gelegenheit zur Veränderung ihrer nominalen Wechselkurse verlieren werden. Der Hauptnutzen aus solchen Manipulationen der Wechselkurse liegt in einer Verbesserung der Wettbewerbsbedingungen hinsichtlich der Arbeits- bzw. Lohnkosten. Dem halten die Anhänger der europäischen Währungsunion nicht ganz zu Unrecht entgegen, daß die Kosten, die mit der Abschaffung der Möglichkeit zur Abwertung als eines politischen Instruments zur Korrektur von verschlechterten Wettbewerbspositionen verbunden sind, in aller Regel übertrieben hoch dargestellt werden. Sie können darauf verweisen, daß der nominale Wechselkurs der EG einheitlichen Währung im Verhältnis zum Rest der Welt variabel bleiben wird und auch darauf, daß die Mitglieder des europäischen Wechselkurssystems auf die Möglichkeit von nominalen Wechselkursvariationen ohnehin bereits fast vollständig verzichtet haben. Außerdem, so wird ins Feld geführt, haben Abwertungen höchstens kurzfristige Effekte, die langfristig nur allzu häufig mit steigenden Inflationsraten erkauft werden müssen. Gegner der Währungsunion können mit dem Verweis auf kurzfristige Lohn- und Preisrigiditäten antworten, die so ausgeprägt sind, daß sie angesichts weltweiter Schocks hohe Anpassungskosten nach sich ziehen werden, die durch einen völlig flexiblen Wechselkurs zumindest teilweise aufgefangen und gemildert werden könnten. Das Argument kann mit einem Verweis auf die Devisenmärkte abgesichert werden, die in der Lage sind - unterstellt man in die Zukunft gerichtete Erwartungen -, auf exogene Störungen sofort zu reagieren, während die entsprechenden Lohn- und Preisreaktionen in aller Regel wesentlich träger ausfallen, letzteres bedingt durch die Existenz von langfristigen Verträgen und unvollkommener Information. Befürwortern der Währungsunion bleibt der Hinweis auf die disziplinierende Wirkung, die fixe Wechselkurse auf den Lohn- und Preisbildungsprozeß ausüben werden - trifft dies zu, so ist damit fraglos die Möglichkeit schnellerer Anpassungsprozesse und verbesserter stabilitätspolitischer Optionen verbunden.

Die genaue Form, die die europäische Währungsunion schließlich annehmen wird, steht noch nicht fest; aber die bislang geführten Diskussionen deuten darauf hin, daß der zuerst im sog. 'Delors-Plan' vorgeschlagene Entwurf breite Unterstützung findet. Dort werden für den Weg zur Bildung einer europäischen Währungsunion drei unterschiedliche Etappen benannt.

In Phase eins werden alle in Frage kommenden Länder Vollmitglieder des europäischen Wechselkurssystems, mit engen Interventionsmargen von 2,25% für alle Währungen. Wechselkurskontrollen in der Gemeinschaft werden abgestellt, um einen einheitlichen Finanzraum sicherzustellen. Der Ausschuß der Zentralbankpräsidenten berät über geldpolitische Fragen und kann seiner Auffassung zu Fragen nationaler Geldpolitik Ausdruck geben, u.U. auch öffentlich. Durch das Zusammenlegen von 10% der nationalen Devisenreserven könnte ein europäischer Reservefonds geschaffen werden, der zur Intervention in den Devisenmärkten vorgesehen und der Teilnahme am Prozeß der politischen Willensbildung dienlich wäre. Von seiten des Rates der Wirtschafts- und Finanzminister würde ein Prozeß der gegenseitigen Überwachung der wirtschaftlichen Entwicklung und der Haushaltspolitiken initiiert, der für die Mitgliedsstaaten jedoch noch nicht verbindlich ist. Ein neuer Vertrag müßte ausgehandelt und ratifiziert werden, der die in Phase zwei und drei notwendigen institutionellen Änderungen einführt.

In Phase zwei wären Anpassungen des Paritätengitters nur noch unter außergewöhnlichen Umständen zulässig. Ein europäisches Zentralbankensystem ('EuroFed') würde eingerichtet, das Schritt für Schritt die Gestaltung der Geldpolitik von den nationalen Zentralbanken bzw. dem Ausschuß der Zentralbankpräsidenten in eigene Regie übernimmt. Der Sinn der zweiten Phase besteht darin, diesen Übergangsprozeß schrittweise in Gang zu bringen.

In Phase drei müßten die Wechselkurse unwiderruflich fixiert und die nationalen Währungen durch eine einzige Gemeinschaftswährung ersetzt werden. Das EuroFed könnte dann die Wirtschaftspolitik nach innen und außen gestalten, und die nationalen Zentralbanken wären ihm unterstellt (vgl. Delors 1989).

Es ist wichtig, an dieser Stelle festzuhalten, daß der Delors-Plan ein europäisches Zentralbanksystem und keine europäische Zentralbank vorsieht. Zwischen beiden Modellen bestehen erhebliche Unterschiede, denen zwei Sichtweisen der Rolle der Zentralbank in einer modernen Volkswirtschaft entsprechen. Hinter der Forderung nach einer *europäischen Zentralbank* steht die Auffassung einer Zentralbank als eines Instrumentes der Wirtschaftspolitik mit der Aufgabe, das Kreditsystem in Übereinstimmung mit jenen Leitlinien zu verwalten, die im Rahmen der allgemeinen wirtschaftspolitischen Strategie der Regierung entwickelt wurden. Dieser Sichtweise entspräche ein interventionistischer wirtschaftspolitischer Ansatz mit dem Ziel der öffentlichen Kontrolle der Wirtschaftssubjekte. Hinter dem Verlangen nach einem *europäischen Zentralbanksystem* hingegen (getauft auf den schönen Namen EuroFed und in der Tat ein ziemlich genaues Abbild des Federal Reserve Systems der USA und der Struktur der Deutschen Bundesbank) steht eine Auffassung, die in der Zentralbank weniger ein Instrument der Regierung als vielmehr ein Instrument zur Kontrolle der Regierung sieht: Ihr obliegt die Verantwortung für das Vermeiden der inflationären Finanzierung staatlicher Defizite. Aus dieser Perspektive entsteht in einer freien Marktwirtschaft die Hauptgefahr für finanzielle Stabilität nicht aus den Handlungen der privaten Wirtschaftssubjekte, sondern aus den Aktivitäten gewählter Regierungen, die die unabhängige Kontrolle der öffentlichen Ausgaben erforderlich machen. Nun wird allgemein anerkannt, daß das europäische Zentralbanksystem zur Formulierung seiner Geldpolitik wie auch zur Wahrung der Verantwortlichkeit für Preisstabilität des Schutzmantels der politischen Unabhängigkeit bedarf. Andererseits wurden Fragen nach der genauen Zielsetzung, der Natur des Verantwortungsbereiches oder dem konstitutionellen Status der erst zu schaffenden europäischen Geldbehörden von den Verfechtern eines solchen Systems bis heute nicht gelöst. Dennoch eröffnet der Delors-Plan in beschränktem Rahmen die Möglichkeit für geldpolitischen Fortschritt in der europäischen Gemeinschaft. Keinesfalls aber kann er für sich beanspruchen, eine angemessene Antwort auf die Internationalisierung der Kreditmärkte gefunden zu haben, die kontinuierlich die Effektivität der nationalstaatlichen Geldpolitiken unterminiert haben, ohne daß dem, bis heute, wirklich Fortschritte auf der internationalen Ebene im Sinne einer besseren sozialen Kontrolle gegenüberstünden. Die genannten Erscheinungen verlangen nach Intervention, und dies kann nur von einer starken Institution, wie z.B. einer europäischen Zentralbank geleistet werden.

7. Die deutsche Vereinigung und das europäische Währungssystem

Als Ergebnis der bisherigen Analyse sollte festgehalten werden, daß die Zukunft des europäischen Währungssystems in einer mit einer starken Zentralbank ausgestatteten europäischen Währungsunion liegt. Mit Blick auf die bisherige Vormachtstellung und Dominanz Westdeutschlands könnten in diesem System natürlich Spannungen auftreten. Die Hauptthese dieses Aufsatzes besteht nun darin, daß diese Möglichkeit als Folge der deutschen Vereinigung wesentlich an Plausibilität verloren hat. Die Bundesbank wird nicht mehr in der Lage sein, eine europäische Zentralbank oder irgendeine andere, zur Kontrolle der europäischen Geldpolitik geschaffenen Institution (bspw. ein europäisches Zentralbankensystem) so zu beeinflussen, wie sie dies gewohnt war. Diese Sicht der Dinge stützt sich auf die immer deutlicher hervortretenden Belege dafür, daß mit der Vereinigung ein 'neues Deutschland' entstanden ist, das zumindest kurzfristig mit so schweren strukturellen Anpassungsproblemen zu tun haben wird, daß die DM die ihr normalerweise zugeschriebene Rolle als Regulativ verlieren wird und schließlich auch die Funktion einer 'Einheitswährung' innerhalb des EWS nicht mehr übernehmen kann.

Natürlich stützt sich diese Sicht der Dinge auf die Annahme, daß die DM durch die deutsche Vereingung an Stabilität verlieren wird. Bereits auf einer ziemlich oberflächlichen Ebene kann erwartet werden, daß die Vereinigung zweier Volkswirtschaften mit so unterschiedlichen Strukturen und in so sehr voneinander abweichenden Entwicklungsphasen unvermeidlich eine Phase der Erschütterungen durchlaufen wird. Die verfügbaren Unterlagen suggerieren denn auch, daß im Osten

> "fast jeder Sektor der Volkswirtschaft durch die monetäre Union angeschlagen wurde. Die industrielle Produktion z.B. erfuhr einen scharfen Einbruch. Verglichen mit dem Juli 1989 sank die Güterproduktion in Ostdeutschland im Juli 1990, einen Monat nach der Währungsunion, um 42,1% - mit immer noch steigender Tendenz. Im dritten Quartal konnte das warenproduzierende Gewerbe nur mit 54,9% des im zweiten Quartal erzielten Ergebnisses aufwarten" (Hagemann und Seiter 1991, S. 2).

Die Investitionen nahmen 1990 gegenüber 1989 um 5,7% ab und die Importe stiegen in geradezu phänomenalem Ausmaß, d.h. um 109,1%, vergleicht man die zweite Jahreshälfte 1990 mit dem entsprechenden Vorjahreszeitraum (ibid., S. 6). In einem Gemeinschaftsgutachten sagen die fünf führenden Wirtschaftsforschungsinstitute der Bundesrepublik (in Kiel, Hamburg, Berlin, München und Essen) für 1991 im vormals westdeutschen Teil der deutschen Volkswirtschaft ein Wachstum des realen Bruttosozialproduktes um 2,5% und im ostdeutschen Bereich eine Abnahme um 17,5% voraus.

Darüber hinaus gibt es schwerwiegende Probleme, die im Gefolge der Währungsunion vom 1. Juli 1990 entstanden. Damals wurde in der ehemaligen DDR die DM als Zahlungsmittel eingeführt, und zwar zu einem überbewerteten Wechselkurs. Dieser Teil Deutschlands verlor seine Wettbewerbsfähigkeit über Nacht. Zusätzlich machte sich für die ostdeutsche Volkswirtschaft der Nachfrageausfall aus den früheren COMECON-Staaten, vor allem der Sowjetunion, schmerzlich bemerkbar. Hagemann und Seiter (1991) führen aus, daß alleine vom Handel mit der Sowjetunion etwa 600.000 Arbeitsplätze abhängig gewesen sein müssen. Tatsächlich stieg die Arbeitslosigkeit von 272.000 im Juli 1990 auf 1.068.600 registrierten Arbeitslose im Juli 1991. Eine andere schockierende Statistik weist darauf hin, daß im Juli 1990 650.000 Nichtbeschäftigte als Kurzarbeiter klassifiziert waren und daß die Zahl der Kurzarbeiter nach neuesten Schätzungen bis zum Juli 1991 auf 1,6 Millionen anstieg. Die Aufgabe dieser Klassifikation im Juli 1991 wird die ausgewiesene Arbeitslosenquote noch einmal substantiell anheben: Der deutsche Sachverständigenrat sagt eine Arbeitslosenzahl von 1, 7 Millionen voraus; bei geschätzten 2 Millionen Kurzarbeitern wird die Zahl der Arbeitslosen bis zum Ende des Jahres 1991 die drei Millionen Grenze erreichen. Dies entspricht einer Arbeitslosenquote von 30%. Hagemann und Seiter (1991, S. 4), von denen diese Zahlen stammen, weisen nicht zu Unrecht darauf hin, daß Zahlen in dieser Größenordnung durchaus mit der Arbeitslosenquote im Deutschland der dreißiger Jahre, während der großen Depression, vergleichbar sind.

Als Folge eines so massiven monetären Schocks sind Strukturbrüche unvermeidbar - nicht nur im östlichen, sondern auch im westlichen Teil Deutschlands. Diese Veränderungen beinhalten einen substantiellen Kapital- und Technologietransfer in den östlichen Teil Deutschlands, wo Ressourcen dringend benötigt werden; sie werden, was in unserem Zusammenhang wichtiger ist, einen ganz erheblichen Einfluß auf die Entwicklung des Wechselkurses der DM ausüben. Die Natur dieses Einflusses wiederum hängt ab vom Ausmaß der relativen Verschiebungen zwischen Sektoren, die international handelbare und denjenigen, die nicht handelbare Güter produzieren. Genauer gesagt - und unterstellt, daß die Preise der handelbaren Güter auf den internationalen Märkten und von daher außerhalb Deutschlands bestimmt werden, die der nicht handelbaren Güter hingegen auf der Grundlage von Aufschlagsatzkalkulationen und auf den heimischen Märkten - hängt sie von der Wachstumsrate der Lohnstückkosten in Deutschland relativ zu derjenigen der Produktivität ab; dies gilt ganz besonders für die Übergangsperiode (vgl. Schäfer 1991). Das tatsächliche Problem in diesem Zusammenhang ist die Tatsache, daß die Löhne in Ostdeutschland nichts mit der dortigen Produktivität zu tun haben. Hinzu kommt, daß in der ehemaligen DDR bei weitem nicht so effizient produziert wird wie in der (alten) Bundesrepublik. Hagemann und Seiter (1991, S. 5) zitieren Zahlenmaterial, das darauf hindeutet, daß die Arbeitsproduktivität in der ehemaligen DDR nur etwa 40% des Niveaus der ehemaligen Bundesrepublik erreicht.[2] Im Osten des vereinigten Deutschlands besteht daher erheblicher Druck zugunsten einer entsprechenden Anpassung der Nominallohnstruktur. Im Lichte der im ersten Quartal 1991 getroffenen Lohnvereinbarungen deutet nun allerdings alles darauf hin, daß die Lohnsteigerungen den Steigerungsraten der Arbeitsproduktivität weiter vorauseilen werden. Die Löhne in der ehemaligen DDR stiegen bereits von einem Drittel auf ungefähr 60% des Westniveaus; vereinbarungsgemäß sollen sie bis zum Jahre 1994 die 100 Prozent-Marke erreicht haben. Folgerichtig wird sich die Wettbewerbsposition Ostdeutschlands weiter verschlechtern - mit dem unvermeidbaren Ergebnis, daß die Arbeitslosenziffern in dieser Region weiter ansteigen werden. Unglücklicherweise erhöht sich damit die Wahrscheinlichkeit des Auftretens von hoher und langfristiger Arbeitslosigkeit.

Vermutlich werden die westdeutschen Behörden eine restriktive Wirtschaftspolitik beibehalten um sicherzustellen, daß vor allem im Bereich der handelbaren Güter die Löhne im Einklang mit der Arbeitsproduktivität stei-

---

2 Es lag natürlich auch an den politischen und sozialen Zielen, die in der ehemaligen DDR verfolgt wurde, daß dort das Produktivitätsniveau der Bundesrepublik nicht erreicht werden konnte. Entlassungen waren schwierig und kompliziert; die Hortung von Arbeitskräften normal; es gab keinerlei Anreize, den Einsatz von Arbeitskräften zu minimieren, usw. Diese und andere Gründe mögen das relativ niedrige Produktivitätsniveau erklären. Die niedrige Produktivität schlug sich ihrerseits in einem Mangel an Arbeitskräften nieder, und dies wiederum trug seinen Teil zu einem sehr hohen weiblichen Beschäftigtenanteil bei. Für die hohe Partizipationsrate von Frauen auf dem Arbeitsmarkt gab es freilich auch noch andere Gründe, so zum Beispiel die real gemessen relativ niedrigen Familieneinkommen. Insgesamt waren 1989 in der ehemaligen DDR 89,7% der Frauen im Alter von 25 bis 60 Jahren beschäftigt, in den alten Bundesländern 60,3%.

gen. Dies ist vernünftig, da in den Sektoren, in denen die handelbaren Güter produziert werden, die Produktivität schneller steigt als in den Sektoren, in denen nicht handelbare Güter (besonders Dienstleistungen) hergestellt werden. In den letztgenannten können die Aufschlagsätze variiert werden; in Sektoren mit handelbaren Gütern hingegen bedeutet jede nicht durch Produktivitätssteigerungen ausgeglichene Lohnsteigerung eine Reduktion der Gewinne, und damit werden stagflationäre Tendenzen unvermeidbar. In dem Ausmaß, in dem es den in Deutschland für die Wirtschaftspolitik Verantwortlichen nicht gelingt, solche Tendenzen im Griff zu behalten, könnten sich bald unerwünschte Schwankungen im Außenwert der DM einstellen. Damit scheint vieles auf die Frage nach den Umständen hinauszulaufen, unter denen in den östlichen Landesteilen die notwendige Steigerung der Arbeitsproduktivität erreicht werden kann. Eine grundlegende Bedingung hierfür ist die Einfuhr moderner Kapitalgüter in erheblichem Umfang; dies wiederum setzt hohe Zinsen voraus, um hinreichend Kapital zu attrahieren - ein Tatbestand, der im letzten Jahr in Deutschland durchaus gegeben war. Eine der möglichen Folgen eines solchen Prozesses bestünde in einer Aufwertung der DM, was eine weitere Verschärfung der bereits relativ schwachen Wettbewerbsposition jener Sektoren zur Folge hätte, die die handelbaren Güter produzieren. Dies würde die Zukunft bestimmt nicht wesentlich sicherer gestalten.

Es wurde bereits angesprochen, daß Änderungen der Wechselkursparitäten dem Delors-Plan zufolge in der ersten Phase des Aufbaus der europäischen Währungsunion noch möglich wären, bereits in der zweiten Phase aber 'außergewöhnlichen Umständen' vorbehalten blieben, während die Wechselkurse in der dritten Phase schließlich 'unwiderruflich' festgelegt sein sollten. Tendenzen, wie die oben beschriebenen, die Schwankungen - und teilweise sogar heftige Schwankungen - des Außenwertes der DM auslösen, würden daher zu unerwünschter Instabilität innerhalb das europäischen Währungssystems führen. Da die Mark als der Stabilitätsanker des EWS gilt, könnten solche Schwankungen schnell zu Spannungen unter den Mitgliedsstaaten führen. Noch wichtiger ist die Feststellung, daß während der dritten Phase, wenn Wechselkursanpassungen nicht mehr möglich sind, jede derartige Tendenz zur Neubewertung der DM einen allgemeinen Anstieg des europäischen Zinsniveaus auslösen wird, mit nicht auszuschließenden negativen Auswirkungen für die Produktions- und Beschäftigungshöhe in ganz Europa. Ein von der Bundesbank abhängiges und massiv beeinflußtes *europäisches Zentralbankensystem* könnte unter diesen Umständen vielleicht gar nicht überleben. In einem solchen Fall ist eine starke *europäische Zentralbank* gefragt, die ausdrücklich mit dem Ziel intervenieren könnte, das System zu stabilisieren.

8. Zusammenfassung und Schlußfolgerungen

In diesem Aufsatzes wurde das Argument vorgebracht, daß in den internationalen Wirtschaftsbeziehungen letzten Endes immer die Binnenwährung der jeweiligen (wirtschaftlichen) Hegemonialmacht die Schlüsselrolle spielt, in deren Einheiten Preise ausgedrückt und Zahlungen geleistet werden und die zudem als Investitionsmedium dient. Bis zum Ersten Weltkrieg füllte Großbritannien diese Rolle der Hegemonialmacht aus, nach dem Zweiten Weltkrieg wurde unter der Führung der USA die internationale Währungsordnung neu gestaltet; der Dollar avancierte zur Leitwährung. In der jüngeren Vergangenheit wurde eine Sonderstellung Westdeutschlands offensichtlich - die sich von den vorher gemachten Erfahrungen allerdings erheblich unterschied. Weder entwickelte sich die DM wirklich zu einem internationalen Zahlungsmittel wie zuvor das Pfund Sterling oder der US-Dollar; noch unterstützte Westdeutschland wirklich die Entwicklung einer genuin europäischen Zusammenarbeit im Bereich der Geldpolitik, so wie sie oben vorgeschlagen wurde. Die angesprochene Bewegungsunfähigkeit und der Minimalismus der westdeutschen Politik setzte Europa all jenen Turbulenzen und auch der Orientierungslosigkeit aus, die von den unkontrollierbaren amerikanischen Finanzmärkten produziert werden.

Weiterhin wurde in diesem Aufsatz argumentiert, daß die deutsche Vereinigung die Situation insoweit verschlimmert hat, als daß die DM während der verschiedenen Phasen des Delors-Plans als Stütze für ein reibungslos funktionierendes europäisches Währungssystem vielleicht nicht mehr zur Verfügung steht. Unter diesen Umständen erhält das Plädoyer für eine starke europäische Zentralbank zusätzliches Gewicht. Ohne eine solche europäische Institution, die in der Lage ist, das System abzusichern, besteht nur sehr wenig Hoffnung, Stabilität und Wachstum in der europäischen Gemeinschaft erreichen zu können.[3] Die Bestandteile eines solchen Systems existieren bereits: Die ECU könnte die Einheitswährung werden, die innerhalb der EG und zwischen den EG-Staaten und ihren engsten Handelspartnern verwendet wird. Die europäische Zentralbank würde einen Großteil der Gold- und Devisenvorräte der Zentralbanken der Mitgliedsstaaten übernehmen, und im Gegenzug ECU ausgeben. Ohne eine solche starke und zentrale Institution bleibt das europäische Währungssystem in der absurden Position, lediglich eine interne Vereinbarung

3 Grahl und Teague (1990) entwickeln in einer hervorragenden Studie zusätzliche Argumente im Sinne der hier vorgebrachten Auffassung.

widerzuspiegeln. Umfassende Konsultationen und die allgemeine Übereinstimmung der Mitgliedsländer sind notwendige Voraussetzungen, um die Werte der Währungen der Mitgliedsländer sowohl untereinander als auch im Verhältnis zur ECU zu verändern. Mit Hilfe einer starken, unabhängigen Zentralbank kann sich das europäische Währungssystem von seiner gegenwärtigen und rein defensiven Verfassung zu einem neuen und stabilen internationalen Rahmen für die Kredit- und Wechselkursbeziehungen entwickeln. Das bedeutet nicht, daß der Dollar als Weltwährung von der ECU verdrängt wird. Die Absicht eines solchen Arrangements bestünde vielmehr darin, sicherzustellen, daß der Einfluß der USA auf die internationalen Finanzbeziehungen nicht weiter so einseitig bleibt wie bisher. Die wäre ein Schritt in Richtung einer pluralistischeren Kontrolle der internationalen Beziehungen und nicht dahin, der USA als Supermacht einen Rivalen an die Seite stellen zu wollen.

Literatur

Delors, J. (1989): Report on Economic and Monetary Union in the European Community, Luxemburg: Office for Office for Official Publication of the EC.

Grahl, J. und Taegue, P. (1990): 1992 - The Big Market: The Future of the European Community, London.

Hagemann, H. und Seiter, S. (1991): Growth, Structural Change and Employment. The Impact of Unification on the German Economy. Diskussionsbeiträge aus dem Institut für Volkswirtschaftslehre der Universität Hohenheim, Nr. 61.

Schäfer, W. (1991): The Unification of Germany, the Deutsche Mark, and the European Monetary Union, Manuskript, Hochschule der Bundeswehr, Hamburg.

Die deutsche Einigung aus sozialhistorischer Sicht

von Hans-Werner Prahl

Die deutsche Einigung von 1990 läßt sich leicht pathetisch in historische Perspektive setzen. Parallelen zur Reichsgründung von 1871 werden beschworen, das Jahr 1990 wird in die vermeintlichen 'Glanzpunkte' deutscher Geschichte eingereiht. Die Betonung des Begriffes Wiedervereinigung soll an zwischenzeitlich verlorene historische Größe anknüpfen. Allerdings bleibt seltsam unbestimmt, welche Teile Deutschlands wiedervereinigt werden sollen. In der aktuellen Situation handelt es sich um die Gebiete der bisherigen Bundesrepublik Deutschland und der ehemaligen Deutschen Demokratischen Republik. Doch läßt auch das Grundgesetz offen, ob weitere Gebiete ehemaligen deutschen Besitzes wiedervereinigt werden können, zumal Art. 23 GG gegen Art. 146 GG ohne historische Rückbesinnung und in juristischer Beliebigkeit gegeneinander ausgespielt wurden. Die in publizistischen und politischen Debatten hypostasierte Einheit Deutschlands bedarf der räumlichen Präzisierung und der historischen Einordnung. In der öffentlichen Meinung geschieht dies vielfach durch Verweis auf die Einigungsprozesse, die 1871 mit der Ausrufung des Deutschen Reiches endeten.

Parallelen zwischen 1871 und 1990 lassen sich vordergründig leicht erkennen: In beiden Fällen wurden bislang eigenständige deutsche Staaten zu einem größeren Gebilde zusammengeschlossen, das Gewicht gegenüber den anderen Staaten verschob sich, innere Entwicklungsunterschiede mußten bzw. müssen längerfristig überwunden werden usf. Doch sind auch die Unterschiede schnell ersichtlich: Während die Einigung der Vielzahl deutscher Einzelstaaten 1871 nach drei Kriegserfolgen (1864, 1866, 1870/71) auf dem Höhepunkt militärischer Aktionen erfolgte, vollzog sich die deutsche Einigung 1990 in der Folge der schwindenden Gegensätze zwischen den beiden Weltblöcken, der westeuropäischen Integration sowie insbesondere des wirtschaftlichen und politisch-moralischen Niedergangs sozialistischer Herrschaftssysteme. Natürlich haben sich auch die technischen, kommunikativen, gesellschaftlichen, ideologischen oder politisch-administrativen Verhältnisse zwischen 1871 und 1990 einschneidend verändert und lassen einen direkten Vergleich zwischen beiden Einigungsprozessen gar nicht zu. Lehmbruch (1990) hat außerdem darauf hingewiesen, daß scheinbare Parallelen - wie etwa das starke Übergewicht Preußens und Bismarcks bei der Reichsgründung 1871 mit der Dominanz der BRD und der aggressiven Strategie ihres Kanzlers 1990 - den Blick für naheliegendere Einigungs-Vergleiche wie etwa den Anschluß Österreichs 1938 verstellen.

Sozialwissenschaftliche Ansätze

Auch wenn die Einigung Deutschlands schon viele Jahrzehnte vor 1871 erstrebt und erkämpft worden war, wenn infrastrukturelle (Eisenbahn, Post, Währung) wie institutionelle (Zollverein, Norddeutscher Bund) Momente das Zusammenwachsen vorbereiteten und wenn erst die drei siegreichen Kriege gegen Dänemark, Österreich und Frankreich den Zusammenschluß der 25 Bundesstaaten (4 Königreiche, 6 Großherzogtümer, 5 Herzogtümer, 7 Fürstentümer, 3 Freie Städte) unter preußischer Dominanz zur "verspäteten Nation" (Plessner) erbrachten, kann es sozialwissenschaftlich reizvoll sein, nach Parallelen und Divergenzen zu dem rapiden Zusammenschluß von BRD und DDR (oder um auf obige Zahlen anzuspielen: von elf alten Bundesländern mit fünf neuen Bundesländern) zu suchen. Gewiß: Einigungen und Trennungen zwischen Ländern oder Teilen von Ländern hat es im Verlaufe der gesamten Geschichte immer wieder gegeben - etwa nach Kriegen oder in Verfolgung dynastischer Politik - und die meisten dieser Einigungs- bzw. Trennungsprozesse sind wissenschaftlich überhaupt noch nicht erforscht worden. Gerade für die makrosoziologische und sozialhistorische Forschung wären Untersuchungen darüber, wie sich unterschiedlich entwickelte Gesellschaften wandeln, wenn durch Vereinigung bzw. Trennung ihre räumlichen Grenzen nicht mehr identisch sind, von besonderer Relevanz, weil die bisherigen gesellschafts- bzw. geschichtswissenschaftlichen Theorien - gegen alle historischen Erfahrungen - räumliche Konstanz unterstellen. Derartige Forschungen müßten sich freilich gegen sozialdarwinistisch angehauchte Über-/Unterlegenheitstheoreme vergangener Evolutionsphilosophien ebenso wehren wie gegen US-amerikanisch inspirierte Theorien des sozialen Wandels (vor allem bezogen auf Entwicklungsländer) oder gegen entsprechende Systemvergleiche entlang der Achsen Kapitalismus vs. Sozialismus oder Demokratie vs. Totalitarismus.

Im Gegensatz zur herkömmlichen Geschichtswissenschaft, die Vereinigungen bzw. Trennungen insbesondere nach Personen, Beschlüssen, Kriegen, Interessengruppen bzw. Dynastien beschreibt, legt die sozialwissenschaftliche oder sozialhistorische Analyse mindestens auf folgenden Feldern Zugänge und Zielscheiben fest:

Ökonomische Entwicklungsdynamik

Von marxistisch inspirierten Sozialwissenschaftlern, nach denen historische Entwicklungen vor allem durch ökonomische Verhältnisse geprägt sind, ebenso wie von konservativen Verfechtern kapitalistischer (marktwirtschaftlicher) Systeme, die von der langfristigen historischen Überlegenheit dieser Wirtschaftsform ausgehen, wird unterstellt, daß die deutschen Einigungen von 1871 und 1990 letztlich ökonomisch fundiert waren bzw. sind. Die Reichsgründung als Beseitigung der kleinstaatlichen Fesselungen des aufstrebenden Industriekapitalismus, als Ausweitung der Produktions- und Verteilungsräume, als Erschließung von Kapital und Arbeitskraft, als Etablierung einer neuen Staatsgewalt als Schutz nach außen wie nach innen, als nationale Identifikationsmöglichkeit zwecks Verschmelzung von Elitegruppen bzw. disparaten Sozialmilieus usf. Die deutsche Einigung 1990 als Erschließung neuer Absatzmärkte und billiger Arbeitskräfte, als Renovierung maroder Industrien und Export modernster Technologien, als Verlagerung innerer Widersprüche nach außen, als Verschiebung der Wohlstandsgrenzen nach Osten, als Einbindung der sich befreienden osteuropäischen Länder in die weltwirtschaftliche Dynamik usf. Diese (auch in den übrigen Beiträgen dieses Buches angesprochenen) Thesen sind in ihrer Allgemeinheit schwer zu bestreiten, greifen offenkundig aber zu kurz: Die ökonomischen Entwicklungen vollziehen sich in langen Fristen und können durch die staatlichen Einigungsprozesse allenfalls beschleunigt werden. Der Industriekapitalismus hätte sich in Deutschland gewiß auch durchgesetzt, wenn die Reichsgründung Jahrzehnte früher oder Jahrzehnte später erfolgt wäre. Die weltwirtschaftliche Dynamik ist durch die deutsche Einigung von 1990 nur sehr partiell beeinflußt worden, nachhaltiger dürften sich die generellen Veränderungen in Osteuropa und die schwindende Konfrontation zwischen den Supermächten auch auf die Ökonomien auswirken.

Nationenbildung

Vor allem im Zuge der Entkolonialisierung stellte sich für die Sozialwissenschaften die Frage, welche Mechanismen, Ideologien, Institutionen, Eliten und gesellschaftlichen Trägergruppen zur Nationenbildung in den Ländern Afrikas, Asiens und anderen Teilen der Dritten Welt beitrugen und wie sich eine Typologie der jungen Nationen erstellen ließe. Dieser Forschungsansatz (vgl. Olson 1982) ist historisch auf die Prozesse der Nationenbildung in Europa und Amerika erweitert worden (vgl. etwa Flora 1974; Kennedy 1988; Schulze 1985), um eine universal zutreffende Theorie des Aufbaus und Niedergangs von Nationen zu erstellen. Die Prozesse der Reichsgründung 1871 sind in diesen Untersuchungen berücksichtigt worden und sollen - sofern erforderlich - nachfolgend berücksichtigt werden. Für die deutsche Einigung 1990 liegen relevante Untersuchungen m.W. noch nicht vor, was vermutlich auch inhaltlich problematisch ist, da es sich um einen atypischen Prozeß der Nationenbildung handelt, wenn zwei Teile einer ehemals einheitlichen Nation sich zwar durch Trennung (1945) temporär als eigenständige (wechselweise bestrittene) Nationen verstanden haben, deren neuerliche Verschmelzung zu einer Nation aber durch rapiden Verfall der einen Nation erfolgte. Dementsprechend sollen nachfolgend für die Einigung 1990 Aspekte der Nationenbildung nur peripher behandelt werden.

Revolutionen

Die Entwicklungen, die zur Einigung Deutschlands 1990 geführt haben, werden in publizistischen und wissenschaftlichen Diskussionen gern in den Kontext "osteuropäischer Revolutionen" eingebettet (vgl. etwa Dahrendorf 1990), zumindest aber als Situation des Umbruchs charakterisiert (vgl. Deppe u.a. 1991). Weniger deutlich läßt sich die deutsche Einigung von 1871 mit Revolutionen in Verbindung bringen - wirtschaftshistorisch am ehesten mit der 'Industriellen Revolution', politisch am ehesten mit der von Preußen militärisch evozierten Entmachtung der altständischen Eliten in den Klein- und Mittelstaaten oder dem gleichzeitigen Erstarken wirtschaftsbürgerlicher Kreise.

Allerdings ist Langewiesche (1989) zuzustimmen, der den inflationären Gebrauch des Revolutionsbegriffes in der Geschichtsschreibung beklagt und Revolutionen nur als radikale und rapide Umwälzungen politischer Machtverhältnisse sowie deren gesellschaftlicher Grundlagen gelten lassen will. Die Reichsgründung von 1871 prägte zwar die weitere deutsche Geschichte nachhaltig, entmachtete einige traditionelle Eliten und wirkte sich womöglich beschleunigend auf die weitere wirtschaftliche Entwicklung aus (vgl. die zusammenfassenden Einschätzungen bei Böhme 1968, Kiesewetter 1989 oder Wehler 1973), doch lassen sich die Vorgänge wohl eher als Stabilisierung der Macht der herrschenden großagrarischen, militärischen und industriebürgerlichen Kreise bilanzieren. Die deutsche Einigung von 1871 läßt sich vermutlich nur mit begrifflicher Rabulistik in eine Revolutionstheorie einbinden. Hingegen können die Ereignisse von 1989 und 1990 in der damaligen DDR wohl schon eher unter dem Begriff 'Revolution' diskutiert werden, auch wenn zahlreiche Elemente bisheriger Revolutionen (etwa die gewaltsame Vertreibung der bislang herrschenden Klasse oder die Propagierung massenwirksamer und systemtransformierender Ideologien) ausgeblieben sind. Angemessener dürfte wohl doch die Formel vom "Wandel durch Auflehnung" (Meuschel 1991, in Anlehnung an R. Leicht) sein, wobei der institutionell kanalisierte Wandel - Runder Tisch, Übergangsregierung, Transformation der SED/PDS, unkontrolliertes Verschwinden bisheriger Repressionsapparate, Volkskammerwahlen, Währungsunion, Einigungsvertrag - den in der DDR Herrschenden eine Anpassung an die neuen Verhältnisse mit nur geringen Verlusten ermöglichte. Aus dem Wandel durch Auflehnung wurde bald ein Wandel durch Anlehnung an die BRD. Unter revolutionstheoretischer Perspektive lassen sich die deutschen Einigungen von 1871 und 1990 also nur begrenzt analysieren, auch wenn rasche und womöglich tiefgreifende Veränderungen stattgefunden haben.

Modernisierung

Institutionell kontrollierter Wandel wird seit einigen Jahrzehnten in den Sozialwissenschaften als Modernisierung verstanden, wobei von Epochen-Einteilungen und utopischen Entwürfen (Zeitalter der Moderne, Modernität als Fortschritt) abgesehen wird, auch wenn in den Debatten nach wie vor implizit hochindustrialisierte westliche Gesellschaften als Maßstab der Entwicklung dienen. Modernisierung ist spätestens seit Parsons zum zentralen Theorem der Sozialwissenschaften aufgewertet worden (vgl. die älteren Darstellungen von Flora 1974 und Wehler 1975; für die jüngeren Debatten auch unter Einbezug Osteuropas: Müller 1991). Dabei meint Modernisierung sowohl die funktionale Ausdifferenzierung von Subsystemen und die Effektivierung der Beziehungen zwischen ihnen als auch die Reformierung von Institutionen, Ideologien, Kommunikationsstrukturen, Normen, Verhaltensmustern und Lebensweisen. Während Luhmann (1984) Modernisierung als Differenzierung, Eigenkonstitution und Selbstthematisierung bzw. Selbststeuerung von Systemen begreift, befürchtet Habermas (1981) das Vordringen von (insbesondere administrativen) Systemelementen in traditional gewachsene und durch Alltags-Praxis konstituierte Lebenswelten, die der Kolonialisierung durch Systeme anheimfallen könnten.

Die deutschen Einigungsprozesse von 1871 und 1990 lassen sich in der Tat als Modernisierungsschübe beschreiben, mit denen retardierte Entwicklungsstadien fortgeschrittenerer Verhältnissen angepaßt werden sollten. Ökonomisch erwies sich die Kleinstaaterei vor 1871 als hemmend, auch wenn durch Zollverein (1833) und multilaterale Abkommen schon vorher Hindernisse beseitigt werden konnten. Verkehrswesen, Kommunikationsnetze, Maß- und Währungseinheiten, Verwaltungs- und Rechtsvorschriften, aber auch das Bildungswesen und das rudimentär entwickelte Versicherungsnetz wurden mit der Reichsgründung vereinheitlicht, was mit dem Abbau von Hindernissen, Kostenersparnis, Beschleunigung, Effektivierung, erhöhter Rechtssicherheit und vergrößerten Wirtschaftsräumen positiv in die Bilanz einging. Nach inzwischen von den meisten Wirtschaftshistorikern (vgl. Kiesewetter 1989, Wehler 1973) geteilter Meinung war die deutsche Reichsgründung nicht Voraussetzung oder Motor der Industriellen Revolution, wohl aber ein Beschleunigungsfaktor und eine Grundlage dafür, daß nach 1871 der Industrialisierungsprozeß 'moderner' verlief. Mit dem Ausbau der Reichsverwaltung und der flächendeckenden Infrastruktur (z.B. Reichspost, Bahn, Reichsheer) wie auch mit der Ausbildung neuer nationaler Identitäts- bzw. Legitimitätsmuster wurde die Modernisierung verstetigt, auch wenn sich die politische Klasse weiterhin eher aus 'vormodernen' Gruppen rekrutierte und sich entsprechend verhielt.

Auch die deutsche Einigung 1990 läßt sich modernisierungstheoretisch fassen, wenn der Niedergang des real existierenden Sozialismus in den osteuropäischen Ländern und die daran anschließende "nachholende Revolution" (Habermas 1990) als Voraussetzung für diesen Prozeß gesehen wird:

> "Die osteuropäischen Staaten ... holten das Modernisierungsdefizit nach, das durch den sowjetischen Sonderweg blockiert war. Die tiefe Krise resultiere daraus, daß die frühe Sowjetunion zwar die ersten Schritte der industriellen Modernisierung sehr erfolgreich genommen habe, jede weitere funktionale Differenzierung des gesellschaftlichen Systems, die auf eine Dezentralisierung hinausgelaufen wäre, jedoch aus Herrschaftsgründen verweigerte. Die politischen Erhebungen des letzten Jahres trügen in diesem präzisen Sinn den Charakter einer nachholenden Revolution" (Müller 1991, S. 261/262).

Die Modernisierung Osteuropas, die unter systemtheoretischen Vorzeichen auf Eigenkonstitution, Selbstthematisierung und Selbststeuerung der wirtschaftlichen, politischen, gesellschaftlichen und kulturellen (Sub)Systeme wie auch der einzelnen osteuropäischen Länder hinauslaufen müsse, wird von Dahrendorf (1990) normativ festgelegt, indem er parlamentarisch-demokratische Verfassungen westlicher Provenienz als Maßstab für Osteuropa empfiehlt. Im Falle der deutschen Vereinigung durch Anschluß der DDR an die BRD hat sich diese normative Festlegung durchsetzen lassen, auch wenn längerfristig Krisen und Konflikte vorhergesehen werden (so etwa Lehmbruch 1990, Meuschel 1990).

Vermutlich sind die deutschen Einigungsprozesse von 1871 und 1990 weder besonders gut miteinander vergleichbar noch als lupenreine Beispiele für Modernisierung zu charakterisieren, doch läßt sich eine vergleichende

Analyse vielleicht dennoch unter Modernisierungsaspekten fruchtbar machen, um Unterschiede und Gemeinsamkeiten, Gewinner und Opfer zu markieren. Die nachfolgend gewählten Ebenen lassen sich nur beschränkt aus einer umfassenden Theorie ableiten, sie dienen eher heuristischen Zwecken und können Merkpunkte weiterer Forschung sein.

Vergleichbare Ebenen

Auf der sozioökonomischen Ebene der Produktion, Distribution und Konsumtion sind die Situationen von 1871 und 1990 zwar grundsätzlich inkommensurabel, doch lassen sich Parallelen bzw. Differenzen markieren. Die Reichsgründung, mit der ein Wirtschaftsgebiet von 41 Mio. Menschen zusammengeführt wurde, fiel in eine Phase der Industrialisierung Deutschlands, die von den "Vorteilen der Rückständigkeit" (Gerschenkron) profitierte, indem die deutschen Industrien die technischen und organisatorischen Entwicklungen Englands und anderer Industrieländer ohne entsprechende Entwicklungskosten übernehmen und sich gleich auf einem relativ hohen Produktionsniveau ansiedeln konnten. Die seit 1850 verstärkt einsetzende Industrialisierung, die insbesondere in Sachsen, Preußen, Westfalen und im Rheinland lokalisiert war, stellt gewissermaßen eine aus anderen Ländern übernommene Modernisierung dar. Der Agrarrevolution zu Beginn des 19. Jahrhunderts folgte die Industrielle Revolution seit Mitte des 19. Jahrhunderts mit rascher Temposteigerung in einer mindestens zwanzigjährigen Take-Off-Phase (lediglich durch die Rezessionen von 1857 und 1866 unterbrochen, ehe 1873 eine längere Rezessionsphase einsetzte):

> "Die industrie- (und gesamt)wirtschaftlichen Wachstumsraten schnellten hoch, die Investitions- und Konsumgüterproduktion verdoppelte sich, der Außenhandel dehnte sich um 130 Prozent aus, die jährlichen geschätzten Nettoinvestitionsraten kletterten auf 8, dann auf 10, ja 12 Prozent und pendelten sich bis 1873 dort ein. Die strategischen Industrien: Eisenfabriken, Bergwerke und Maschinenbauanstalten kennzeichnete eine rapide Entwicklung" (Wehler 1973, S. 26).

Andere Leitsektoren wie etwa Eisenbahn und Banken boomten in ähnlichen Größenordnungen. Die Industrialisierung war in dieser Phase allerdings noch ein regionales Phänomen: Weite Teile Norddeutschlands (besonders Mecklenburg) und Süddeutschlands (besonders Niederbayern) wurden auch bis zum 1. Weltkrieg noch nicht von der Industrialisierung erreicht. Doch in den machtpolitisch bedeutsamen Ländern ging die Industrialisierung in den beiden Jahrzehnten vor 1871 mit hohem Tempo voran. Daher läßt sich die von sozialistischen Wirtschaftshistorikern (etwa Engelberg 1979) verfochtene These, die Reichsgründung wäre durch den Industriekapitalismus erzwungen worden und mithin die Voraussetzung der weiteren Industriellen Revolution, nicht halten.

Die Reichsgründung hat aber unter mehreren Aspekten zur ökonomischen Modernisierung beigetragen. So ist insbesondere die Vereinheitlichung des Wirtschaftsraumes und seiner Infrastrukturen (Bahn, Post, Straßennetz, Währung, Maße und Gewichte, Recht, Zollpolitik u.dgl.) unmittelbar einsichtig, auch wenn die Bundesstaaten wesentliche Teile ihrer Kompetenzen behielten. Kurzfristig wirkten die 5 Milliarden Mark französischer Kriegskontribution auf die Wirtschaftsentwicklung enorm beschleunigend ein (Gründungsboom), erwiesen sich aber - weil spekulationsfördernd und ohne reale Wirtschaftstätigkeit erbracht - ab 1873 als Ursache einer langanhaltenden Rezessionsphase. Bedeutsamer als der Kriegsgewinn waren langfristig zwei Faktoren: Sozialpsychologisch setzte die Reichsgründung Hoffnungen auf dauerhaften Aufschwung frei und regte zu immenser Wirtschaftstätigkeit an, zum anderen konnten sich jetzt die großen Verbände und Organisationen auf Reichsebene entfalten und dadurch besonders effektiv auf die weitere wirtschaftliche Entwicklung einwirken. Und schließlich ging von der Reichsgründung durch die endgültige Beseitigung von Binnenzöllen und Währungsdisparitäten sowie durch die Erweiterung der Distributionssphäre ein enormer Kostenspareffekt aus, der langfristig allerdings auch die Wirtschaftskonzentration beförderte.

Zu vermuten ist, daß mit der Vereinheitlichung des Wirtschaftsgebietes im Zuge der Reichsgründung regionale wirtschaftliche Entwicklungsunterschiede abgebaut wurden. Allerdings fehlt es für diese Vermutung an flächenübergreifenden wirtschaftshistorischen Studien. Gegen diese Vermutung spricht, daß noch Jahrzehnte nach der Reichsgründung ganze Großregionen von der Industrialisierung nicht erfaßt worden waren und sich traditionale Branchen wie Landwirtschaft, Fischerei und Handwerk nur unwesentlich änderten. Insofern ergibt sich nicht zwingend aus der Vereinheitlichung des Wirtschaftsraumes auch bereits eine Vereinheitlichung der Wirtschaftsweisen bzw. der regionalen und sektoralen Disparitäten.

Derartige Aussagen sind für die deutsche Einigung von 1990 noch verfrüht. Weil sich die übrigen Beiträge dieses Buches mit den ökonomischen Aspekten beschäftigen, sollen hier nur einige kurze Skizzen hinzugefügt werden. Produktion, Distribution und Konsumtion waren in den beiden deutschen Staaten bis 1990 grundlegend verschieden organisiert und in sehr divergente Entwicklungsdynamiken eingebettet. Auch wenn wegen der eklatanten Unterschiede der Statistiken eine Vergleichbarkeit bis heute nicht gegeben ist, wird doch immer deutlicher, daß nahezu alle Indikatoren eine Überlegenheit der BRD auswiesen, wobei sich die Differenzen insbesondere in den achtziger Jahren stark vergrößert haben. Der Modernitäts-

Rückstand der DDR-Wirtschaft hat sich aus einer Vielzahl von Gründen ständig vergrößert: Die 1945 mit der deutschen Teilung angelegten Erblasten (insbesondere die hohen Reparationszahlungen, die fortlaufende verdeckte Ausplünderung durch die Sowjetunion, die Zerschneidung der traditionell auf Ost-West-Verbindungen ausgelegten Verkehrs- und Nachrichtenwege, die Abkoppelung von reichen Rohstoffquellen und die damit verbundene Suche nach Ersatzstoffen sowie die regional unterschiedlich entwickelten Wirtschaftsstrukturen) konnten nie überwunden werden und haben sich kumulativ nachteilig auf andere Entwicklungen ausgewirkt. Die enge Anbindung an die UdSSR und an den RGW-Raum hat die DDR-Wirtschaft zwar einerseits vor Risiken des Weltmarktes geschützt, andererseits aber von den Innovationsschüben der Weltwirtschaft abgekoppelt, was sich über längere Zeit als Modernitäts-Rückstand auswirkte. Mit der sozialistischen Umgestaltung sollte zwar eine Effektivierung aller Wirtschaftsbereiche durch Größenvorteile, Planung, Steuerung und Mitbestimmung erreicht werden, erzielt aber wurden nachhaltig hemmende Disparitäten zwischen den Wirtschaftssektoren: Eine personell überbesetzte und auf Tonnenideologie festgelegte Landwirtschaft auf der einen Seite, unterentwickeltes Handwerk, ausgedünnter Handel und überforderte Bauwirtschaft auf der anderen Seite. Die zumeist an Materialknappheit, zentralistischer Finanzwirtschaft, bürokratischer Gängelung, ineffizienter Planung und dadurch verursachter Schattenwirtschaft leidenden Industrien konnten nur durch ungünstige Energiebilanzen und brutale Umweltschädigung den Eindruck des Funktionierens trotz großer technologischer Rückständigkeit aufrechterhalten. Die personelle Überbesetzung insbesondere im bürokratischen Bereich der Betriebe, sinkende Arbeitsproduktivität, permanente Devisenknappheit, die wenig effizienten Maßnahmen zur Devisenbeschaffung sowie die fortlaufende Abschöpfung wirtschaftlicher Ressourcen zur Erhaltung des aufgeblähten, aber unproduktiven Verwaltungs- und Sicherungsapparates verschärften die Probleme der DDR-Wirtschaft.

Allerdings scheiterte die DDR nicht unmittelbar an wirtschaftlichen Problemen, sondern an der immer weiter auseinanderklaffenden Schere zwischen Erwartungen und Realisierungsmöglichkeiten. Auf der Ebene der Produktion fehlte nach Hanf (1991, S. 78)

> "sowohl bei den Betrieben, als auch bei den Arbeitern ein dementsprechendes Interesse und somit auch [ein die] Entwicklung stabilisierende[r] Regulierungszusammenhang. Die für den ökonomischen Erfolg so wichtige Kompatibilität zwischen objektiven und subjektiven Arbeitsbedingungen (Technologie und Qualifikation) konnte nie recht erreicht werden ... Es gab Über- und Unterforderung sowohl hinsichtlich der Qualifikation als auch hinsichtlich der Arbeitsbelastungen (Intensität, physische

> und psychische Belastungen, Arbeitszeitregimes) und zwar ohne, daß sich anhand einzelner Dimensionen (z.B. Technisierungs- oder Automatisierungsgrad) feste Beziehungen ermitteln ließen. Von 'Mitbestimmung' wurde auch nur im Rahmen ritueller Veranstaltungen gesprochen".

In der Distributionssphäre erwies sich nicht bloß die mangelhafte Versorgung mit Gütern und Dienstleistungen als Problem, sondern die vielfältigen Privilegien, unüberschaubaren Zugangschancen zu indirekten Einkommensquellen und die Bindung des Verteilungsprinzips an politische Loyalität erwiesen sich immer deutlicher als Arroganz der Macht. Auf der Ebene des Konsums schließlich verschärfte die permanente Differenz zwischen Warenangebot und Kaufkraft den Modernisierungs-Druck: Autos und Videos als Massensymbole der deutschen Einheit legen ein beredtes Zeugnis ab.

Dementsprechend überwogen nach der deutschen Vereinigung zunächst die Konsumwünsche und damit einhergehend eine explosionsartige Ausdehnung des Handels sowie der Banken und Versicherungen. Die Modernisierung vollzieht sich ganz überwiegend in der Konsumtions- und Distributionssphäre, während im Produktionsbereich nur sehr langsam Veränderungen erkennbar werden. Auf der sozioökonomischen Ebene verläuft die Modernisierung im Gefolge der deutschen Einigung nicht etwa als Differenzierung, Selbstthematisierung und Selbstkonstitution der einzelnen Bereiche, sondern als Wohlstandsexport von West nach Ost durch privatwirtschaftliche Abschöpfung von Kaufkraft im Osten durch westliche Unternehmungen bei gleichzeitiger öffentlicher Finanzierung der Friktions- und Infrastrukturkosten. Hierin unterscheidet sich die deutsche Einigung 1990 sehr markant von der deutschen Einigung 1871. Allerdings ist noch nicht ausgemacht, ob dem 'Gründungsrausch' von 1990 ebenso wie 1873 eine Phase der 'Großen Depression' folgen wird.

Auf der sozialstrukturellen Ebene der Stände-, Klassen- und Schichtungsverhältnisse sind die Unterschiede zwischen 1871 und 1990 unabweislich. Als 1871 25 bis dahin weitgehend selbständige Länder zum Deutschen Reich zusammengeschmolzen wurden, trafen recht unterschiedlich entwickelte Gesellschaften zusammen: Kleine, verarmte und ausschließlich agrarisch orientierte Gesellschaften trafen auf die Gesellschaften reicher Handelsstädte oder jener Regionen, in denen seit einigen Jahrzehnten die Industrialisierung die traditionalen Gesellschaftsstrukturen nachhaltig umkrempelte. Die gesellschaftlichen Entwicklungsstände klafften weit auseinander und wurden durch die Reichsgründung kaum tangiert, vielmehr durch die Prozesse der Industrialisierung fundamental beeinflußt. Die deutsche Einigung 1871 fiel in eine Phase raschen gesellschaftlichen Wandels, der aber eben auch Widerstände der jeweils oberen Schichten gegen den Wandel auslöste.

Die vier dominanten Sozialmilieus - der immer noch tonangebende Adel, der konservative Katholizismus in Süddeutschland, das überwiegend protestantische Industriebürgertum sowie die aufkommende Industriearbeiterschaft - standen sich in vielfältigen Konfliktkonstellationen gegenüber. Sie erzeugten Binnenklimata, die homogene Zugehörigkeitsgefühle und ständische Denkweisen in der Klassengesellschaft vermittelten (Elias 1989). Ihre Abschließungstendenzen und besonders die Polarisierung gegen die Arbeiterschaft konservierten die gesellschaftlichen Verhältnisse gegenüber den aus der forcierten Industrialisierung resultierenden Wandlungstendenzen.

Die Sozialstruktur beider deutschen Staaten hat sich zwischen 1945 und 1990 ein Stück weit auseinanderentwickelt, wobei eine vergleichende Klassen- oder Schichtungsanalyse schwierig ist. Die gesellschaftlichen Strukturen der Bundesrepublik Deutschland knüpften an frühere Strukturen an und wandelten sich im Zuge der ökonomischen Dynamik, während die Gesellschaftsstruktur der DDR insbesondere unter politischen Imperativen umgestaltet wurde bzw. werden sollte. Als Stichworte für die BRD lassen sich z.B. festhalten: Deutlicher Rückgang des Agrarsektors, relative Abnahme der Industriearbeiterschaft, Zunahme der Facharbeiterschaft und der Niedrigqualifizierten, Auflösung proletarischer Milieus, markantes Anwachsen der Dienstleistungsberufe und des öffentlichen Dienstes ('Tertiarisierung'), Trend zur Akademisierung, Internationalisierung des Kapitals und damit Mobilisierung von Unternehmern und Managern, Bedeutungszunahme von Verbänden und Bürokratien, Verunsicherung und tendenzielle Offenheit der politischen Klasse, 'Verstaatlichung' der Unterschichten durch Sozialpolitik, Kanalisierung von sozialem Protest durch Alimentierung und Ausgrenzung, Verhüllung sozialer Ungleichheit durch Wohlfahrts-, Leistungs- oder Individualisierungsideologien usf. Generell läßt sich wohl festhalten, daß die bundesrepublikanische Gesellschaft durch die Entschärfung tatsächlicher Widersprüche und durch Thematisierung bzw. Bearbeitung latenter Konflikte Stabilität erlangte. Die Tendenzen zur Individualisierung (Bedeutungsschwund der Familie, Selbstbestimmung von Ausbildung und Beruf, mehr Mobilität, leicht verbesserte Emanzipationschancen für Frauen) schwächen herkömmliche sozialstrukturelle Bindungen, ohne die Klassen- und Schichtverhältnisse aufzuheben.

Die Sozialstruktur der DDR war hingegen seit 1945 bewußter Umgestaltung unterworfen, um die kapitalistische in eine sozialistische Gesellschaft zu transformieren: Enteignung der Unternehmer, Überführung in Volkseigentum, Kollektivierung der Landwirtschaft, Durchsetzung von

Genossenschaften in Handwerk und Handel, Aufwertung der Arbeiterklasse, Ausweitung des staatlichen Verwaltungs- und Sicherungsapparates, Dominanz des Parteiapparates als gesellschaftlicher Verteilungsmechanismus, Durchsetzung von militärischen Prinzipien in Produktion, Verteilung und gesellschaftlichen Verkehrsformen, Eigendynamik der Repressionsapparate, Betonung des Harmoniegedankens, Ausweitung des Kleinbürgertums als Element der Sozialstruktur und als Verhaltensmuster, Tendenz zur Privatisierung bei gleichzeitiger Betonung öffentlicher Darstellungen, Ritualisierung demokratischer Elemente usf. - Trotz der Dominanz der Arbeiterklasse war die DDR nie eine Klassengesellschaft, sondern hatte Tendenzen zu einer Ständegesellschaft, die

> "aus dem politischen Monopol der SED und dem 'Primat der Politik' gegenüber allen anderen gesellschaftlichen Bereichen resultierte: die politische Bindung von Mobilität, Karrieren und persönlicher Entwicklung. Daraus haben sich nicht nur Status (Macht) abgeleitet, sondern auch viele andere soziale Differenzierungen. Im politischen und daraus resultierend auch im sozialen Sinne hat es ständische Abschließungen gegeben. Diese äußerten sich nicht nur im Einkommen, in exklusiven Nutzungsrechten besserer Lebensbedingungen (bis hin zu unrechtmäßiger privater Aneignung von Reichtum), sondern auch in personalen Abschließungstendenzen ... Das Pendant dessen war so etwas wie politische Sippenhaft im Falle abweichenden Verhaltens. Wichtiger war aber die erpreßte Loyalität im Sozialverhalten und die erbitterte Konkurrenz benachbarter Aufstiegskandidaten, die Neid, Mißgunst, Häme in den inneren Zirkeln, plumpe Dogmatik in der Öffentlichkeit und Schizophrenie in den privaten Beziehungen zum Habitus machten. Die Kehrseite dieser politisch-dogmatischen Schließungstendenzen waren andere soziale Schließungstendenzen, so die der Selbstrekrutierung bestimmter Berufsgruppen sowohl bei Arbeitern, als auch bei Handwerkern und einigen Intelligenzberufen" (Hanf 1991, S. 75).

Daraus resultierten mehrere Schwächen, die letztlich den raschen Niedergang der DDR begünstigten: Die immanenten Differenzierungstendenzen der Gesellschaft wurden künstlich blockiert, die gesellschaftliche Komplexität stellte sich nicht aus dem sozialen System selbst her, sondern war politisch verordnet, die Dominanz politischer Verteilungsmechanismen schwächte die Identifikation mit der Gesellschaft, zumal Leistung und emotionale Investition nicht angemessen belohnt bzw. durch plumpe Phrasen ganz offenkundig unglaubwürdig gemacht wurden (was schließlich zur Abwanderung der mobilsten Kräfte führte), die Formen der Vergesellschaftung erwiesen sich zunehmend als starr und zwanghaft, Individualisierungstendenzen wurden als Devianz markiert und ausgegrenzt. So war die

Dynamik des Gesellschaftssystems erstarrt, die 'nachholende Revolution' setzte ein.

Wie und ob sich die sozialstrukturellen Elemente nach der Vereinigung ändern werden, ist bislang unklar, lediglich die Richtung ist auszumachen: Angleichung an die Verhältnisse in der BRD. Dabei wird es zu erheblichen Verwerfungen kommen - etwa im Bereich der Agrarbevölkerung oder Industriearbeiterschaft -, wobei Verelendungstendenzen, aber auch soziale Eruptionen und Anomie kurz- bis mittelfristig nicht ausbleiben werden. Kritiker des Tempos der deutschen Einigung befürchten, daß die soziale Frage des 19. Jahrhunderts in Teilen der ehemaligen DDR aufbrechen könnte und z.B. Leipzig Liverpool ähneln werde. Auch so besehen können sozialhistorische Vergleiche von Nutzen sein. Auf der sozialpsychologischen Ebene war auch die 'Große Depression' der Jahre 1873 bis 1879 als Folge der überstürzten Reichsgründung nicht bloß ökonomisch zu verstehen, sondern hatte psychische Entsprechungen.

Auf der soziokulturellen Ebene der Lebenswelten, Orientierungen, Symbole, Ideologien und Verhaltensmuster vollzog sich der Wandel 1871 wie 1990 ebenfalls nur begrenzt mit der deutschen Einigung, andere langfristig wirkende Faktoren waren von größerer Relevanz. Mit dem Fortfall feudaler oder ständisch-korporativer Bindung und der nachlassenden Deutungsmonopole der Kirche wuchs die Orientierungskrise für breite Bevölkerungsschichten, die umgekehrt aber auch als Chance zur Horizont-Erweiterung bezeichnet werden kann. Mit Langewiesche (1989, S. 131f.) läßt sich dieser Zwang zur Neuorientierung als "Nationalisierung" von Lebenswelten und Lebenserfahrungen skizzieren:

> "Seit dem Beginn des 19. Jahrhunderts wurde der einzelne immer stärker in größere Ordnungsgefüge eingebunden - wirtschaftlich, politisch und auch sozialkulturell. Als besonders wichtig erwies sich die Ausweitung des sozialkulturellen Horizonts von immer mehr Menschen. Horizonterweiterung ist ganz wörtlich zu nehmen. Der Blick des einzelnen ging zwangsweise über den Kirchturm hinaus, als die relativ abgeschlossene lokale Lebenswelt aufgebrochen wurde. Daran wirkten vielfältige Maßnahmen mit, etwa staatliche Normen, die nun immer intensiver auf den einzelnen durchgriffen, zum Beispiel in der Form neuer Steuern oder eines veränderten Heirats- und Gemeindebürgerrechts oder durch den Abbau von Zunftordnungen. Solche staatlichen Maßnahmen entgrenzten sozialkulturelle Lebenswelten ... Die verbesserte Schulbildung trieb in die gleiche Richtung, ebenso das vermehrte Angebot an Zeitungen und Zeitschriften oder die verbesserten Reisemöglichkeiten, die vor allem seit dem Eisenbahnbau entstanden. Nicht nur der wirtschaftliche, auch der kulturelle Markt weitete sich also aus".

Verstärkt wurde diese Entwicklung durch die Ausweitung der sozialen Beziehungen im Zuge der Klassenbildung, die nach Langewiesche mit einer Entlokalisierung von Lebenswelten, von Lebenserfahrungen verbunden war:

> "Wer sich einer Klasse zugehörig fühlte, und in entsprechenden Organisationen mit wirkte, dachte über seine alte, abgegrenzte Lebenswelt hinaus. Insofern gehört auch die Entstehung einer sozialistischen Arbeiterbewegung zum gesellschaftlichen Prozeß der Nationsbildung".

Die Entlokalisierung von Lebenswelten und Lebenserfahrungen, die im raschen Anwachsen von Großorganisationen eine Entsprechung fand, verschärfte aber auch die Konflikte zwischen den Gesellschaftsklassen, die durch einende Symbolwelten aufgefangen werden sollten. Im Habitus der "satisfaktionsfähigen Gesellschaft" (Elias) dominierten im Duell gipfelnde Verkehrsformen, die die Gesellschaft von oben immer weiter auch nach unten durchdrangen. Mit der Staatssymbolik des neuen Kaiserreiches wurden ab 1871 Integrationsmechanismen freigesetzt, die breite Bevölkerungsgruppen faszinierten, offenkundig aber nicht ausreichten, um den Staatsautoritarismus Bismarcks überflüssig zu machen (vgl. Hardtwig 1990). Die Klassenkonflikte konnten von Staats wegen nicht mehr stillgestellt werden und wurden auch nur begrenzt durch die auf der Woge des Kriegserfolges von 1871 einsetzende "gesellschaftliche Militarisierung aller Lebensbereiche" (M. Weber) als dominierender Sozialcharakter überformt. Nationalistische Ideologien sickerten immer stärker in alle Lebensbereiche ein und legitimierten den 1871 neugegründeten Wilhelminischen Obrigkeitsstaat ebenso wie die teilweise viel älteren Herrschaftsstrukturen und Eliten in den Bundesstaaten. So besehen war die Reichsgründung von 1871 auf der soziokulturellen Ebene ein wichtiger Beitrag zur Herstellung einender Symbolwelten, die die fortbestehenden und sich teilweise noch verschärfenden Klassengegensätze übertünchten.

Die Entwicklungen, die zur deutschen Einheit 1990 führten, lassen sich auf der soziokulturellen Ebene weitaus schwieriger rekonstruieren, weil sich die Symbolwelten enorm pluralisiert haben, Individualisierungsschübe dem einzelnen Menschen höhere Orientierungsleistungen abverlangen und die jeweiligen Lebenswelten nicht mehr kohärent sind. Andererseits erzeugen die Medien standardisierte Denkmuster und kollektive Erfahrungen (z.B. durch TV-Konsum), die in hohem Maße vergesellschaftend wirken. Medial vermittelt und über Konsumformen verstärkt hat die BRD eine 'Amerikanisierung' - etwa in Form von Mode, Musik, Zeitverwendung, Lebensstilen, Tempo, Verschleiß etc. - erfahren, die auch in der DDR hohen Aufmerksamkeitswert hatte. Die heimliche oder später direkte Übernahme westlicher Muster in der damaligen DDR erhöhte die Distanz zum eigenen System, das von vielen, zumal jüngeren und leistungsbewußten Bürgern als grau, langweilig oder beengend - weil von alten, durch Nationalsozialismus und Klassenkampf traumatisierten Männern geprägt - empfunden wurde, was ganz erheblich zum Massenexodus beitrug. Trotz sozialistischer Erziehung und einer politisch eindeutig programmierten Sozialisation oder vielleicht gerade deshalb (vgl. Burkart 1990, Landeszentrale 1989, Weidenfeld/Zimmermann 1990) bot die DDR soziokulturell unzureichende Identifikationschancen und entwickelte sich immer mehr zur 'Nischengesellschaft', in der einerseits private Rückzugsmöglichkeiten in Familie, Heimat, regionalen Besonderheiten oder Hobbys gesucht, andererseits die Flucht in die Halböffentlichkeit der Kirche angetreten wurde. Überhaupt haben Kirche und konfessionelle Orientierung, aber auch die Betonung von Region und Heimat unter den in der DDR obwaltenden Bedingungen einen hohen Stellenwert gehabt, was im Zuge der Einigung obsolet werden dürfte. Nischen verlieren ihren Sinn, werden als hohl empfunden; ihr Verlust wird vordergründig mit Konsum oder Aktivismus überspielt - längerfristig sind Sinnkrisen mit hohen psychosozialen Kosten vorprogrammiert. Dies gilt um so mehr, als der sozialistische Paternalismus den Mentalitätstypus des versorgten Menschen erzeugte, der mit seinem bereits in der pränatalen Phase begonnenen "Gefühlsstau" (Maaz) in die Dialektik von Unterwerfung und Schutzversprechen (zunächst durch den sowjetischen 'Großen Bruder, jüngst durch den auch körperlich mächtigen Bundeskanzler) eingepaßt wurde.

Auf der politisch-administrativen Ebene schließlich sind die Prozesse der Einigung am deutlichsten sichtbar, weil die Mitglieder der politischen Klasse auf der politischen Bühne mit- oder gegeneinander agieren, weil alte Eliten an Einfluß verlieren, neue aufkommen, veränderte Koalitionen eingegangen werden, Institutionen transformiert werden müssen, neue Spielregeln ausgehandelt und Bürokratien verschmolzen werden etc.

Mit der Reichsgründung 1871 sollte durch die großpreußische-kleindeutsche Lösung Österreich ausmanövriert und die Vormacht Preußens in Deutschland gesichert werden. Diese Strategie ging ebenso auf wie der Versuch, die alten agrarisch-feudalen Eliten an der Macht zu halten und zudem das aufstrebende Wirtschaftsbürgertum und das zunächst demokratisch gesonnene Bildungsbürgertum in das Machtkartell einzubinden, um die aufstrebende Arbeiterklasse niederzuhalten und durch Schein-Parlamentarismus Demokratiebestrebungen zu bekämpfen.

War die Reichsgründung von 1871 primär machtpolitisch ausgerichtet, so ist die deutsche Einigung 1990 - zumindest aus jetziger Sicht - nicht so eindeutig machtpolitisch zu verstehen (vgl. Lehmbruch 1990). Die herrschende politische Klasse der BRD hat Teile der ehemaligen politischen Klasse der DDR assimiliert, ohne jene Kräfte, die die Wende herbeigeführt haben, zu berücksichtigen. Die westdeutsche Parteienstruktur ist einfach auf die ehemalige DDR übertragen worden, während umgekehrt die Übertragung von DDR-Parteien auf die Bundesrepublik gescheitert ist. Politisch gesehen stellt sich daher die Einigung eindeutig als Anschluß dar und ist eher mit 1938 als mit 1871 vergleichbar.

Fazit

Der Beitrag ging nicht von einer politisch-historischen Analyse, sondern von sozialwissenschaftlichen Zugängen aus. Sozioökonomisch, sozialstrukturell und soziokulturell lassen sich die Einigungsprozesse von 1871 und 1990 als Modernisierungsschübe verstehen. In den verschiedenen Teilbereichen werden nicht nur rückständige Elemente 'modernisiert', sondern die Systeme selber verändern durch Ausdifferenzierung, Selbstthematisierung und Selbststeuerung ihre Qualität. Ob allerdings die 1871 eingetretene Qualität auch nach 1990 wünschenswert ist, sollte bestritten werden. Andererseits muß aber auch bezweifelt werden, ob die Merkmale der Revolutionen in Osteuropa

> "erstens den Aspekt der Moral, zweitens den der Gewaltlosigkeit, drittens den der Abwesenheit konterrevolutionärer Gegenwehr, viertens das Aufkommen neuer Nationalismen und fünftens das Legitimationskonzept der 'civil society'" (Deppe u.a. 1991, S. 8)

auf die nunmehr knapp 80 Mio. Bundesbürger Einfluß nehmen werden.

Literatur

Böhme, H. (Hrsg.) (1968): Probleme der Reichsgründungszeit 1848-1879, Köln.

Burkart, G. (Hrsg.) (1990): Sozialisation im Sozialismus. Lebensbedingungen in der DDR im Umbruch, (1. Beiheft der Zeitschrift für Sozialisationsforschung und Erziehungssoziologie).

Dähn, H. (1985): Das politische System der DDR, Berlin.

Dahrendorf, R. (1990): Betrachtungen über die Revolution in Europa, Stuttgart.

Deppe R. u.a. (Hrsg.) (1991): Demokratischer Umbruch in Osteuropa, Frankfurt/M.

Edition Deutschland Archiv (1989): Die DDR im vierzigsten Jahr, (zweiundzwanzigste Tagung zum Stand der DDR-Forschung in der Bundesrepublik Deutschland), Köln.

Edition Deutschland Archiv (1990): Die DDR auf dem Weg zur deutschen Einheit (Dreiundzwanzigste Tagung zum Stand der DDR-Forschung in der Bundesrepublik Deutschland), Köln.

Elias, N. (1989): Studien über die Deutschen. Machtkämpfe und Habitusentwicklung im 19. und 20. Jahrhundert, Frankfurt/M.

Engelberg, E. (1979): Die Einheit in der Vielfalt der Revolutionen (1789-1871), Berlin.

Fischbach, G. (Hrsg.) (1990): DDR-Almanach '90, Stuttgart.

Flora, P. (1974): Modernisierungsforschung, Opladen.

Gerschenkron (1962): Economic Backwardness in Historical Perspective, Cambridge/Mass.

Habermas, J. (1990): Die nachholende Revolution, Frankfurt/M.

Hanf, Th. (1991): Modernisierung der Gesellschaft als sozialstrukturelles Problem, in: Berliner Journal für Soziologie 1, S. 73-82.

Hardtwig, W. (1990): Bürgertum, Staatssymbolik und Staatsbewußtsein im Deutschen Kaiserreich 1871-1914, in: Geschichte und Gesellschaft 16, S. 269-295.

Hettlage, R. (Hrsg.) (1990): Die Bundesrepublik. Eine historische Bilanz, München.

James, H. (1989): A German Identity. 1770-1990, London.

Kennedy, P. (1988): The Rise and Fall of the Great Powers, London.

Kiesewetter, H. (1989): Industrielle Revolution in Deutschland 1815-1914, Frankfurt/M.

Kocka, J. (1979): Stand - Klasse - Organisation. Strukturen sozialer Ungleichheit in Deutschland vom späten 18. bis zum frühen 20. Jahrhundert im Aufriß, in: Wehler, H.U. (Hrsg.): Klassen in der europäischen Sozialgeschichte, Göttingen.

Kolb, E. (Hrsg.) (1987): Europa vor dem Krieg von 1870, München.

Landeszentrale für polititsche Bildung Baden-Württemberg (Hrsg.) (1989): Politische Kultur in der DDR, Stuttgart.

Langewiesche, D. (Hrsg.) (1989): Revolution und Krieg. Zur Dynamik historischen Wandels seit dem 18. Jahrhundert, Paderborn.

Lehmann, H.G. (1988): Chronik der DDR, München.

Lehmann, H.G. (1989): Chronik der Bundesrepublik Deutschland, München.

Lehmbruch, G. (1990): Die improvisierte Vereinigung: Die Dritte deutsche Republik, in: Leviathan 18, 4, S. 462-486.

Longerich, P. (Hrsg.) (1990): "Was ist des Deutschen Vaterland?". Dokumente zur Frage der deutschen Einheit 1800-1990, München.

Mänicke-Gyöngyösy, K./Rytlewski, R. (Hrsg.) (1990): Lebensstile und Kulturmuster in sozialistischen Gesellschaften, Köln.

Meyer, H. (Hrsg.) (1990): Intelligenz, Wissenschaft und Forschung in der DDR, Berlin.

Meuschel, S. (1991): Wandel durch Annäherung. Thesen zum Verfall bürokratischer Herrschaft in der DDR, in: Deppe, R. u.a. (1991).

Möller, D. (1988): Zwei deutsche Wege, Berlin.

Müller, K. (1991): Nachholende Modernisierung?, in: Leviathan 19, 2, S. 261-291.
Olson, M. (1982): The Rise and Decline of Nations, New Haven/London.
Plessner, H. (1982): Die verspätete Nation, Frankfurt/M.
Rosenberg, H. (1967): Große Depression und Bismarckzeit, Berlin.
Schieder, T./Deuerlein, E. (Hrsg.) (1970): Reichsgründung 1870/71, Stuttgart.
Schulze, H. (1985): Der Weg zum Nationalstaat, München.
Statistisches Bundesamt (1990): DDR 1990, Stuttgart.
Veblen, T. (1915): Imperial Germany and the Industrial Revolution.
Wehler, H.U. (1973): Das deutsche Kaiserreich 1871-1918, Göttingen.
Wehler, H.U. (1975): Modernisierungstheorie und Geschichte, Göttingen.
Wehler, H.U. (1988): Aus der Geschichte lernen? München.
Weidenfeld, W./Zimmermann, H. (Hrsg.) (1989): Deutschland-Handbuch. Eine doppelte Bilanz 1949-1989, München.
Winkler, G. (Hrsg.) (1990): Sozialreport '90. Daten und Fakten zur sozialen Lage in der DDR, Berlin.

Band 1

Der Arbeitsmarkt

Probleme, Analysen, Optionen

Hrsg. v. Werner Sesselmeier

Werner Sesselmeier: Einleitung: Der Arbeitsmarkt im Schnittpunkt ökonomischer Erfordernisse und gesellschaftlicher Zielvorgaben - *Thomas Lenk*: Einfluß des technologischen Fortschritts und des strukturellen Wandels auf dem Arbeitsmarkt - *Georg Götz*: Lohnhöhe, Arbeitsproduktivität und Übersiedlung - *Gisela Kubon-Gilke*: Die Bedeutung ökonomischer Organisationsstrukturen für eine effiziente Faktorallokation - *Dorothea Nick*: Die Auswirkung alter Ideologien auf die Einführung neuer Arbeitsformen am Beispiel der Teilzeitarbeit - *Werner Sesselmeier*: Brauchen Unternehmen in der ehemaligen DDR Mitbestimmung? - *Rainer Eichholz*: Rechtliche Regeln der Unternehmensmitbestimmung im vereinten Deutschland

108 Seiten, 16,80 DM,
ISBN 3-926570-31-8

Band 2

Nur Blut, Schweiß und Tränen ?

Alternativen zum Katastrophenhandeln bei der deutschen Einigung

Hrsg. von Gerd Grözinger

Einleitung des Herausgebers - *Christa Luft*: Melancholische Betrachtungen über verpaßte Gelegenheiten samt einiger Lehren für die Zukunft - *Wilhelm Hankel*: Die deutsch/deutsche Währungsunion - die programmierte Katastrophe? Eine Leporello-Arie der Denkfehler und Unterlassungen - *Kurt Hornschild*: Erfordernisse und Möglichkeiten für eine vorausschauende Wirtschaftspolitik in Ostdeutschland - *Jan Priewe*: Die Treuhandanstalt braucht einen gesetzlichen Auftrag - *Gerd Grözinger:* Zwei hydraulische Überlegungen zur Erhöhung des Investitionsdrucks - *Peter Grottian*: Zwei radikale Vorschläge: Alternativer Solidaritätsvertrag und 500.000 'Ossis' suchen sich selbst ihre gesellschaftlich finanzierten Arbeitsplätze!

108 Seiten, 12,80 DM,
ISBN 3-926570-33-4

Band 3

Monetäre Probleme

Hrsg. von Ulrich Busch

Vorwort des Herausgebers - Ulrich Busch: Konsequenzen der Umgestaltung der Eigentums- und Geldordnung für die soziale Differenzierung in den neuen Bundesländern - *Hans Schmidt*: Das Investitionsproblem in Ostdeutschland aus monetärer Sicht - *Detlev Hummel*: Reprivatisierung und Kapitalmarktfinanzierung in den neuen Ländern - *Joachim Borner*: Unsere neuen ökologischen Altlasten und wie wir sie uns leisten - *Rudolf Mondelaers:* Ostdeutschlands EG-Beitritt - Ein gesamteuropäisches Theorie-Modell?

108 Seiten, 14,80 DM,
ISBN 3-926570-34-2

Band 4

Frauen am Arbeitsmarkt

Hrsg. von
Marianne Assenmacher

Marianne Assenmacher: Wirtschaftssystem und geschlechtsspezifischer Arbeitsmarkt - *Annette Förster*: Vergleich und Analyse der Frauenerwerbsarbeit in Deutschland in der Nachkriegszeit - *Julianne Roloff, Marianne Assenmacher*: Einkommensunterschiede zwischen Männern und Frauen - ein deutsch-deutscher Vergleich - *Anja Koch*: Familienpolitik und Arbeitsmarkt in Deutschland 1945-1990 - *Sonja Menning*: zur Situation von Ausländern und Ausländerinnen im Osten Deutschlands vor und nach der Wende - *Petra Dunskus, Juliane Roloff*: Die Chancen für ostdeutsche Frauen am Arbeitsmarkt nach der Währungsunion

96 Seiten, 14,80 DM,
ISBN 3-926570-35-0

Band 5

Institutionelle Reorganisation in den neuen Ländern

Selbstverwaltung zwischen Markt und Zentralstaat

Die ökonomische und institutionelle Integration der neuen Länder 1

Hrsg. von Christof Rühl

Christof Rühl: Einleitung - *Rainer Erd*: Neue Politikräume auf kommunaler Ebene - *Oliver Scheytt*: Reorganisation der kommunalen Selbstverwaltung - *Hanns Karrenberg*: Zur Finanzierung der Kommunalhaushalte in den neuen Ländern - *Klaus Novy, Barbara von Neumann-Cosel*: Kommunale Wohnungspolitik und Selbsthilfepotentiale in den neuen Bundesländern - *Holger*

Backhaus-Maul, Thomas Olk: Die Konstitution kommunaler Sozialpolitik: Probleme des Aufbaus sozialer Versorgungsstrukturen in den neuen Bundesländern - *Bernd Reissert, Wolfgang Schwegler-Rohmeis*: Chancen und Grenzen kommunaler Arbeitsmarktpolitik in den neuen Ländern - *Hans-Michael Trautwein*: Reorganisation der berufsständischen Selbstverwaltung - *Werner Grosskopf*: Landwirtschaftliche Produktionsgenossenschaften - *Herbert Müller*: Vom ›zentralgeleiteten‹ Betrieb zum marktwirtschaftlichen Unternehmen - *Norbert Wieczorek*: Konzeption und Strategie der Treuhand.

222 Seiten, 24,80 DM,
ISBN 3-926570-40-7

Band 7

Ökologische Probleme regionaler Strukturpolitik

Probleme und Lösungsmöglichkeiten nach der Vereinigung

Hrsg. von Arbeitsgruppe Ökologische Wirtschaftspolitik, Redaktion: Hans Diefenbacher, Christine Kunert, Hans G. Nutzinger

Hans Diefenbacher, Christine Kunert, Hans Nutzinger: Ökologische Probleme regionaler Strukturpolitik - der neubelebte Konflikt zwischen Ökologie und Ökonomie - *Erich Bach*: Beschäftigungsgesellschaften als Instrument regionaler Beschäftigungssicherung und Weiterqualifizierung - *Kai Schlegelmilch*: Umweltschutz vor Ort - Entwicklung und Handlungsmöglichkeit der Kommunen in ökologischer Sicht - *Michael Heine, Andreas Schikora*: Gestaltungsspielräume der Regionalpolitik in den neuen Ländern - *Christine Kunert*: Umweltverträglichkeitsprüfung in Raumordnung und Landesplanung - Anspruch und Wirklichkeit in den neuen Bundesländern - *Heinz Kroske*: Plan-, Programm- und Raum-Umweltverträglichkeitsprüfung - mögliche und notwendige Instrumentarien vorsorgender Umweltpolitik - *Walter Komar*: Strukturprobleme der chemischen Industrie im Raum Halle/Merseburg aus ökonomischer, ökologischer und sozialer Sicht - *Frank Welskop*: Strategische Konfliktlösungen regionaler Spannungsfelder zwischen Verkehrspolitik und Ökologie unter Zeitknappheit - der geplante Großflughafen 'Berlin-International' - *Liane Möller*: Regionale Probleme der Wasserversorgung und Abwasserbehandlung in den neuen Bundesländern - *Jörg Köhn*: Integrierter Umweltschutz im Raum - Innovationsmanagement zur Wiederherstellung einer intakten Meeresumwelt Ostsee - *Karsten McGovern*: Ökologisch orientierte kommunale Gewerbepolitik - Umsetzungsprobleme in Brandenburg/Havel - *Rudolf Siebert*: Regionale und sektorale Förderinstrumentarien der europäischen Gemeinschaft

ca. 260 Seiten, 29,80 DM,
ISBN 3-926570-45-8

Band 8

Ökonomische und rechtliche Konsequenzen

Wirtschaftspolitische sowie arbeits- und unternehmensrechtliche Gestaltungsaspekte der Systemtransformation

Hrsg. von D. Ibsen und E. Nickel

Helmut Böhme, Marianne Viefhaus: Soziale Konsequenzen und Perspektiven der deutschen Vereinigung - *Katharina Bluhm:* Strukturelle und soziale Mitgegebenheiten in der Transformation der ostdeutschen Industrie - *Gisela Kubon-Gilke:* Industrielle Reorganisation in Ostdeutschland: Versagt der Markt? - *Peter Gemählich:* Zur Politik der Treuhandanstalt - *Jan Priewe:* Probleme der schnellen Privatisierung - Kritische Überlegungen zur Treuhandanstalt - *Klaus W. Schüler:* Gesamtwirtschaftliche Bestimmungsgründe der Beschäftigung im Osten und Westen Deutschlands - *Georg Götz:* Kommentar - *Kurt Vogler-Ludwig:* Lohn- und Beschäftigungspolitik in den neuen Bundesländern - *Werner Sesselmeier:* Arbeitsmarktpolitik in den neuen Bundesländern: Mehr als nur Lohnpolitik? - *Bart van Riel:* Einkommens- und Beschäftigungsaspekte der lohnpolitischen Optionen in Ostdeutschland - *Günter Berg:* Privatisierung und Arbeitsplatzsicherung - *Roland Hofmann:* Anmerkungen zu einigen Problemkreisen des Darmstädter Symposions - *Reinhard Welter:* Die Spaltung von Treuhandunternehmen als Weg zur Entflechtung von Staatsunternehmen - *Egbert Nickel:* Das (west-) deutsche Arbeitsrecht nach der Einigung - *Paul Hofmann:* Eine Chance für das Arbeitsrecht - *Dirk Ipsen:* Vom politischen Handlungszwang zur wirtschaftspolitischen Gestaltung der Systemtransformation in der Ex-DDR - *Thomas Lenk:* Lohnsubventionen, Pro und Contra; Bemerkungen zum Finanzausgleich *Ernst-Moritz Lipp:* Einige Voraussetzungen für die Systemtransformation in Ostdeutschland.

270 Seiten, 29,80 DM,
ISBN 3-926570-58-X

Band 9

Finanzausgleich im vereinten Deutschland

Hrsg. von Eckhard Wegner

Eckhard Wegner: Einige eher politische, ansonsten einleitende Bemerkungen zur Regelung des Finanzausgleichs - *Helmut Fischer*: Hat der Länderfinanzausgleich im vereinten Deutschland Zukunft? - *Martin Heilmann:* Vorschläge zur Neuordnung des Bund-Länder-Finanzausgleichs in Deutschland. Eine kritische Bestandsaufnahme - *Jürgen Wahl*: Perspektiven für einen reformierten kommunalen Finanzausgleich nicht nur in den neuen Bundesländern - *Peter Gottfried, Wolfgang Wiegard*: Finanzausgleich zum Selberrechnen - *dies.:* Benutzerhandbuch zum beiliegenden Simulationsprogramm 'Länderfinanzausgleich'.

ca. 180 Seiten, 34,80 DM, Diskette mit Simulationsprogramm zum LFA
ISBN 3-926570-46-6